21世纪旅游管理规划教材

总主编/张广海

旅游公共关系

Tourism Public Relations

主编/刘肖峰

 中国海洋大学 出版社

·青岛·

图书在版编目(CIP)数据

旅游公共关系/刘肖梅主编.—青岛:中国海洋大学出版社,2011.3(2017.2重印)
(21世纪旅游管理规划教材/张广海总主编)

ISBN 978-7-81125-602-4

Ⅰ.①旅… Ⅱ.①刘… Ⅲ.①旅游业—公共关系学 Ⅳ.①F590.65

中国版本图书馆 CIP 数据核字(2011)第 025086 号

出版发行	中国海洋大学出版社				
社　　址	青岛市香港东路 23 号		**邮政编码**	266071	
出 版 人	杨立敏				
网　　址	http://www.ouc—press.com				
电子信箱	cathaypower@gmail.com				
订购电话	0532-82032573(传真)				
策　　划	李夕聪　郑雪姣　陈琳琳				
责任编辑	郑雪姣　陈琳琳		**电　　话**	0532—85901092	
印　　制	日照报业印刷有限公司				
版　　次	2011 年 3 月第 1 版				
印　　次	2017 年 2 月第 2 次印刷				
成品尺寸	185mm×236mm				
印　　张	16.75				
字　　数	320 千字				
定　　价	34.00 元				

21世纪旅游管理规划教材

编委会

主　　任　狄保荣

副 主 任　肖德昌　田克勤　李夕聪

委　　员　（按英文字母先后排序）

曹艳英　陈增红　程俊峰　崔学琴　代合治

郭　峻　霍淑芳　吉良新　吉小青　蒋凤英

刘雪巍　李　青　孟　华　彭耀华　裴敏莉

齐洪利　石　峰　王有邦　魏　敏　邢继德

许汝贞　张　青　张广海　张建忠　张祖国

赵全科　赵　颜　朱孔山

秘　　书　郑雪姣　陈琳琳

旅游公共关系

主　　编　刘肖梅

副 主 编　王　夏　毕中旭　秦志玉　朱孔山

编　　者　李　娟　李学芝　张丽丽　张建忠　徐向东

刘建峰　郑家庆　刘　建　赵　宁　耿格峰

联合编写院校名单

（按英文字母先后排序）

东北财经大学	四川大学
德州学院	四川农业大学风景园林学院
德州职业技术学院	西南林业大学
桂林理工大学南宁分校	山西运城学院
高等职业技术学院	山东大学
黑龙江旅游职业技术学院	山东师范大学
湖南文理学院	山东旅游职业学院
华侨大学	山东理工职业学院
济南大学	山东青年政治学院
济宁学院	山东商业职业技术学院
莱芜职业技术学院	山东省商贸学校
聊城大学	山东外贸职业学院
聊城职业技术学院	泰山学院
聊城高级财经职业学校	泰山医学院
辽东学院	潍坊学院
临沂师范学院	潍坊教育学院
青岛大学	威海职业学院
青岛大学旅游职业学院	云南大学
青岛酒店管理学院	烟台旅游学校
青岛职业技术学院	枣庄学院
青岛滨海学院	枣庄职业学院
青岛求实学院	中国海洋大学
青岛恒星学院	中华女子学院山东分院
曲阜师范大学	淄博职业学院
日照职业技术学院	

出版说明

　　近年来,随着旅游教育的迅速发展,我国旅游教材的建设也逐渐走向繁荣。从旅游教材的系列与品种来看,已由旅游管理专业一个系列几十个品种,发展并细化到现今旅游管理、饭店管理、旅行社管理、会展管理及景区管理等若干系列上百个品种;从出版旅游教材的出版社数量来看,已由过去两三家发展到近百家。但由于学科建设时间短、师资多元化以及教材编写质量等问题,很多旅游院校使用的教材不可避免地存在着数据陈旧、内容纷杂、缺乏针对性、没有地方特色等问题。

　　作为旅游业大省与强省,山东省的旅游教育正在蓬勃发展,汇集了一大批优秀的旅游院校和教师。在山东省旅游行业协会教育分会的指导下,我们以山东为中心,联合全国一批致力于旅游教育的院校,成立了"21世纪旅游管理规划教材编委会"。编委会以交流教学改革成果及经验、研讨旅游教育教学改革方向为宗旨,以"立足山东,面向全国"为目标,以中国海洋大学出版社为平台,以教材为载体,进行分享与传播,期望进一步向全国推广,为我国的旅游教育尽一份力量。

　　编委会根据既定的方针,邀请具有丰富教学经验的一线教师、具有相关行业工作背景的双师型教师以及企业一线工作者联合编写了"21世纪旅游管理规划教材"。教材遵循"从实际出发、学以致用"的基本原则，凸显旅游行业相关知识的应用性和前瞻性，以实用性为基础，以市场需求为导向，以任务为驱动，以学生为主体，以案例教学为特色，突出实践教学环节，并通过大量的案例分析和实践技能操作训练窗口等内容，确保培养内容与就业市场的需求达到无缝对接。本套教材涵盖旅游管理专业的主干课程，首批出版《旅游概论》、《旅游资源概论》、《旅游文化》、《旅游市场营销》、《旅游心理学》、《旅游政策与法规》、《中国旅游地理》、《民俗旅游》、《旅游公共关系》、《菜点酒水知识》等教材。本套教材被中国海洋大学出版社列为"十二五"期间重点发展的教材，将会在实践中逐步完善整个教材体系，同时将参评山东省"十二五"省级规划教材。

在编委会运作及教材编写出版期间，得到了国家旅游局政策法规司、山东省旅游局等旅游主管部门的悉心指导，得到了山东省旅游行业协会教育分会及各会员单位的鼎力相助，得到了一大批优秀院校和教师的全力支持，在此致以最衷心的感谢！同时，恳请广大读者对教材提出宝贵意见和建议，以便修订时加以完善。

21世纪旅游管理规划教材编委会

中国海洋大学出版社

2010年6月

旅游业和公共关系活动,在我国都是伴随着改革开放而蓬勃发展起来的。随着旅游业的飞速发展,旅游市场竞争愈来愈激烈。与这种实践需求相适应,各类旅游教育迅速发展,同时,旅游公共关系这门应用学科也在实践中不断完善。

本教材结合旅游学科的特殊性,遵循"从实际出发、学以致用"的基本原则,凸显旅游行业相关知识的实用性和前瞻性,以学生为主体,突出实践教学,并通过适量的案例分析和实践技能训练等形式,确保培养内容与就业市场的需求达到无缝对接。

旅游公共关系学是一门专业性强、适用性强、可操作性强的学科。本教材对公共关系的发展历史进行了简明的阐述,对旅游公共关系构成要素的主体和客体进行了有针对性的讨论,较全面地阐述了旅游公共关系专题活动、旅游公关危机的处理以及旅游公共关系的工作程序等旅游公关实务与技术技巧,并对与旅游业全员公关密切相关的旅游公共关系礼仪作了较系统的介绍。本教材适当增加了一些阅读材料和案例分析,这对于学生不仅是一种有益的启示,对他们今后在实践中的运用和操作更具有一定的指导意义,同时也丰富了教材内容。本教材每章结尾附有本章小结、知识训练题、相关知识链接等，不仅便于学生掌握学习要点，更有利于培养学生的独立思考能力及动手能力。

　　本教材在编撰中参阅了已出版的有关公共关系学及旅游学方面的著述，书目列举于书后。在此，谨向以上组织、单位和个人致以衷心的感谢。

　　由于编者的水平有限，书中难免有不足之处，望旅游业界、旅游教育界专家及广大读者不吝赐教，共同使《旅游公共关系》这本教材不断提高、完善。

编者

2010 年 5 月

目 次

第 一 章

绪 论

学习目标

知识要点：理解公共关系的基本含义、基本要素和基本特征，以及公共关系产生的条件
　　　　和历史必然性、规律性；理解公共关系在我国产生的过程和必然性；掌握公
　　　　共关系的一些重要概念；掌握公共关系发展的脉络。

技能训练：以某一酒店为例，通过具体案例了解旅游公共关系应用的方法及手段。

能力拓展：能应用所学理论分析相关的公共关系现象。

引 例

无中生有的秘诀

　　1984 年，北京长城饭店正式开业，总经理孙华达听说当时的美国总统里根要到北京
进行访问。自得悉这一消息后，孙经理认定长城饭店大有文章可做。为宣传"长城"的形
象，他决定请里根为长城饭店"做广告"，让长城饭店享誉世界。因为里根总统访华同尼
克松、福特、卡特总统不同，他不是秘密来访，而是大肆宣扬，带来了一个庞大的代表团，
光是随总统访华的新闻记者就有 400 多人，而且美国三大电视广播公司和其他著名的通
讯社、报社都派了阵容强大的报道队伍。孙华达经过深思熟虑，决定采取两个措施：一是
争取让 400 多人的新闻代表团到饭店来住，二是争取里根的答谢宴会在饭店里举行。饭
店公关部频频同美国驻华大使馆官员磋商，终于如愿以偿。当美国新闻代表团进驻饭店
后，饭店千方百计地为新闻记者创造采访的条件，并且承诺："只要各电视广播公司在播
映之前向公众说一句话：我们正在中国北京长城饭店向观众讲话，一切费用优惠。"答谢
宴会如期举行，近千名新闻记者蜂拥而至。长城饭店的形象通过这些记者的宣传，迅速
传播到世界各地，一时名声大振，众多游客慕名而至。长城饭店在很短的时间内成功地

登上世界旅游业的舞台。长城饭店与里根访华并无多大关系,但是善于策划的孙华达通过有效的公关手段,借里根访华之声势,扬长城之声名。

案例引发的问题:什么是公共关系?

资料来源:笔者根据网络资料:http://www.galanz.com.cn/2004-01-15 整理

公共关系学是一门新兴的综合性的社会科学。在一些经济发达国家,公共关系理论已被广泛应用于政治、经济、军事、文化等各个领域,用以指导各类组织的社会实践活动,并以它特有的价值和作用受到人们的普遍关注。任何学科,都有其一系列的概念、范畴、原理或规律,形成有机的系统的科学体系。公共关系学作为独立完整的学科,也有其特定的概念、范畴、特征和理论,并形成了独特的科学体系。旅游公共关系作为公共关系学科体系的一个应用分支,不能脱离公共关系学最一般的原理。本章将对这门学科的基础知识和最基本的理论进行介绍和探讨。

第一节　公共关系的含义

"公共关系"(简称"公关")一词,来源于英文"public relations"(简写为 PR),也可以翻译为"公众关系"。对公共关系定义的理解不同,会导致公共关系的功能和运行模式不同,在策划、实施公关活动时对目标确立、媒介选择、公众甄别、内容安排等也会有不同,从而对社会、对组织的影响也就不同。

一、公共关系的含义

(一)公共关系的定义

"公共关系"一词最早出现于 1807 年,其词义是"大众利益"。1882 年,美国纽约律师多尔曼·伊顿在耶鲁法学院作题为"公共关系与法律职业的责任"的演说时提出了"公共关系"这一概念。现代意义上的公共关系是在 1897 年美国铁路协会的《铁路文献年鉴》上出现的。将各种各样的公共关系定义分类,可以分成以下几种类型。

1.公共关系管理职能论

持这种观点的学者认为,公共关系是社会组织对社会公众的一种有目的的交流和合作,以此来影响公众的行为,实现组织的目的。公共关系是社会组织的一项重要管理职能,甚至有人将其视为一种新的管理哲学或管理方法。

国际公共关系协会给公共关系下的定义为:"公共关系是一种管理功能,它具有连续性和计划性。通过公共关系,公立的和私人的组织试图赢得同它们有关的人们的理解、同情和支持——借助对舆论的估价，以尽可能地协调他们自己的政策和做法，依靠有计划的、广泛的信息传播，赢得更有效的合作，更好地实现他们的共同利益。"

美国《公共关系新闻》杂志认为："公共关系是一种管理职能，它评估公众的态度，检验个人或组织的政策、活动是否与公众利益相一致，并负责设计与执行旨在争取公众理解与认可的行动计划。"

美国莱克斯·哈罗博士进行研究后，对公共关系下的定义为："公共关系是一种独特的管理职能。它帮助一个组织建立并维持与公众之间的交流、理解、认可与合作；它参与处理各种问题与事件；它帮助管理部门了解民意，并对之作出反应；它确定并强调企业为公众利益服务的责任；它作为社会趋势的监视者，帮助企业保持与社会变动同步；它使用有效的传播技能和研究方法作为基本的工具。"

2. 公共关系传播沟通论

持这种观点的学者认为，公共关系是一种传播、沟通活动，强调公共关系的运作过程和特点。

1981 年出版的《不列颠百科全书》认为，公共关系旨在传递有关个人、公司、政府机构或其他组织的信息，并改善公众对于其态度的种种政策和行动。

《韦伯斯特新国际辞典》第三版将公共关系定义为："通过传播大量具有说服力的材料，促进社会上人与人之间，或人与公司之间，或公司与公司之间亲密友好的关系。"

英国学者弗兰克·杰弗金斯在《公共关系》一书中指出，公共关系是一个组织为了达到与它的公众之间相互了解的确定目标而有计划地采用一切向内、向外的传播方法的总和。

3. 公共关系的社会关系论

持这种观点的学者从公共关系的状态角度来认识公共关系，认为公共关系是组织与社会之间的关系，是一种特殊的社会关系。公共关系是优化社会互动环境的一种努力。

英国公共关系学会对公共关系所作的定义为："公共关系的实施是一种积极的有计划的以及持久的努力，目的是建立和维护一个机构与其公众之间的相互了解。"这种观点认为公共关系是社会关系的一种。

美国普林斯顿大学希尔滋教授认为："公共关系是我们所从事的各种活动、所发生的各种关系的统称，这些活动和关系都是公众性的，并且都有其社会意义。"

日本公共关系专家田中宽次郎认为："公共关系就是良好的公共关系状态，即与社会保持良好的关系的技术。以企业的经营而言，若不能与外界社会保持良好的关系，就不可能持续经营下去。"

我国台湾公共关系专家祝振华指出："五伦以外的人类关系，谓之公众关系。"

4. 公共关系现象描述论

一些从事公共关系实务的学者从公共关系的某一功能出发，给公共关系以通俗的解释和一些操作性定义：

——公共关系是企业管理机构经过自我检讨与改进以后，将其态度公之于社会，借以获得顾客、员工及社会的好感和了解的经常不断的工作。

——公共关系是一种技术，此种技术在于激发大众对于任何一个人或一个组织的了解并产生信任。

——公共关系是工商管理机构用以测验大众态度、检查本企业的政策与服务方针是否得到大众的了解与欢迎的一种职能。

——公共关系是 90％靠做得对，10％靠宣传。

——公共关系是信与爱的运动。

——公共关系就是讨公众喜欢。

——广告是要大家买我，公共关系是要大家爱我。

——公共关系是通过建立良好的人际关系来辅助事业成功。

——公共关系是争取对你有用的朋友。

——公共关系是促进善意。

——公共关系是一个建立公众信任、增进公众了解的计划方案。

——PR（公共关系）＝P（自己行动）＋R（被人认识）

1978 年 8 月，在墨西哥城召开的世界公共关系协会大会上，与会代表们在公共关系的含义问题上达成共识："公共关系是一门艺术和社会科学；公共关系的实施是分析趋势，预测后果，向组织领导人提供意见，履行一连串有计划的行动，以服务于本组织和公众利益。"这种观点是将公共关系的各种表征综合起来来分析公共关系的。

综上所述，我们认为公共关系是社会组织为实现自身效益和社会效益，通过信息传播、双向沟通手段来影响公众，以达到塑造组织良好形象的科学与艺术。

（二）对公共关系概念的理解和把握

对于公共关系的定义，我们可以从以下四个方面来理解和把握。

1. 构建公共关系的根本目的是塑造社会组织自身的良好形象

组织形象是公共关系理论的核心概念，是贯穿公共关系理论与运作的一条主线。一个社会组织只有树立起良好的组织形象并对组织形象进行有效的管理，才能保证为组织的生存与发展创造一个良好的舆论环境，从而获得公共关系工作的最佳业绩。

2. 构建公共关系是社会组织通过传播、沟通手段影响公众的过程

公共关系的主体是社会组织，客体是公众，手段是传播与沟通。公共关系的过程，就是传播与沟通的过程，就是信息交流的过程。社会组织与公众之间的双向沟通关系，使公共关系同其他关系区别开来。社会组织在一系列规范化和专业化的公关活动中与其公众进行有效的沟通和交流,以求互相尊重、理解、支持与合作,达到树立组织良好形象的最终目的。

3.公共关系有静态和动态两种表现形式

静态的公共关系指公共关系是一种客观的社会状态,也就是说,公共关系总是在特定的社会关系状态和公众舆论状态的基础上展开,与此同时,它必然影响和造成一定的社会关系状态和公众舆论状态。

动态的公共关系主要指组织开展的一系列的"公共关系实务",包括公关调查、公关策划、公关宣传、公众关系处理、形象设计、公关交际及各种公共关系专题活动等。

4.公共关系既是一门科学,又是一门艺术

从理论上讲,公共关系是一门科学,有其较完整的科学体系;从运作上讲,公共关系又是一门艺术,这种艺术掌握和运用得好坏,直接影响着公共关系工作的成败。因此,公共关系是科学与艺术的统一体。

二、公共关系的表现形式

(一)静态的公共关系——公共关系状态

公共关系的状态是指社会组织的形象状态,指社会组织在公众心目中的总体印象,体现在以下几个方面。

1.公众舆论状态

公众舆论状态指公众舆论对社会组织的反映、评价,体现为知名度和美誉度。例如,"海尔"目前在中国人的心目中就是好产品的代名词,"可口可乐"则意味着饮料行业中的最佳产品,这说明了这两个组织目前的公众舆论状态是良好的。

2.社会关系状态

社会关系状态指组织与公众之间的具体关系状态是紧张还是和谐。公共关系状态是客观的和无形的。例如,全聚德、同仁堂、麦当劳的形象就是一笔无形资产,同样,清华大学的牌子也是一笔无形资产,而在 2001 年公布的世界知名品牌排名中,可口可乐的品牌价值高达 680 多亿美元。

总之,公共关系状态是对组织的状态的一种静态描述。一般来说,公共关系有四种状态(图 1-1):第一种是高知名度/高美誉度,这种状态是组织的最理想的状态;第二种是高知名度/低美誉度,这是最不理想的一种状态,组织处于一种危机状态;第三种是低知名度/低美誉度,这是组织发展的初始状态;第四种是低知名度/高美誉度,这是组织的一种较为稳定和安全的状态,说明组织处于发展阶段,有很好的发展前景。

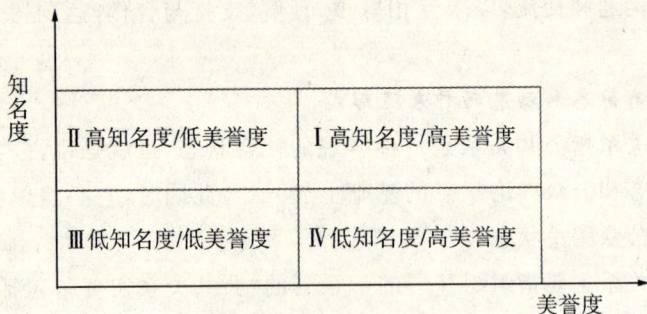

図 1-1　公共关系状态

(二)动态的公共关系——公共关系活动

动态的公共关系是指一个组织主动、自觉地追求良好的公共关系状态而进行的能动的活动。动态的公共关系可分为日常性的公共关系活动和专门性的公共关系活动。

1. 日常性的公共关系活动

日常性的公共关系活动是指组织中的每个成员为使组织有一个良好的公共关系状态而产生的行为举止，又被称为全员公关。日常公共关系活动是人人都可以做到的，如谦虚有礼、诚实待人、尊重公众等。

2. 专门性的公共关系活动

专门性的公共关系活动是指有计划、有系统、有组织地运用有关技术和手段，为达到一定的公共关系目标而进行的专门性活动，如举办新闻发布会、记者招待会、产品展览会及进行赞助活动等。

在静态和动态的公共关系中，动态的公共关系一般总是占主导地位，社会组织总是致力于谋求良好的公共关系状态；静态的公共关系是相对的"静"，组织一旦对其公共关系状态有了认识，公共关系的自然状态就结束了，组织从而开始了动态的公共关系。

(三)公共关系观念

公共关系可以理解为一种意识、观念和文化，即客观的公共关系状态和能动的公共关系活动在人们思维中的反映，并以观念和文化的形式构成经营管理中的一种价值观念、行为准则和道德规范。它影响和指导着个人或组织决策与行为的价值取向，从而反作用于人们的公关活动，并间接影响实际的公关状态。当人们自觉地意识到公共关系的客观性和公关活动的重要性时，便会形成一定的公关意识或公关观念，包括形象意识、公众意识、传播意识、协调意识和互惠意识等。

形象意识是指在决策和行为中高度重视声誉和形象，将良好的形象视作无形财富，将其列为重要的战略目标。公众意识是认为没有公众的支持就不可能生存和发展，事业也不能成功;公众意识要求将公众利益作为决策和行动的依据,将了解公众、顺应公众、满足公众、服务公众作为重要的管理原则;传播意识是主动运用各种传播媒介和沟通方式去建立相互之间的了解,不放弃任何传播的机会,为企业创造"人和"的舆论气氛;协调意识是对外、对内协调矛盾,使各方利益平衡;互惠意识是主张关系的双方共同发展,共同获益,平等互利。

三、公共关系的构成要素

(一)公共关系的基本要素是社会组织、公众和传播

公共关系由三大相互关联的基本要素组成,它们是社会组织、公众和传播。社会组织是主体,公众是客体,而传播则是连接两者的桥梁。三大要素形成了公共关系结构。如果只突出某个要素,就会破坏结构的整体性,影响公共关系活动运行的质量。三大要素的均衡是公共关系取得成功的关键。

1.社会组织

社会组织是公共关系的主体,是社会上各种政治组织、经济组织、军事组织、文化团体及民间组织等各种群体机构。它们可以发起和从事公共关系活动,在公共关系中处于主动地位。

2.公众

公众是公共关系的客体,是指与社会组织相关的有共同利益需求的个人、群体、组织集合而成的整体。公众对社会组织的生存、发展具有实际的或潜在的利害关系,因此对社会组织产生制约和影响。社会组织的公共关系活动,就是要与有关的公众搞好关系,它们是公共关系活动的对象。

3.传播

传播是联结公共关系主体与客体之间的中介,是社会组织为了达到某个目标而运用现代化大众传播媒介和传播工具与公众进行信息、思想和观念沟通的过程。

(二)公共关系三要素的相互关系

社会组织、公众、传播这三个要素存在于同一个社会环境中,缺一不可。

社会组织作为公共关系活动的主体,具有很强的主导性。它希望通过一系列的公共关系活动来塑造形象、传播形象、影响公众、改善环境,创造一种良好的社会关系环境。

社会组织的相关公众虽然是被影响、被作用的对象,但公众是公共关系活动的客体,有着自己的观点、看法和体验。

公共关系的传播属性是"双向沟通",即一方面将组织信息有效输出,另一方面又把公众信息及时输入,信息经过分析、筛选、提炼之后成为组织决策的依据。建立公共关系

的过程就是树立良好的组织形象,建立组织与公众之间持久的互利互惠关系,而其首要条件就是通过各种媒介沟通信息、协调关系,谋求合作与支持。"公共关系传播"的本质即组织与公众之间信息的双向交流。组织与公众沟通交流的"双向性"是现代公共关系传播的本质特征,如图1-2所示。

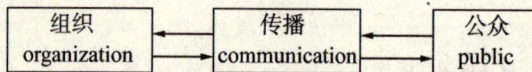

组织 organization ←→ 传播 communication ←→ 公众 public

图1-2 现代公共关系传播三要素联系

四、公共关系相关概念的辨析

由于公共关系与某些传统观念、相关活动有相似或交叉之处,使得人们对公共关系的认识难免产生偏差,因此,需通过弄清公共关系与其他相关关系的区别,进一步正确理解公共关系的含义。

(一)公共关系与庸俗关系

公共关系引入我国时,我国还没有摆脱"短缺经济"的困境,对公共关系产生的最常见的误解就是——公共关系就是"拉关系"——庸俗关系的学问。庸俗关系腐蚀了个别干部,败坏了民风,被公众深恶痛绝,而公共关系则是对庸俗关系彻头彻尾的否定。公共关系以优质产品和优质服务为基础,在公众中建立良好的组织形象,从而赢得公众的理解、支持和合作。庸俗关系以谋取个人或小集团的私利为目的,编织不正常的人际关系网,为了私利,不择手段,损人利己,损公肥私,甚至贪赃枉法,损害公众利益和社会利益。无论从形式上还是从本质上考察,公共关系与庸俗关系都没有丝毫相同之处,没有任何必然联系。

(二)公共关系与人际关系

人际关系就是人与人之间的相互联系、相互需要、相互影响、相互作用的交往关系。公共关系与人际关系既有联系又有区别。首先,公共关系的主体是社会组织,客体是与组织相关的公众;人际关系的主体是个人,客体则是与组织无关的大量的个人。其次,公共关系的实现需要专门的组织、专门的人员和专门的传播工具进行远距离、大范围的沟通;人际关系的实现主要依赖个人的交际技巧和能力,进行小范围或面对面地交流。最后,公共关系的目的是为了组织发展创造和谐的环境,使组织和公众相互了解、相互支持、真诚合作,以期达到最佳的组织利益、公众利益和社会效益;人际交往的目的是为了联络感情,建立和维持朋友关系,以期实现个人之间的某种利益。

(三) 公共关系与市场营销

公共关系与市场营销既有密切的联系,又有区别。从市场营销发展的历史进程来看,公共关系是市场营销的重要组成部分。市场营销离不开公共关系,而公共关系的发展又促进了市场营销,两者共同作用于生产经营管理的全过程,相互渗透,密切合作。公共关系活动通过塑造工商企业形象、产品形象,沟通公众,推广服务,引导消费,启动市场等途径来影响公众,为市场营销铺平道路,作用越来越重要。但需要明确的是,公共关系的建立虽然有助于市场销售,能促进企业赢利,但公共关系的各种促销活动增进的是工商企业与公众的相互了解、理解与信任,交流的是信息、观念与情感。公共关系本身并不直接推销产品,也不直接满足公众的物质需求,所以,公共关系不等于市场营销。公共关系活动有助于市场营销,有效的市场营销活动又可以促使良好公共关系的建立和维持。

◆ 专题笔谈 1.1

营销公关:一种拓展事业的力量

在现代社会,对于企业来说,营销和公关都可以称得上是两种非常重要的管理职能。公共关系的作用是沟通,市场营销的主要作用是引导企业的产品或者服务从生产者、经营者手中流向消费者和用户,顺利地通过市场交换取得满意的经济效益和社会效益。

营销公关在战略营销侧面上至少可以发挥三个方面的作用。

第一,营销环境的现状和趋势对营销战略的决策有着重要的影响。传统观念认为,营销环境作为一种来自于企业外部的制约性力量,是企业不可控制的因素。实际上,营销是两种力量的平衡。一种力量是来自企业外部的,不可控制的力量。另外一种力量是可以控制的力量,这种力量涉及的是企业营销战略上的因素。营销管理的任务就是如何使产品价格分销和促销去适应外部环境,与外部环境的变化保持一种动态的关系。

第二,市场定位的过程是一个沟通的过程。定位也是一种沟通,目的就是向公众、向市场显示我这个公司、我这个品牌和竞争者相比有什么不同,在哪些方面更值得你信任和购买。如果市场定位方面的工作做好了,使消费者感觉到只有你的产品对他是最合适的,这就是一种品牌偏好了。

第三个方面,在战略营销的过程当中,虽然有一个方向明确的规划,通过对市场分析、选择、细分以及在定位的过程当中落实这个规划时,企业需要得到方方面面的理解和支持。而这方方面面,实际上也就是企业内部的员工、企业外部的经销商等等。

资料来源:笔者根据网络资料 http://www.people.com.cn/GB/channel3 2000-12-29 整理

（四）公共关系与广告

在现代社会中,公共关系与广告已成为组织与公众进行沟通、树立自身形象的有效途径,是现代组织发展中不可忽视的两块"敲门砖"。公共关系实务虽然经常运用广告这种手段,但是公共关系实务的范围、方式都比广告更为广泛和多样化,公共关系实务的目标也要比广告更长远、宏观。两者既有联系又有区别。首先,两者都具有传播功能,都要借助新闻媒介与其他媒介实现自身功能。公共关系可以借助广告的形式去实现其传播信息的职能,广告也可以借助公共关系去增强它的说服力。其次,一般的广告是以销售为导向的,在广告中一定要介绍商品、商标以促使消费者采取购买行动。一般的广告经常使用倾向性、渲染性、夸张性很强的方法去刺激公众,追求其销售量的提高。公共关系广告却不以销售为导向,而是注重同消费者沟通,希望在社会公众的心目中塑造良好形象,为组织创造良好的公共关系状态。

◆ **案例驿站 1.1**

阿尔里斯的寓言

美国营销大师阿尔·里斯把广告比做风,把公共关系比做太阳,他同时给我们讲了一个故事,说是在伊索寓言里,风和太阳曾经争吵谁最有本事,谁更强大。但是争来争去,谁也说服不了谁,最后看到一个行人在路上走,风和太阳决定看谁能把行人的大衣脱掉。风先来,风使尽全身力量,越吹越大,可是风越吹越大,行人则把自己的大衣越裹越紧。后来轮到太阳,随着太阳逐渐升起,这个行人越来越热,就把自己的大衣脱了下来拿在手里,于是太阳赢了。

阿尔·里斯用这个故事来说明一个问题,他说广告实际上被看做一种入侵,一种强行的侵略,广告越是想强行进入人们心目中,它就越是不可能达到目的。而公共关系是太阳,它不知不觉地感化着你、温暖着你,你不能不接受它;当你接受了它,你也就被太阳征服了。所以作为企业,作为营销人,应该是太阳,而不应该是风;应该用太阳,而不是用风来征服消费者。

案例来源:[美]阿尔里斯.公关第一,广告第二[M].上海人民出版社,2004

五、公共关系的本质属性

抓住公共关系的本质属性,就能够将它与同类事物中的其他不同属性的东西区别开来。对于公共关系的本质属性，可以从三个角度来加以说明。

（一）公共关系的"关系"性质

公共关系作为一种社会关系，特指组织与公众之间的传播（沟通）关系，即组织与公众之间的信息交流关系。

任何组织与社会之间必然存在着各种不同性质的社会关系，如经济关系、政治关系、文化关系、行政关系、法律关系等。公共关系不同于这些具体的社会关系，它并不是包罗万象的，不能代替组织其他具体的社会关系。因为公共关系本身并不是组织的经济行为、政治行为或行政行为的直接产物，而是组织的传播（沟通）行为的直接产物。政治行为相应产生政治关系，经济行为相应产生经济关系，文化行为相应产生文化关系，行政行为相应产生行政关系，而组织的传播（沟通）行为则相应形成传播（沟通）关系——即通过传播（沟通）活动去建立组织与公众之间的信息交流，促进组织与公众之间的了解、认同，达成相互之间的共识、理解与信任。这一过程即"公共关系"。

（二）公共关系的"职能"性质

公共关系作为一种管理职能，是对组织与社会公众之间传播（沟通）的目标、资源、对象、手段、过程和效果等基本要素的管理，即传播管理（the management of communication，也可称为"沟通管理"）。这种管理是以优化公众环境，树立组织形象为宗旨的。

一个组织的职能是多方面的，如生产、技术、财务、人事、行政等。公共关系的管理领域有别于上述这些管理领域。它的管理对象不是产品、资金、技术或销售网络等有形资产，而是信息、关系、舆论、形象等无形的资产；它的管理手段不是技术、经济、行政或法律的手段，而是现代信息社会的传播（沟通）手段；它的管理目标不是直接地提高产量、促进销量、赚取利润，而是调整组织与社会公众之间的关系，提升组织无形资产的价值，从而使组织的整体资产增值。可见，公共关系的对象、手段和目标均不同于其他组织，公共关系是一种独特的管理领域。

（三）公共关系的"学科"性质

公共关系学作为一门综合性的应用学科，是一门以传播学和管理学为主要依托的传播管理学或组织传播学。它既是现代传播学发展的一个应用分支，也是现代管理学的一个构成部分。它是现代传播学在组织行政管理和经营管理中的应用和发展。

公共关系学是管理学科与传播学科相结合的产物。它专门研究组织管理过程中的公众传播问题，或者说，用现代传播学的理论和方法来研究和处理组织的公共关系和公众形象问题。"传播对象分析""传播内容分析""传播媒介分析""传播效果分析"等基本理论，均在公共关系学中得到专门的阐释和发挥。传播学所研究的各种不同层次的传播行为和方式,如"人际传播""团体传播"和"大众传播"等,也在公共关系学中得到具体的体现。而传播学的许多应用分支,如新闻学、广告学、舆论学、交际学等,则是公共关系实务的重要内容。因此,把公共关系学定位在"传播管理"上,符合该学科的基本性质。实际上,传播学是公共关系学的基础之一,公共关系学则是传播学的一个应用分支,是一种应用传播学。

从以上三个方面可以了解,公共关系是一种组织的"传播(沟通)关系"、一种组织的"传播(沟通)职能"、一门组织的"传播管理学科"。"组织与公众之间的传播(沟通)"是公共关系的本质属性。

第二节　公共关系的历史沿革

作为研究公共关系的一门学科,公共关系学产生的历史还不太长,但是作为一种客观存在的社会关系,类似的公共关系活动已经有了非常悠久的历史,或者说,它与人类社会的历史几乎一样漫长。与世界上其他事物一样,公共关系也经历了从萌芽到成熟、从低级到高级的发展变化过程。了解公共关系的产生、发展和变化,弄清它的来龙去脉,有助于我们全面地把握公共关系的发展规律和深远内涵。

一、公共关系溯源

公共关系的源头可追溯到古代社会人类文明开始的地方——古埃及、巴比伦、波斯和中国等国家。当时的统治者虽然更多的是依靠国家机器——军队、监狱等暴力工具来维护他们的统治,但舆论手段的运用在处理与民众的关系上仍然具有很重要的地位,"水能载舟,亦能覆舟"就是这种关系的生动反映。虽然"公共关系"这个名词几千年前根本没有出现,但在当时,它作为人类的一种实践活动却已有之。

考古学家发现,早在公元前1800年,古巴比伦王国就发布农业公告,告诉农民如何播种灌溉、如何对付地里的老鼠、如何收获庄稼等,这与现代社会中某些农业组织公关部的宣传材料很相似。

古希腊的民主政治导致公众代表会议和陪审团制度的形成,它为公众表达自己的意见提供了一个舞台,而这种变化所产生的舆论导向在当时有着非常大的影响。

公元前4世纪,古希腊出现了一批从事法、道德、宗教、哲学研究与演讲的教师和演说家,他们在当时被称做诡辩家,他们的演讲技巧被称为诡辩术。其中,苏格拉底、柏拉图和亚里士多德是他们的代表。亚里士多德运用严谨的思维逻辑和科学方法写出《修辞学》,强调语言修辞在人际交往和演讲中的重要性。他认为,修辞是沟通政治家、艺术家和社会公众相互关系的重要手段与工具,是寻求相互了解与信任的艺术;他还指出,在交往、沟通中,要用感情的呼唤去获取公众的了解与信任,要从感情入手去增强演讲和劝服艺术的感召力和真切可靠性。为此,西方的一些公共关系学者视亚里士多德的《修辞学》为人类历史上最早的公共关系著作。当然,这个观点从某种程度上来说是夸大其词,但却又从一定程度上说明公共关系作为一门实践性艺术,从人类文明社会一开始就放射出灿烂的光芒。

古罗马时代,人们更加重视民意,并提出"公众的声音就是上帝的声音"的口号。当时,整个社会都推崇沟通技术,一些精通沟通技术的演说家往往因此而被推选为首领。据记载,古罗马的独裁统治者儒略·凯撒就精通沟通技术。面对即将来临的战争,他通过散发各种传单来展开大规模的宣传活动,以便获得人民的支持。他甚至为此还专门请人写了一本记录他功绩的纪实性著作《高卢战记》,后来该书成为一部纪实性的经典之作广为流传。这些活动,堪称古代社会公共关系实践活动的典范。

古代中国,早在商周时期就有盘庚迁殷、公刘迁豳的记载。他们为了顺利迁移,事前都对士民百姓进行了宣讲动员,具体详细地讲明迁移的意义和步骤;由于有了充分的舆论准备,使迁移得以顺利进行。先秦时期,孔子周游列国,宣传自己的政治主张;战国时期,士大夫们争相养士,为政治、外交出谋划策。齐国孟尝君礼贤下士,门下食客三千,食客冯谖为争取民心,将孟尝君在封地薛邑的全部债券付之一炬,为孟尝君东山再起打下了群众基础。郑国子产不毁乡校,重视群众舆论,有效地化解了矛盾,得到人民的拥戴。这些原始的公共关系思想和活动都在历史上传为美谈。秦汉以后,类似的公共关系活动和公共关系观念更加典型和完备。

从秦朝末年开始,便有了"约法三章"的传统:军队攻城以后,首先就要张贴"安民告示",向老百姓公开宣传政策法令、军队纪律,以缓和矛盾、安定民心、建立社会新秩序。

东汉末年,刘备三顾茅庐,诸葛孔明深受感动,毅然出山,为刘汉王朝鞠躬尽瘁,死而后已。后来,诸葛亮七擒七纵孟获,终使孟获归顺汉室,团结了西南少数民族,巩固了蜀汉的西南后方。

李世民、朱元璋等人在夺取政权的过程中,都曾通过手下人编传民谣,树立自己"真命天子"的形象,为夺取政权做舆论准备。

我国古代商家也掌握了许多成功的公共关系技巧,这些技巧至今仍受到行家们的推崇。我国古代商家都十分重视自己的店铺招牌,对其精工制作、不拘一格,有实物、模型、灯具、牌匾等多种类型,以显示商店的行业特征、商品门类、历史特点等,树立形象,吸引顾客,宣传色彩极浓。还有的商家将广告制成告示张贴,编成歌诀、顺口溜,以吆喝、弹唱等方式宣传商品的优点,打开商品的销路。此外,每逢店铺开业之际,都有一番庆祝活动,通过燃放鞭炮、接贺联、挂匾额、宴请同行乡邻等活动,来吸引顾客注意,向公众表示善意,以利于形成良好的社会环境。

这些原始形态的公共关系活动,虽然与现代公共关系原理相差很远,而且多数属于自发性、功利性的零星活动,远不如现代公共关系活动是出自社会运行的内在要求,是社会发展中自觉性的产物。但是毫无疑问,它对我们今天研究公共关系仍有重要的借鉴作用,因而具有永恒的价值。

◆ **案例驿站 1.2**

子产不毁乡校

春秋时期,郑国人喜欢聚集在乡间的学校里,七嘴八舌地议论国家主政的官员。大夫然明便对丞相子产说:"下道命令,不让他们聚集议论,以免是非,可不可以呢?"子产说道:"为什么要这样做?那些人早晚聚集在一起休息、谈笑,当然要议论我们治理国家的好坏。他们肯定的,我就努力去做;他们讨厌的,我就马上改正;他们是我们的老师啊,为什么要打击他们呢?我只听说忠诚为善可以减少怨恨,没有听说以势作威就能防止怨恨。如果作威防怨而不能止住怨恨,就会像大河决口,我就无法救治了。所以,不如开个小决口,让人们的怨恨有发泄渠道,我就能从容地听从并改正了。"然明被子产的话折服了,弱小的郑国也在子产的治理下出现了政通景明的气象。

案例引发的问题:早期的准公共关系思想——舆论监督

资料来源:笔者根据网络资料 http://www.ygi.edu.cn 整理

二、现代公共关系产生的条件

虽然公共关系的历史可以追溯到远古时代,但作为一种全新的思想、一种系统而科学的理论,其建立远远落后于实践。作为一种新型的、专业性很强的职业,现代公共关系发端于19世纪末、20世纪初的美国,它的形成是社会生产方式变革的结果。

(一)社会文化心理因素——由"理性"到"人性"

由移民组成的美国,其文化体系有三个突出的特性:个人主义、英雄主义和理性主义。个人主义的典型表现是富于自由浪漫的色彩;英雄主义的典型特点是富于竞争的精神;理性主义的明显标志是遵规守法,崇尚教条,重视数据和实效。管理科学的祖师爷泰罗(Taylor)的思想及其制度,就是理性主义的典型代表。

泰罗制的核心是通过对时间和动作的分析、研究,强调一切活动的计量定额,强调严格的操作程序,甚至连手足动作的幅度、次数都要计算限定,"人是机器"是这一时期最典型的口号。他将人看做机器的一部分,颠倒了人与机器的关系,使手段异化为目的。这种机械的唯理性主义的管理,虽然在一定时期内取得了显著的高效率,但同时也使劳资矛盾日趋激烈化。因此,泰罗制理论的特征是把劳动者视作"机器人""经济人"和"完全理性人",对人性的管理过于简单化,在其管理过程中,基本上找不到开展公共关系的依据。

在 20 世纪 20 年代末,由主持"霍桑实验"的哈佛大学教授梅奥(Mayo)创立的人群关系理论和 40 年代末崛起的行为科学理论,为公共关系的产生及成长提供了理论依据。人群关系学针对科学管理学提出的"经济人"而提出了"社会人"的概念,认为人并不单纯是为经济利益而生存的,除了经济动机外,还有其他的社会动机。

人群关系学理论与行为科学理论的共同精神是:组织的管理活动应由原来的以"事"为中心发展到以"人"为中心;由原来的对强制性纪律的研究发展到对自觉性行为的研究;由原来的监督管理发展到动机管理;由原来的独裁式管理发展到民主领导的管理。这些观念的形成,从理论上对于开展组织内部的公共关系提供了依据。另外,20 世纪以来的社会学、心理学、传播学等现代学科的发展,也为公共关系的开展提供了理论武器。特别是社会系统理论的建立,从理论上验证了为组织建立良好的外部公共关系的必要性。这样,在现代管理理论中,公共关系内求团结、外求发展的职能都找到了理论依据,得到了理论说明,这为在实践中推行公共关系建立了理论基础。

(二) 社会政治条件——社会政治生活的民主化

社会政治生活的民主化及民主政治制度的产生是公共关系赖以产生和发展的政治条件。从封建社会进入资本主义社会是人类社会民主化进程中的一个重要的里程碑。

在专制独裁的封建社会里,统治者依靠高压政策、愚民政策实施封建专制和独裁统治,民众既不需要关心政治,也无法干预政治,公众舆论不可能对社会进程产生重要影响。在政治生活以"民怕官"为主要特征的封建社会里,公共关系是没有任何用处的。

在机器化大生产的工业社会中,政治生活的核心是民主政治。在民主政治条件下,市民的社会化程度逐渐提高,社会联系日益紧密,共同意识逐渐增强,民主意识趋向强烈。有组织的社会公众越来越强烈地要求了解和参与政治生活,舆论对政治行为的影响力也越来越大,成为政治生活中不可忽视的力量。政治运动促进了资本主义工业社会民主政治的进一步发展。民主政治的重要标志是政治必须体现大多数人的意愿,满足大多数人的要求,这就需要有与此相应的民主制度作为保证。这在美国主要是通过代议制、纳税制和选举制实现的。

代议制是各种利益集团推选出自己的代表来进行公共事物的决策与管理,这是民主政治的基本体现与保证。而促使民众关注并参与公共政治的动力,则主要来自经济上的"纳税制"和政治上的"选举制"这两种民主化制度。

纳税制促使纳税人有权了解政府的政治运作情况,由此产生关心并参与政治的需要。纳税制也迫使政府有义务将政府决策与事务运作情况定期向纳税人公布或报告,接受纳税人的监督。

选举制赋予民众知情权、议政权,要求政治具有透明度。公众需要通过认真比较、精心挑选能真正代表自己意愿的人物去行政、执政,并且有权监督自己的代表能否准确地反映自身阶层的利益和意见。对于被选举者来说,为了获得或保住"席位",更需要及时倾听民众的呼声,关心和解决民众关心的问题。

由于代议制的民主政治在经济上依靠纳税制来支持,在政治上依靠选举制作为保障,这使当权者不得不重视与社会各界公众搞好关系。

(三)社会经济条件——市场经济的出现

商品经济的出现是公共关系产生和发展的经济基础。在商品经济条件下,整个生产活动都是社会化的,人们生产的产品主要用于交换以实现其价值。市场交换实现后,人们生产的产品和劳动才能得到社会的承认。于是,无论是个人还是社会组织,只有通过自觉的努力才能得到社会的认可和支持,才能为自己创造一个良好的生存和发展环境。

在商品经济的发展过程中,市场形式经历了由"卖方市场"向"买方市场"逐渐转变的过程。在生产力尚不发达的资本主义前期市场中,供小于求,供求关系的不平衡使得销售者可以趾高气扬、态度恶劣、肆意妄为、任意涨价、无视公众,根本不能体现自由平等、互惠互利的交易原则。在这种以卖方市场为主导的情况下,卖方完全可以不考虑公众的需求,因此也就不需要公共关系。但随着生产力的提高,产品供给日渐充分,市场上的供求关系发生了根本性的变化。消费者有了更多的选择优势,可以根据产品质量、价格、服务以及人情关系等条件决定向谁购买所需商品。在这种以买方市场为主导的情况下,作为卖方的企业或商家只有主动与买方联络感情、建立关系,才能有效地维持生存和发展。因此,搞好公共关系、增进组织与公众的相互理解、提高组织声誉就显得越来越重要了。

美国进入资本主义的垄断时期后,垄断资本间的竞争广泛、深入地影响着整个社会,不仅使生产结构和人际关系发生了迅速变化,而且使市场体制也发生了深刻变化。在经济活动已经由以生产为中心转变到以市场为中心的情况下,一个企业或部门能否更好地生存和发展,不仅取决于产品的质量,而且取决于它适应市场、开拓市场的能力,换句话说,就是看其能否争取到广大消费者或社会舆论的支持。愈来愈多的企业管理人员认识到了市场机制的重要作用,这在客观上便成为企业通过开展公共关系活动与社会各界和广大消费者建立相互信赖、相互合作关系的有利条件。

总之,市场经济取代小农经济,买方市场取代卖方市场,以市场为中心取代以生产为中心,成为公共关系在美国兴起的经济基础。

(四)物质技术条件——传播手段和通信技术的进步

传播手段和通信技术的进步是现代公共关系产生与发展的物质技术条件。在落后的自然经济社会中,传播、沟通的媒介和技术也非常落后,缺乏有效的传播手段去进行大范围、全方位和远距离的沟通。而现代传播手段和技术带来了一个全新的信息时代,更新了社会联系和交往的观念和方式:印刷技术日益增强并提高,极大地增加了信息量,开阔了人们的视野;报纸、杂志遍及千家万户,大大缩短了人们的时间、空间距离;广播、电视、电话、电影等电子技术不断进步并普及到寻常百姓家,使信息传播的范围和速度达到了一个空前的高度;电脑的发明、人造通讯卫星的应用,开创了信息革命的一个全新的时代;高速公路、悬磁浮列车、智能化飞机等最新交通工具的开发应用,为人们进行大范围的交往提供了可能性。所有这些,都为人们的社会交往和经济交往提供必不可少的现代化手段,成为现代公共关系产生、发展不可或缺的物质条件。

(五)社会基础——社会组织的专业化分工和相互协调、整合的趋势

社会组织的高度分化以及在此基础上形成的相互协调的发展趋势是公共关系赖以产生和发展的社会基石。

把公共关系作为一种职业是现代社会的基本趋向。社会的发展使得组织所处的环境日益复杂化,各类社会组织都面临着繁复的公共关系事务,必须要有专门的部门和人员来协调关系。据估计,美国有85%的企业设有公关部门,组织外部独立的公关事务所、公关咨询公司等也大量存在,而欧洲发达国家在信息产业及同类部门工作的人员目前已占整个产业人数的60%以上,许多投资、咨询、销售、调查公司所雇佣的职员大都来自公共关系学专业和其他相关专业。

生产的发展以及与此相适应的各种社会分工的出现,推动着社会组织不断发生变化,人与人之间的社会关系也逐渐变得多元化。如此一来,人们一方面不得不从事专门的社会职业,使自己的生存空间、视野受到局限,人与人之间处于隔离的状态之中;另一方面,由于社会组织的分化,社会关系更加复杂多样,人们就更加自觉地去协调人与人以及组织与组织之间的相互关系。社会组织的专业化分工和组织化程度的提高,使人们认识到如果不在社会领域内进行自觉的、有目的的、有计划的协调、沟通和合作,社会的经济、政治、思想文化和科学技术就无法得到发展,整个社会就无法正常运转。因此,社会组织与其相关团体和公众的自觉的、有目的的、有计划的相互沟通与联系就变得更加迫切和必要。公共关系正是适应了这一历史发展的客观需要而产生的,并且它一经产生就在社会生活的各个领域发挥了日益重要的作用,得到了突飞猛进的发展,在许多国家广为开展。公共关系学的原理和方法已经成为国际通用的"语言",为具有不同文化背景和语言习惯的各国人民所接受。

综上所述,公共关系随着社会民主、市场经济和大众传播的发展而发展,其发展水平成为衡量一个国家或地区民主政治、商品经济和大众传播发展水平的一个重要标志。

三、现代公共关系在美国的产生和发展

19世纪以前的公共关系活动和思想属于原始公关范畴。19世纪中期,公共关系开始由原始向现代、由朦胧向清晰、由零星向系统、由感性向理性转变。到20世纪初,现代意义的公共关系在美国出现。接着在短短的几十年里,现代公共关系以燎原之势席卷全球,公共关系学也随之兴起,成为一门引人注目的新兴学科。

(一)孕育期——巴纳姆时期

虽然有人将现代公共关系的产生定在美国独立战争时期,但19世纪30年代风行美国的报刊宣传活动却被公认为现代公共关系的发源期。

19世纪30年代以前,美国出版的报纸价格昂贵、发行量小,主要供上层社会阅读。30年代中期,美国报界出现了一场报业革命。《纽约太阳报》的创办人本杰明·戴伊于1833年安装了新式霍氏滚筒印刷机,使印刷速度高达每分钟1500份。技术的改进大大降低了成本,报纸变得廉价、普及、大众化,出现了"便士报",这样企业就可利用报纸宣传自己。不少公司和财团雇用专门人员炮制煽动性新闻,为自己作夸大和虚假的宣传。菲尔斯·巴纳姆是这一时期的典型代表。他是一个马戏团的老板,深知舆论宣传的重要性,利用报纸为自己的马戏团编造了一个个神话。例如,马戏团里有一位叫海斯的女奴,曾在100年前养育过美国第一任总统乔治·华盛顿;马戏团有一位矮小的汤姆将军,当年曾率领一群侏儒,赶着矮种马拉的车去觐见维多利亚女王,等等。于是,人们抱着好奇心纷纷到马戏团一探究竟,马戏团的票房收入猛增。

总之,19世纪中期的报刊宣传活动全然不考虑公众利益,欺骗公众,不择手段地为自己制造神话。这在根本上与公共关系的宗旨是背道而驰的。因此,巴纳姆时期被视为公共关系史上一个不光彩的时期。有人称之为"公众受愚弄时期""反公共关系时期"。但

是,这一时期的公共关系活动已带有一定的组织性和较为明确的目的性,与谋利愿望紧密结合在一起,公共关系已经不再局限于政治活动和思想宣传活动中,这为公共关系在以后的发展奠定了基础。

(二)产生期——艾维·李时期

19世纪末至20世纪初,美国资本主义进入垄断时期,垄断财团占有社会大部分财富。由于经济危机频繁爆发,大批中小企业和资本家也在垄断财团的兼并中惶惶不可终日。在此情况下,爆发了以揭露工商企业的丑闻和阴暗面为主题的新闻揭丑运动,史称"扒粪运动"。从1903年至1912年的10年间,新闻界发表了2000多篇揭丑文章,还出版了不少宣传小册子和大量漫画作品。这场运动不仅深刻地批判了垄断资本家和政府的丑恶行为,伸张了社会正义,还把不少企业组织置于不利的舆论环境之中,使其声名狼藉,难以生存和发展。在"扒粪运动"的冲击下,企业家们按照自己的意图建立的封闭的企业象牙塔已摇摇欲坠。为求得生存和发展,他们被迫走出象牙塔去修造玻璃屋,以提高企业的透明度,让公众了解企业。

正在此时,杜邦公司发生了一起爆炸事件。公司对这一消息严加封锁,不让记者采访。社会上小道消息不断流传,甚至形成了一个可怕的形象:杜邦——杀人。对此,杜邦非常苦恼。一位在报界工作的朋友给杜邦出了个主意:实行门户开放的政策,让记者采访报道,让公众了解真相。杜邦接受了他的建议,不仅对事故如实报道,而且注意对社会舆论加以引导,提出"化学工业能使您生活得更美好"的口号,使公众改变了对杜邦公司的坏印象。杜邦公司的成功,使许多企业开始效仿,纷纷聘请懂行的人从事改善与新闻媒介关系的工作。此后,用"讲真话"来获得公众信任越来越被企业界所认同。艾维·李就是"讲真话"这一思潮的主要代表。

艾维·李(Ivy Lee)(1877—1934)出生于佐治亚州一个牧师家庭,毕业于普林斯顿大学,后来在《纽约时报》《纽约世界报》《纽约日报》等报社和杂志社担任记者和编辑。针对巴纳姆宣传活动的局限性,他提出了"讲真话"的宣传思想。1903年,他创办了一家公共关系咨询事务所,向企业和社会组织提供咨询和宣传服务,协助客户建立、维持与新闻界及公众之间的关系。艾维·李成为第一个向顾客提供公共关系咨询服务并收取费用的职业公关人员,公共关系作为一种职业也由此产生。1906年,艾维·李又向新闻界发表了阐述其活动宗旨的《原则宣言》。他说:"我们的责任是代表企业单位与公众组织,就公众关心并与公众利益相关的问题,向新闻界和公众提供迅速而真实的消息。"这一《原则宣言》反映了他的基本思想,确立了"公开事实真相""说真话""公众必须被告之"等公共关系的基本原则。艾维·李还在实践中贯彻他的思想。在洛克菲勒财团面临公共关系恶化而声名狼藉时,他建议财团邀请劳工领袖协商解决劳资纠纷;广泛进行慈善捐助,改变在公众心中的不良形象。在处理宾西法尼亚州铁路公司发生的人员伤亡事故时,他帮助公司果断采取公布事故真相、向死难者家属提供赔偿、为受伤者支付治疗费、向社会各方诚恳道歉等措施,取得了良好效果。此后,艾维·李名声大振,多次被企业聘请去处理劳资纠纷和社会摩擦。

艾维·李的公共关系思想和实践奠定了现代公共关系的基础。虽然他的公共关系工作只凭经验和直觉,缺少科学理论指导,但他提出了公共关系的基本原则,使公共关系成为一门职业。因此,艾维·李被誉为"公共关系之父"。

◆ 案例驿站 1.3

杜邦的"门户开放"

19 世纪末,伴随着"揭丑运动",许多企业开始修建开放、透明的"玻璃屋",增强企业的透明度,增强与新闻界和社会公众的联系。杜邦化学工业公司是其中的佼佼者。

杜邦公司是一家从事炸药生产事务的化学公司。其时化学工业刚起步不久,工艺技术尚不很先进,公司里难免发生一些爆炸事故。起初公司当局采取保密政策,一律不准记者采访。结果大道不传小道传,社会公众对此猜测纷纷,久而久之,杜邦公司在社会公众心目中留下一个"杜邦—流血—杀人"的可怕形象,对杜邦公司的市场扩展与企业发展造成极为不利的影响,杜邦为之深感苦恼。后来,杜邦的一位报界挚友建议他实行"门户开放"政策,杜邦采纳了他的建议,并聘请这位朋友出任公司新闻局局长。此后,公司在宣传方面改弦更张,坚持向公众公开公司事故真相与公司内幕;同时,精心设计出一个口号并予广泛宣传:"化学工业能使你生活得更美好!"公司还重金聘请专家学者在公众场所演讲,并还积极赞助社会公益事业、组织员工在街头义务服务。这样,一举改变了"杜邦—杀人"的可怕形象。

案例来源:笔者根据网络资料:http://jmxy.zjei.net 整理

(三)发展期——爱德华·伯奈斯时期

继艾维·李之后,美国公共关系得到长足的发展。由于经济大危机的冲击、卖方市场被买方市场代替,企业家们开始认识到发展企业不仅要靠资金、技术,而且要靠公共关系的帮助。大众传媒的发展,现代管理学和传播学等新兴边缘学科的兴起,为公共关系的发展提供了条件。1937 年,《企业周刊》发表第一篇公共关系行业报告,估计当时有5000 名公共关系从业人员和 250 家公关顾问公司,约 20% 的大公司设有自己的公共关系部。

如果说艾维·李时期公共关系"只有艺术而无科学",那么,伯奈斯时期就是公共关系科学化时期。爱德华·伯奈斯(Edward C. Berners)出生于奥地利维也纳,是精神分析学家弗洛伊德的外甥。1913年,伯奈斯受聘于美国福特汽车公司,担任该公司的公共关系经理。第一次世界大战期间,他在威尔逊总统的官方公共关系机构"克里尔委员会"担任委员,负责向国外新闻媒介提供美国参战的新闻和背景材料。1919年伯奈斯建立一家公共关系咨询公司,之后一直经营该公司,直到1962年从第一线退休为止。他们的公司为许多大公司、政府机构、总统提供咨询,伯奈斯成为公众关注的焦点人物。当然,伯奈斯在公共关系上的贡献和成就主要是在公关理论的建立上。

1923年,伯奈斯出版了第一部公共关系学的经典著作《舆论明鉴》;同年,他在纽约大学讲授公共关系课程,这是大学首次开设公关课。1928年伯奈斯又出版了《舆论》一书;1952年,他写成《公共关系学》。另外,他还出版过《宣传》《赞同工程》。在公共关系方面,伯奈斯建立了较为完整的理论体系。他首次提出了"公共关系咨询"的概念,并对它作了详细的解释。伯奈斯还提出"投公众所好"的主张。他说:"舆论的威力证明,理解公众、适应公众、告之公众、赢得公众是十分必要的。"

总之,伯奈斯对公共关系的职业化和科学化作出了突出贡献。他使公共关系从新闻界中分离出来,使之形成较系统的理论。1924年,美国《芝加哥论坛报》发表社论指出,公共关系已成为一个专门职业,它既是一种管理艺术,也是一门科学,社会各界都必须重视公共关系。有人认为,这一社论的发表是公共关系科学化的标志,也是现代公共关系理论和实践系统化的标志。

图 1-3　艾维·李　　　　　　　　　　　图 1-4　爱德华·伯奈斯

(四)成熟期——现代时期

1937年,公共关系学的另一创始人雷克斯·哈罗博士(Rex L. Harlow)在斯坦福大学开设公共关系课程。1947年,波士顿大学开办第一所公共关系学院。1955年,美国有28所学校设立了公共关系专业,66所学校开设了公共关系课程。1936年,全美高等院校公共关系协会成立。1939年,美国公共关系理事会成立。1948年,美国公共关系协会成立。1955年,国际公共关系联合会在伦敦成立。1958年,国际公共关系联合会第一届世界大会在布鲁塞尔举行,以后每三年举行一次。

20世纪50年代以后,公共关系的实践和理论有了新的发展,"双向对称"模式成了公共关系界的共识。这一模式,最早是在卡特利普和森特(Scott M. Cutlip & Allen H. Center)1952年出版的权威著作《有效的公共关系》一书中提出的。他们认为,一个组织要与公众建立良好的关系,在利益上应并重、平衡;在信息沟通上应该进行双向交流,即一方面把组织的信息向公众作传播和解释,另一方面把公众的信息向组织作传播和解释,使组织和公众结成一种和谐关系。"双向对称"模式的确立,成为现代公共关系成熟的重要标志。

《有效公共关系》其后再版了八次;第六版时新增作者格伦·布鲁姆(Glen M. Broom),他运用"生态学"概念研究公共关系学,提出了"调整与适应——公共关系的理论模式";2000年出版第八版。该书之所以一版再版,一是它原有的理论基础雄厚;二是在再版中,作者不断充实新的研究成果,使理论体系不断完善,保持了该书旺盛的生命力。该书提出的"公共关系四步工作法"已被广大的公共关系理论和实际工作者所接受。有人称该书为"公关圣经"。

詹姆斯·格鲁尼格(James E. Grunig)是美国的另一位公共关系大师级人物。他是美国马里兰大学新闻学院的教授,公共关系学和传播学的著名学者。其代表作《公共关系管理》一书提出了不少独到的观点,如公共关系实践的四种模式,这一理论体现了公共关系的本质,展现了公共关系的发展方向。萨姆·布莱克(Sam. Black)是英国公关界的杰出代表人物,英国公共关系协会和国际公共关系协会的创始人之一。他一生致力于公共关系事业的发展。他撰写了10多本公共关系著作,其中《展览与会议指南》《基础公共关系学》《国际公共关系案例研究》很有影响。在长达半个多世纪的公共关系职业生涯中,他先后主编过英国公共关系协会的《公共关系》杂志和国际公共关系协会的《国际公共关系评论》。1982年,他在就任国际公共关系协会主席期间,主持编写了国际公共关系协会第四号"金皮书"——《职业公共关系教育模式》,这对全球公共关系教育的发展起到了导向性的作用。伯奈斯评价萨姆·布莱克时说:"萨姆·布莱克这个名字是对公共关系职业深刻理解的同义词。"

第三节 旅游公共关系的兴起与发展

一、旅游公共关系

旅游公共关系是旅游日益大众化、社会化的必然产物。随着现代经济和社会文明的高度发展以及文化教育的普及,旅游日益深入到社会的各个层面,成为社会大众不可或缺的生活内容。因此,在旅游业开展公共关系活动,能加强旅游业和社会各行业、各部门的协调与沟通,使现代生活方式在旅游活动中得到发展和提高。

(一)旅游公共关系的概念

旅游公共关系是旅游组织,为了增进内部及社会的信任与支持,为自身事业的发展创造最佳的社会环境,在处理自身面临的各种内部、外部关系时,采取的一系列政策与行动,并通过一定的媒介方式,同相关公众结成的一种社会关系。

(二)旅游公共关系的六个要点

①旅游公共关系的主体是旅游组织,具有较强的服务性。

②旅游公共关系的沟通对象是相关公众与组织,具有较大的涉外性和复杂性。

③旅游公共关系的工作手段主要是传播、沟通与媒介,具有较大的灵活性。

④旅游公共关系的实质是双向信息沟通关系,具有较强的情感性。

⑤旅游公共关系的目标是塑造旅游组织的形象和声誉,具有较大的社会影响力。

⑥旅游公共关系的主要内容是内部公众、外部公众、政府公众、新闻媒体及与此相关的各方面关系,具有较大的综合性。

(三)旅游公共关系特性

旅游公共关系特性是指旅游公共关系的特殊性。与其他行业的公共关系相比,旅游公共关系具有本身的特点,具体表现在以下五个方面。

1.综合性

由于旅游活动是一种综合性的社会、经济、文化活动,为保证旅游活动的多种需要,旅游产品也必须由多种资源、设施与服务构成,是众多部门与行业、众多的职工合作生产的。

2.复杂性

旅游活动涉及面广,旅游交往中的人们来自不同的国家或地区,彼此之间在思维方式、行为方式、风俗习惯、传统时尚、宗教信仰、道德心理等方面差异很大。旅游组织的性质和类型也有较大的差异,并带有复杂的政治、经济、文化背景。

3. 情感性

旅游活动就是人的活动,是最富有人性特征的活动,旅游业是一个最具有人情化的行业。现代旅游企业经营已经进入了"情感化"的经营时代,"顾客就是上帝""员工至上"作为一种重要的激励机制或动力因素而被纳入了管理过程,"情感管理"成为旅游企业重要的管理方式。旅游公共关系作为一种管理职能,在大量的公共关系工作中比较突出地把"情感"这一重要因素导入其中。

4. 全员性

在旅游业组织中,每一个员工都处在生产、服务工作的第一线,每一个人都是接触外部公众的触角。每位员工在各自的岗位上各司其职并积极地用优质服务创出名声、吸引客人,所做的都是出色的公共关系活动。

5. 超前性

旅游客源市场是一个潜在特征很强的市场,旅游消费需求在人的需求层次中属较高层次的需求,其本质属性是文化消费,可变性极强。因此,在进行旅游公共关系活动时,必须具有超前性。无论是旅游形象宣传、公关促销,还是协调旅游内外关系,都必须着眼于未来,在科学预测发展方向的基础上规划旅游业的未来战略。

二、旅游公共关系的产生

考察旅游公共关系的产生和发展,对全面、准确地把握旅游公共关系的思想与理论,开创适合旅游业的公共关系事业具有重要意义。旅游公共关系产生于当代旅游业的开始,即 19 世纪 40 年代。

讲旅游公共关系,就一定要讲到旅游业和旅行社的先驱——托马斯·库克(1808—1892)。1841 年 5 月,托马斯·库克以方便参加禁酒为由组织 570 人从莱斯特到拉夫巴勒参加禁酒大会,往返 22 英里,票价仅为一先令。为了组织这次活动,他首先取得铁路部门的支持及给予的优惠,并专门在报纸上刊登广告招来更多游客参加,而且在列车上配有导游讲解,并供应茶点。这是人类历史上第一次通过传播活动而组织的铁路旅行,也是托马斯·库克创办旅游业的开始。

这次活动之后,托马斯·库克便专心致志地从事旅游活动。1845 年,托马斯·库克开始组织长距离的旅行项目,组织旅游者去威尔士、爱尔兰、苏格兰等地旅行。为了更好地介绍这条线路中的风景名胜,他印制了世界上第一批导游小画册。这批画册的出现,在一定的程度上表明,旅游组织开始了有目的的现代意义上的公共关系策划和出版工作。

1851 年,伦敦举行博览会,托马斯·库克为 16 万名参观者安排旅行游览。为了提高知名度和美誉度,托马斯·库克做了大量的工作。由于他服务热心,成绩显著,因而获得公众的好评,出现了"要想旅游好,必把库克找"的口号,托马斯·库克的知名度大大提高。

此后,托马斯·库克成立了一家大型的旅行社,专门从事旅游活动。由于价格便宜、服务周到、组织合理,因而获得游客的一致称道。1872 年,托马斯·库克还组织了世界上第一次环球旅行,并请了许多记者、作家同行,且亲自担任导游。此次环球旅行,为世人所瞩目,《八十天环游世界》一书记述了这次旅行。

托马斯·库克是一位伟大的近代旅游业先驱,同时也是一位成功的公共关系实践家。自托马斯·库克之后,旅游公共关系开始迅速地发展起来。

◆◆阅读资料 1.1

> ### 托马斯·库克
>
> 托马斯·库克是现代旅游业的创始人,也是第一个组织团队旅游的人,是旅游界的伟人。
>
> 托马斯·库克,英国旅行商,出生于英格兰墨尔本。1828 年他成为一名传教士,后来是一位积极的禁酒工作者。托马斯·库克组织了欧洲范围内的自助游,向自助旅行的游客提供旅游帮助和酒店住宿服务。
>
> 托马斯·库克被世界公认为商业性旅游的鼻祖。1845 年,他创办了世界上第一家旅行社——托马斯·库克旅行社,标志着近代旅游业的诞生。
>
> 伟大的近代旅游业先驱托马斯·库克,在其事业的发展过程中,能够抓住时机,开拓进取,巧妙、出色地运用公共关系技能,是一个值得我们去学习和敬佩的人。
>
> 案例来源:梁冬梅.旅游公共关系原理与实务[M].北京:清华大学出版社,2008

三、我国旅游公共关系的兴起与发展

(一)我国旅游公共关系的兴起

旅游公共关系是伴随着我国的改革开放政策产生的,它在我国的发展大致经历了三个阶段。

1. 第一阶段——导入时期（20 世纪 80 年代初期及中期）

20 世纪 80 年代初，我国沿海一些城市作为对外开放城市率先引进外资，先后成立了一些独资、合作、中外合资企业。深圳、广州的一些三资企业主要是酒店、宾馆，在企业组织机构的设置方面增设了与其他经营部门平行的公共关系部。位于广州的中外合资五星级宾馆白天鹅宾馆，参照国外模式，首先设立公共关系部，推行公共关系业务，其公关工作结合国内的特点取得了极大的成功。随后，许多企业开始在内部设立公关部或者设专人负责公关事务；有的企业虽未设立公关部，但也把公关事务列入企业的日常工作，这样，公共关系部这一新鲜事物逐渐受到企业界的关注，公关活动蓬勃兴起。1984 年，世界上第二大公关公司海尔—诺顿公司在北京开设了办事处。1985 年，世界上最大的公关公司博雅公司与中国新闻发展公司达成协议：由中国新闻发展公司成立中国环球公共关系公司，独家代理博雅公关公司及其客户在中国内地的公关业务。以环球公关公司成立为开端，我国陆续成立了许多独立经营的公关事务咨询、代理公司。

此时期，我国的一些学者开始积极引进国际公共关系理论，随着学习、了解、研究公共关系学的人数不断增加，各种版本的"公共关系学"图书陆续出版。1985 年起，国内的大中专院校开始设置公共关系学课程或开设公共关系专业。从 1986 年开始，我国逐步建立起各省、市的公共关系社团组织。1987 年，成立了中国公共关系协会、中国国际公共关系协会，标志着公共关系在我国得到官方和社会的正式承认与接受。我国公共关系职业化的速度更是惊人。此时期，许多大城市相继开展大型公共关系活动，出现了许多公关新人，一度满足了一些企业的需求，但大多数从业人员没有接受过专业训练，因而公共关系实践的水平不高，基本停留在"浅层次公关"的层面上。

2. 第二阶段——迅速发展时期（20 世纪 80 年代后期至 90 年代初期）

20 世纪 80 年代后期至 90 年代初期，在我国，公共关系得到了长足发展。在这一时期，国际公共关系公司纷纷抢滩我国，国内公共关系公司也大量涌现；我国第一代公共关系职业人开展了大量的公共关系实践，经历了市场竞争的严峻考验，提高了自身素质，加强了公共关系专业素养，成为当前我国公共关系行业的中坚力量。此时期，由一些学者组织的公共关系专家团进行了一系列的公共关系实践，使中国的公共关系实践的层次有了大幅度的提高，但由于参加的人数不多，不可能从整体上提高我国整个公共关系实践层次。

随着各地各种公共关系组织的不断扩大，各组织中设立的公共关系机构明显增加，公共关系理念不断深入人心，在一些面向政府、企业和市场的专业中，公共关系学被列为专业必修课程。在此基础上，公共关系理论研究不断深化，公共关系分支学科逐渐形成，如饭店公共关系、公共关系心理学等；再加上学术界为配合公关事业的发展出版了大量的公共关系理论、实务、方法和技巧等方面的书刊，对普及公共关系思想、学习公共关系知识产生重大而深远的影响。

3. 第三阶段——成熟稳定及发展时期(20世纪90年代至今)

20世纪90年代末期，我国公共关系进入一个全新的发展时期。1999年5月，国家劳动和社会保障部正式将"公共关系员"作为一种职业列入《中华人民共和国职业分类大典》，这标志着国家正式承认"公共关系"这一职业。同年6月份，国家又颁布了公关人员的国家职业标准，这标志着越来越多的人士加入到公关行业中来，公共关系专业化、职业化日趋成熟。2003年3月，公共关系员被劳动和社会保障部列入90个持证上岗的职业之一，并在每年举行初、中、高三个等级的公共关系员职业资格统一考试，既规范了公共关系从业人员的行为，又成为一种政府认可的正式职业资格。从此，公共关系在我国得到非常广泛的传播和认可。

(二)我国旅游公共关系发展的趋势

在公共关系事业中，旅游业最为积极和前卫，如广州的白天鹅宾馆是最早设立公共关系部门的旅游企业；广州中国大酒店最早从香港聘请受过专门教育与培养的人员担任公共关系部经理，主持酒店的公共关系工作。所以说，旅游公共关系是应旅游大众化、社会化而产生的，它伴随着现代社会经济和文化的高度发展，日益深入到各个层面，成为大众不可或缺的生活内容。

21世纪伊始，我国的公共关系发展进入快速成长期。我国的经济保持持续稳定增长，高新技术和现代通讯产业突飞猛进的发展等，均为我国公共关系产业的健康、快速发展和整体水平的提高提供了良好的环境。同时也应看到，我国旅游公共关系的发展只有从我国的实际出发，积极借鉴国外旅游公关的成功经验，才能找出适合我国国情的、有中国特色的旅游公关发展模式。

1. 以塑造形象为宗旨

旅游业是一个国家文明的样板，是一个国家物质文明与物质文化的反映，它代表了人类对文明的一种追求。因此，旅游业十分注重自身形象的塑造，以树立良好的形象为起点，全面提高旅游业的综合素质。

旅游组织从塑造形象到维护形象、完善形象是激烈的市场竞争使然。竞争是商品经济和市场经济的产物。对于旅游组织来讲，竞争是一种挑战，也是一种激励和评价；再加上旅游业是劳动密集型服务行业，员工的个体形象就代表着旅游组织的整体形象，因此旅游组织十分重视对员工素质的提升，绝大多数的宾馆、饭店都设有专门的培训部，培训员工成为旅游组织的重要工作。近年来,国内各级各类职业院校加大对旅游从业人员的职业培养,这些大中专旅游系毕业的学生已充实到旅游行业中来。由于他们受到系统的理论教育和专业培养,在从事旅游行业时大都能很好地运用所学知识增强组织的凝聚力,为旅游组织的规范性发展创造了良好的内、外部环境,大大加强了旅游组织的竞争实力,使消费者产生消费信心,接受和选择其服务。

旅游业的良好形象得利于各方面公众的支持,得利于社会公众的拥护和政府的支持;同时,它又能增强员工的向心力和归属感,为保留人才和吸引人才创造有利条件,形成旅游发展合力,实现旅游业的全面发展。

2. 重视大众媒介的传播效应

争取媒介的支持,看重舆论的力量是旅游公共关系的重要举措。旅游公共关系运用大众传播媒介来扩大旅游组织的影响,提高旅游组织的声誉。它不仅注重为旅游组织制造舆论,还十分注重组织内部媒介的传播,以此提高旅游公共关系传播的整体效应。例如,一些星级酒店尤其是一些四、五星级酒店,不仅有自己的宣传册,还有自己的报纸、杂志,对自己的方针、策略、服务适时地进行宣传,既激发员工的积极性,又以其鲜明的特征吸引公众。除此之外,旅游组织还十分重视运用物品的信息传播功能,通过物品传达旅游组织的经营理念、经营特色,加深公众印象。另外,旅游公共关系十分重视传播过程中公众的互动反映,讲究传播的心理策略,对景点设施、娱乐、餐饮、购物、居住环境等,在色彩的搭配、物品的摆放、房间的布置以及景点设施的艺术处理等方面从不马虎,力求做到清新、典雅、和谐、娱人耳目、沁人心脾。

3. 重视公众,极力依赖公众的力量

旅游组织应有意识地去影响公众,引导公众自己说服自己。例如,对内部公众设置民主意见建议箱,对外部公众实行“收购点子”“收购智慧”制度,开展征求组织标志、产品名称、广告词的活动,开展参与有奖活动等。在客观效用上,这种活动一方面有利于旅游组织集思广益,另一方面也能产生较大的公共关系效应。

消费者团体、环境保护组织、动物保护组织、顾客质量团体等各式各样的群众性组织在公众中间具有很大的影响,威信很高。旅游组织应主动与群众性组织搞好关系,有意合作完成一些共建性的公益项目,借助群众性组织来宣传旅游组织;制度化地收集来自公众特别是“公众领袖”人物的意见,了解公众的想法以寻求最佳的公共关系工作方案,并利用公众领袖在公众中的地位和影响改善旅游组织与公众之间的关系。

旅游组织在积极发展公共关系时,还应积极开展“关系营销”,在供销双方之间创造更亲密的工作关系与相互依赖关系,通过个别式的人际沟通与联络,稳定和扩大顾客队

伍,建立和谐、持久的公众队伍。

4.注意情感在旅游公共关系中的作用

旅游公关组织十分重视对公众的情感投资,特别重视、尊重公众的需求,积极改进旅游组织与社会公众的相互关系,激发公众自觉自愿地参与旅游组织组织的活动,把旅游组织当做自己的娘家人。为此,旅游组织从以下几方面熏陶和感化公众:

(1)价值式情感公共关系

随着全社会经济的发展、文明程度的提高,公众愈来愈重视自身价值的实现,寻求社会尊严与归属。旅游组织应随着时代的进步而前进,满足公众对社会价值的追求和对尊严的心理需求,尊重公众,把公众视为旅游组织的"上帝",及时听取公众建议、意见,完善旅游组织的工作方针,改进旅游组织的经营策略,满足公众的主人翁意识,让公众明白自己对旅游组织的重要性、价值性。

(2)利益式情感公共关系

旅游公共关系追求的利益目标,是通过为公众对象提供利益服务而取得的,是为社会道德规范认同和支持的合理的利益目标。对于现阶段旅游组织来说,没有利益目标的公共关系是不存在的,互利互惠是旅游组织与公众联系的桥梁。因此,旅游组织应十分关心公众的切身利益,实实在在地对公众实行互利互惠策略。由于这种利益式情感关系以利益机制为导向,具体而又实在,故而旅游组织与公众之间的情感关系比较牢固。

(3)信任式情感公共关系

旅游组织历来重视了解公众的想法以寻求最佳的公共关系工作方案,促进旅游组织与公众关系的良性循环,因此相互信任就成为旅游组织与公众之间情感关系的理想化状态。旅游组织要想取得公众的信任,必须首先尊重公众、信任公众,尊重公众的选择权和人格,及时把公众的合理性建议、意见体现在旅游组织的决策之中,使公众感受到旅游组织把公众放在首位的诚意,经常性地让公众知晓旅游组织的方针、策略,从而赢得公众对旅游组织的信任;只有相互信任,公众才能自觉、真诚、主动地支持旅游组织。

(4)群体式情感公共关系

公众的情感虽然都是以个体心理现象表现出来的,但它与群体情感是密切联系的。一旦群体情感发生了变化,群体的价值判断就会对个体公众情感心理产生或隐或显的影响,从而使个体公众情感发生相应变化。因此,重视群体公共关系、关心群体社会活动,资助群体性公益活动,与群体保持密切联系,是旅游组织赢得公众好感和支持的法宝。

◆ **案例驿站 1.4**

积极开展旅游公关活动

我国江苏省苏州市的同里、周庄两古镇,多年来不断塑造自身形象,以打造"古典精品园林"为主导,运用多种传播方式扩大知名度、美誉度。2007年"十一"黄金周期间经过精心策划和周密部署,使原本誉满世界的古典园林更增添了几分魅力。

同里古镇:古镇东、镇南两个主要停车场内停满了来自京、冀、沪、浙、皖、鲁、赣等地的大、小车辆,仿佛是在举办一个大型车展。其中,上海集散中心一下子就开来了10多辆大巴士,场面十分壮观。

面对蜂拥而至的游客,同里景区从细节和人性化方面入手,为游客提供周到、细致的服务。

周庄:为了能更好地开展旅游黄金周活动,打造"园林胜地",周庄根据以往的经验和发展现状,在节前做好了充分准备。

第一,培训当地居民,如何热情有礼地接待入镇游客。

第二,在国庆节前开辟了临时停车场,有效地缓解了旅游车辆的停车压力。

第三,各个车站设立了咨询点,为游客提供了便捷服务。

第四,在镇东停车场至古镇游览区之间,除安排观光电瓶车外,还临时调度了两辆大巴士,接送游人。

第五,在上下车处搭起了通道,避免秩序的混乱。

第六,及时增设了3个临时售票点,满足购票需求,及时疏散人群。

第七,在景点内,为残疾人、老年人开设了专用出入口,架起了"绿色通道"。

第八,在码头、车辆上下口,及时增设了安全警示标志,提醒游客注意安全,并安排专人对老年游客实行"扶一把,送上船,挽一把,带上岸"的特殊化服务。

第九,景区内各种文字规范、内容齐全的全景图、导览图和引导标志,十分便于识别,减少了游客走"冤枉路""回头路"的麻烦;特别是镇内外两个游客服务中心的全面启用,为游客提供了咨询、寄存行李、影视介绍等一条龙服务,深受好评。一位来自山东青岛的游客说:"我来过同里多次,但这次设施、服务的变化却很大,这个景区越来越成熟了。"

第十,准备了丰富而独特的地方戏剧。

案例来源:梁冬梅.旅游公共关系原理与实务[M].北京:清华大学出版社,2008

5. 旅游公共关系工作技巧的运用与开发

构建旅游公共关系应注重对公共关系活动形式进行艺术化处理与加工,使其符合公众的审美心理。近年来,全面建设小康社会的各项措施的实施,提高了公众的生活质量,公共关系活动氛围的文化性得到增强。旅游公共关系界为了提高公共关系活动的文化品位,力求利用文化艺术活动赋予公共关系活动一种美的色彩,提高公共关系活动的艺术效果。例如,根据公众的心理需求,以拟人化的手法编造有血有肉、带有童话色彩的故事情节,配合景点宣传,强化公众对旅游组织的良好印象;及时引入高科技设备,充分发挥人类科技成果在公共关系工作中的作用;无论是形象设计还是色彩应用、音响效果等都与作品主题构成一个有机和谐的艺术整体,给公众一种美的享受,满足公众的心理需求。

除此之外,旅游公共关系应注意心理技巧的应用,强调个别对待、整体运作。要针对公众求新、求奇的心理需要,激发公众的纯心理需求,全方位地影响公众,形成巨大的公众市场,获得较好的社会效益。

◆ **本节相关知识链接**

1. http://www.13pr.com/

2. http://www.17pr.com/

3. http://www.chinapr.com.cn/

4. http://www.mba.org.cn/

5. http://www.chinapr.com.cn/

◆ **本章练习题**

1. 如何理解公共关系学科的特征?

2. 什么是公共关系学?简述公共关系学研究的对象和内容。

3. 如何理解公共关系的本质属性?

4. 如何理解公共关系状态、公共关系活动和公共关系观念间的关系?

5. 简述公共关系与市场营销的区别与联系。

6. 简述公共关系与人际关系的区别与联系。

7. 简述当代旅游公共关系的主要特点。

8. 简述艾维·李对公共关系的贡献。

9.案例分析:

虽然西方的一些公共关系学者曾自豪地宣称亚里士多德的《修辞学》是人类历史上最古老的公共关系经典,但他们也不能回避这样的事实:早在 2500 多年前的春秋战国时期我国就已经存在了公共关系思想萌芽。例如,郑相子产的"不毁乡校",让公众在合法场所发表意见,议国政,听民声;孔子的"己所不欲,勿施于人""仁""和为贵"思想,表现出对和谐关系的重视与期盼;墨子的"兼相爱,交相利"主张,体现了对良好公众关系的追求;冯谖为替孟尝君树立爱民如子的新形象,实施"狡兔三窟"计划,是一次古代成功的公关策划活动;孟子的"仁政""民本"思想则是当时罕见的富有超前未来意味的公共关系新思想,与现代意义上的公关思想和意识具有某种相通相融之处。有人就指出,我国公关思想要远胜于西方,即使放到当今社会也丝毫不逊色。

对此,请结合公共关系发展史进行评析。

10.阅读下列案例,回答问题。

对印度尼西亚苏门答腊海域一场突如其来的大海啸,国际社会高度关注,我国政府和人民也以史无前例的高涨热情,向全世界展示了一个慷慨、负责任的大国形象和一种成熟宽容的国民心态,此非凡之举赢得了受灾地区和国际舆论的一致赞誉。2005 年 1 月 6 日,温家宝总理出席在印尼首都雅加达举行的由 22 国政府和国际组织共 100 多人参加的救灾峰会,会上发表了《同舟共济 共建美好家园》重要讲话,并积极响应联合国呼吁,决定在已有捐助基础上再增加 2000 万美元。国际社会好评如潮,法新社报道:"中国的这笔救灾款似乎明确地显示,世界上的人口第一大国正在世界舞台上扮演着越来越重要的角色。"路透社称:"外交力量滞后于经济发展的中国,已经承诺为亚洲海啸灾民提供创纪录的人道主义援助,这可能会扩大它在这个地区的影响力。"埃菲社说:"中国启动了为其他国家募集援助的机制,这种机制在中国前所未有。作为经常遭受自然灾害的发展中国家,中国以往更习惯于接受援助,而不是提供援助。"

(1)有人认为,中国政府此举代价太大,请从公共关系学角度提出自己的见解。

(2)从此举可以看出现代公关的哪些基本原则,请指出。

◆ 本章小结

1.本章结语

公共关系是社会组织为了塑造良好形象,通过传播与沟通手段影响公众的科学和艺术。公共关系有静态和动态之分。静态的公共关系,是指一种状态;动态的公共关系,是指一种活动。

公共关系的基本构成要素是：主体（社会组织）、客体（公众）和媒介。公共关系学的研究对象包括三部分：公共关系理论、公共关系实务和公共关系历史。要将公共关系同"人际关系""庸俗关系""广告"等概念区别开来。

现代公共关系在特定的社会政治、经济、文化、科技等条件下产生，并随着这些社会历史条件的变化而不断发展。其发展大致经历了巴纳姆时期、艾维·李时期、爱德华·伯内斯时期、卡特利普和森特时期。

2. 本章知识结构图

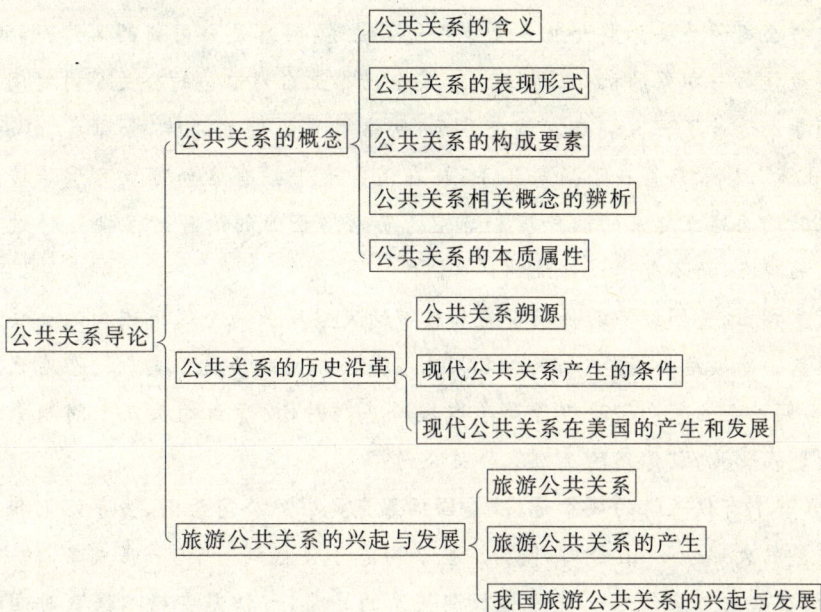

```
                              ┌─ 公共关系的含义
                              │
                              ├─ 公共关系的表现形式
                              │
                  公共关系的概念 ─┼─ 公共关系的构成要素
                              │
                              ├─ 公共关系相关概念的辨析
                              │
                              └─ 公共关系的本质属性

                              ┌─ 公共关系朔源
                              │
公共关系导论 ─── 公共关系的历史沿革 ─┼─ 现代公共关系产生的条件
                              │
                              └─ 现代公共关系在美国的产生和发展

                              ┌─ 旅游公共关系
                              │
            旅游公共关系的兴起与发展 ─┼─ 旅游公共关系的产生
                              │
                              └─ 我国旅游公共关系的兴起与发展
```

3. 本章核心概念

公共关系　公共关系状态　公共关系活动　艾维·李　"双向对称"模式

◆ **实训练习**

2005年3月1日，上海《新闻晚报》以较大的篇幅刊登了《百只座椅遭遇"零认领"》的报道。报道说，上海松江区旅游事业管理委员会为建设松江这座历史名城，为营造独特的文化氛围，特别选定了5处景区（点），向社会发出了100只座椅的捐赠倡议书。捐赠者可以是单位，捐赠可以在椅背、扶手等镶有铜牌处刻上姓名、单位和想说的话语，所有捐赠者都将得到由主办方颁发的荣誉证书和捐赠纪念册。利用民间资金改善公共设施，可谓是一种新的尝试。认捐者花800元认捐一把座椅，不仅具有特殊的纪念意义，更重要的是体现了回报社会的爱心。但这项富有创意的活动推出两个月来，竟然遭遇了"零认领"。这种尴尬是主办方始料未及的。为此,主办方打算将捐赠活动延长两个月。一位负责人在解释原因时称,推动这项活动最大的难点在于人们的文明程度还不够。

你以为妥当吗?请分析原因并提出解决方案。

◉ 延伸阅读

本章推荐阅读:

如今,.com 公司正在以惊人的速度产生,这对公共关系意味着什么?美国一知名的营销和广告公司的公关总监大卫·坎普做如下描述:网络是公司新的名片、新的新闻夹,也是塑造最佳第一印象的机会。1999 年,某个世界上名列前茅的公关公司对网络和电子商务的领导人进行了一次调查。调查显示,网络世界的领导品牌,如雅虎、eBay、亚马逊和"美国在线",尽管只存在了短短几年,却在消费者中拥有诸如可口可乐等传统名牌花一个世纪时间而建立起来的认知度和尊重。而网络企业的消费者主要是通过公关工作形成他们的观点,而不是通过传统的广告。

有专家指出,美国经济的强劲发展和股市的大幅增长为全球范围内的公关业的发展提供了燃料。而网络公司是"一夜成名",也在寻找相应的公关公司。一个有代表性的好现象是,当网站企业家向风险投资商争取风险基金时,投资商的头几个问题中就有:"你的公关计划在哪儿?""你用的是哪家公关公司?"

但是,一个有代表性的现象是,以美国福莱克灵公关公司为例,去年他们拒绝前来要求公关服务的大部分.com 公司,因为这些公司急于要找到一个"一夜成名"的解决方案。他们认为,公共关系应作为一种培养长期关系的战略,一种需要精心培育时间和资源的投资,而.com 公司给公关公司出了难题:无论从哪一个角度,他们都喜欢寻求短期的方案和解决办法。

结合本案例,谈谈在新经济时代构建公共关系到底该做些什么。

◉ 本章练习题答案

略。

第 二 章

旅游公共关系的职能与原则

学习目标

知识要点：了解旅游公共关系职能的发挥途径，理解旅游公共关系的基本原则，掌握旅游公共关系的基本职能。

技能训练：结合所学知识分析所熟悉的酒店、旅行社等旅游企业的公共关系职能。

能力拓展：通过课堂讨论并结合旅游组织实例分析如何塑造旅游组织的形象。

引 例

张家界乾坤柱改名风波

2009 年末电影《阿凡达》在北美上映，短短 20 多天就席卷 18 亿美元的票房，而 2010 年 1 月中国内地上映这部 3D 大片后，也仅仅一周就取得 2.7 亿美元的票房纪录。几亿的影迷，电影《阿凡达》在中国一线城市中地毯式的广告宣传，特别是电影中那云雾缭绕、美丽壮观、山脉如在空中漂浮的"哈里路亚山"与张家界的"乾坤柱"一模一样，这让一向敢为天下先的张家界旅游人士看到了蕴藏着的巨大旅游市场。

2010 年 1 月 25 日，张家界一些人士将张家界风景区中的"乾坤柱"更名为"哈里路亚山"。此举一公布立即引来各界关注和争议。湖南省旅游局局长杨光荣说，虽然张家界利用《阿凡达》的卖点不错，但旅游话题不宜随意炒作，旅游景点改名应慎重。央视名嘴白岩松撰文称这是明显的文化不自信的表现。不少网民认为，将"乾坤柱"更名为"哈里路亚山"是逐利的"炒作"行为；也有网民认为这是市场经济下"后电影经济"的营销手段，低成本高回报的宣传手段将为张家界带来可观经济收益。总之，褒贬不一的各种评论蜂拥而来，但是张家界以及张家界的"乾坤柱"因此而走进了更多人的视野，特别是所有看过《阿凡达》影迷的视野。更为戏剧性的是那些批评"炒作""功利"的人却都表示想去张家界领略一下"哈里路亚山"。随后，张家界设立"阿凡达主题游综合事务办公室"（简称"阿办"），结合影片中的 15 处场景，推出"阿凡达—潘多拉神奇之旅""阿凡达—哈里路亚山玄幻之旅""阿凡达—悬浮山神秘之旅"等旅游线路,景点包括张家界的黄石寨、金鞭溪等景区。

就这样,张家界利用一次几乎不花钱的"改名公关"就让自己赚了个盆满钵满。

案例引发的问题:旅游公关到底"攻"什么关?

案例来源:绍兵.旅游公关到底"攻"什么关? [J].公关世界.2010,5.

第一节　旅游公共关系的职能

旅游公共关系是一门"内求团结、外求发展"的现代旅游经营管理艺术,在经营管理的各个环节都能发挥独特的职能作用。旅游公共关系之所以越来越受到旅游管理者的重视,也正是由于它在现代旅游管理中所担负的职责和所发挥的功能是多方面的。只有全面了解旅游公共关系工作的基本职责范围,才能目标明确地开展旅游公共关系活动,使旅游公共关系的基本职能得到全面应用和有效发挥,从而推动旅游组织向前发展。

旅游公共关系的职能,可以从不同的角度来概括和阐述,一般包括四个方面:搜集信息、咨询建议、协调关系、塑造形象。

一、搜集信息

信息是决策的前提,充分掌握信息是旅游组织成功决策的关键性因素。随着网络技术的突飞猛进,当今时代已是海量信息的时代,各种信息浩如烟海、相互交织。如何从纷杂的信息堆中搜集对旅游组织有用的信息,并及时进行加工处理,以供组织利用,就成为旅游公共关系所面对的首要问题,这也是旅游公共关系应担负起的最基本的职能。

(一)旅游信息的内容

旅游组织所需要的信息极其广泛,多方面信息的搜集工作是由专门的信息部门以及智囊、决策机构完成的。作为旅游公共关系工作来说,它所搜集的主要是与本旅游组织树立良好形象有关的各类信息,主要有以下三种。

1. 组织形象信息

组织形象(Organizational Image)指社会公众对组织综合评价后所形成的总体印象。塑造旅游组织形象是旅游公共关系的重要任务。具体来看,旅游组织形象包括"硬件"形象与"软件"形象两部分。

(1)硬件形象

硬件形象是旅游组织所在的地理位置、建筑艺术、布局结构、装修工艺、环境设施等带给公众的直观感受,这种感受往往影响公众的第一印象,它能够帮助公众识别和记忆组织的形象,犹如外包装,既可以让人"一见钟情",也可以使人"望而生厌"。硬件形象是旅游组织形象不可或缺的部分。

(2)软件形象

软件形象是旅游组织内在的总体特征和风格,是公众对组织文化、人员形象、旅游服务质量等方面的评价。

组织文化是旅游组织持续发展的灵魂,是促进组织发展的内在的持续动力,包括组织的价值观念和管理哲学、职业意识和职业道德、礼仪和行为规范等。其中,价值观念和管理哲学是文化形象的核心,在诸要素中起着决定的和导向的作用。

人员形象是指通过旅游组织成员的品行、素质、作风、能力、态度、仪表等所体现出来的形象,包括领导形象和员工形象。领导形象即旅游组织决策层的形象,如战略眼光、创新能力、领导作风、交际能力等。出色的领导形象能够给旅游组织内部成员起到榜样的作用,在外部也能够给旅游组织的整体形象带来正面的影响。员工形象是员工素质在组织活动中的整体表现,如业务能力、责任心、职业道德等。员工的服饰打扮、个人卫生、精神面貌也是影响员工形象的因素。

旅游组织的核心产品是旅游服务,服务质量是旅游组织工作的中心和生命线。服务质量的优劣将直接影响公众对旅游组织的感受和评价。因此,旅游组织对公众所有的承诺必须用实际行动即服务来落实,让社会和公众直接感受到旅游组织的价值。

◆ **案例驿站 2.1**

希尔顿酒店的微笑服务

美国"旅馆大王"希尔顿于 1919 年把父亲留给他的 12 000 美元连同自己挣来的几千元投资出去,开始了他雄心勃勃的经营旅馆生涯。当他的资产从 15 000 美元奇迹般地增值到几千万美元的时候,他欣喜而自豪地把这一成就告诉母亲,想不到,母亲却淡然地说:"依我看,你跟以前根本没有什么两样。事实上你必须把握比 5 100 万美元更值钱的东西:除了对顾客诚实之外,还要想办法使来希尔顿旅馆的人住过了还想再来住,你要想出这样一种简单、容易、不花本钱而行之久远的办法去吸引顾客。这样你的旅馆才有前途。"

母亲的忠告使希尔顿陷入迷惘:究竟什么办法才具备母亲指出的"简单、容易、不花本钱而行之久远"这四大条件呢? 他冥思苦想,不得其解。于是,他逛商店、串旅店,以自己作为一个顾客的亲身感受得出了准确的答案:"微笑服务。"只有它,才实实在在地同时具备母亲提出的四大条件。从此,希尔顿实行了微笑服务这一独创的经营策略。每天他对服务员的第一句话是:"你对顾客微笑了没有?"他要求每位员工不论如何辛苦,都要对顾客投以微笑;即使在旅店业务受到经济萧条的严重影响的时候,他也经常提醒员工记住:"万万不可把我们心里的愁云摆在脸上,无论旅馆本身遭受的困难如何,希尔顿旅馆服务员脸上的微笑永远是属于旅客的阳光。"

案例来源:曾琳智.新编公关案例教程.复旦大学出版社,2006.

2.外部环境信息

任何一个旅游组织都是在一定的环境之中生存和发展的,环境的发展变化往往对组织的生存和发展起着重要的推动或制约作用。旅游公共关系人员作为环境变化与趋势的监督者,要随时随地注意跟踪分析环境的动态变化,把握环境变化中的各种潜在的趋势,充分利用环境中的有利因素和有利时机,及时避免不利因素的影响,提高组织对环境的应变能力。一般来说,旅游公共关系人员应注意搜集与本组织生存发展有关的信息,如国内社会环境信息,包括国家的方针、政策、立法信息、社会政治动态、经济金融信息、科技文化情报、时尚文化潮流、民俗传统风情等,以及国际社会信息,包括世界总体形势、经济形势,国际局部政治、经济形势,特别是与旅游组织密切相关的对象国、客源国的政策、经济状况、法律变动等。

3.公众信息

以动态、发展的眼光随时搜集和掌握公众变化的信息,是协调旅游组织与公众关系的必要前提。这些信息包括客户信息、投资者的意向、竞争者的动态、旅游消费者需求变化、合作者的态度、新闻界的舆论等。

(二)搜集旅游信息的方法

面对迅速变化的旅游组织自身状况和社会外部环境,为了及时、全面、真实、客观地搜集信息,旅游组织的公共关系部门应掌握一套搜集信息的方法。

1.现场交流法

现场交流法指公关人员通过参加各种新闻发布会、学术交流会、报告会、旅游产品展销会、重大庆典、演讲会、公众代表恳谈会、消费者座谈会、宴会等会议和活动直接搜集公众对服务质量、组织信誉等关系旅游组织形象的信息。这样做,可以不受信息传递过程中多种因素的干扰,直接了解公众对组织的评价与看法;不足之处是搜集信息的数量多少、是否具有代表性,受公关人员的经验、阅历、知识水平等因素影响。

2.问卷调查法

问卷调查法指通过多种问卷调查方法,如全面调查、典型调查、抽样调查等方法,请公众回答与公共关系有关的问题,广泛了解民意和社会舆论,如询问公众对酒店服务质量以及饭菜质量的意见和建议等。问卷调查法的关键是设计问卷调查表。在设计问卷调查表时一般应遵循以下原则:语言简明扼要;问题先易后难;问题不应太复杂。为保证问卷调查的质量,必须有足够数量的问卷调查作保证,同时也应该给予被调查对象相应的物质奖励。

3.询问法

询问法指公关人员通过面谈、电话访谈等一对一的形式向被调查者收集信息的一种方法。面谈方式有利于感情交流,具有人情味,使被访问者心理上容易接受;电话访谈方式速度快、范围广,但调查常常限于浅层面内容;恳谈会是一种特殊的面谈方式,具有传播面广、传播速度快、增进情感交流的效果。

4.大众媒介搜索法

大众媒介搜索法指公共关系人员通过报纸、杂志、广播、电视等大众传媒捕捉有价值的信息。这是公共关系信息收集的主要方法。它要求每一位公关人员每天都要密切关注大众媒介的相关报道,同时要思考这些报道对旅游组织本身的影响,以便从这些报道中获得有价值的信息,把各类信息综合后创造性地应用于组织的公共关系中。

5.网络调查法

步入 21 世纪,Web 2.0 的兴起和迅猛发展使得互联网进入了一个崭新的时代。网民们不再是各大网站单方向发布信息的接收者,而是众多论坛、博客、维客等 Web 2.0 应用上积极主动的个性化信息生产者,同时满足着同样高度个性化的信息需求。而旅游业作为一个信息密集的行业,也在 Web 2.0 的大平台上发生着质的变化。Web 2.0 技术的发展使旅游组织和公众建立起密切的关系,旅游组织可以通过个人博客、组织设置的论坛等形式广泛收集公众对组织的反馈意见。

同时,网络技术的发展也带动了图书的数字化建设的发展,公关人员可通过电子文献、档案、旅游年鉴、研究报告等搜集公共关系的相关信息。

二、咨询建议

旅游公关部门利用专业知识、经验以及科学的研究方法,对所搜集到的旅游信息进行分类、整理、研究、分析,提出供决策层选择的方案,直接帮助旅游组织作出科学的决策。从旅游公共关系整个的活动周期来看,咨询建议职能可以说是搜集信息职能的延伸,它更能凸显公共关系部门在旅游组织中的重要地位。因此,公关部门有时被称之为"智囊机构""顾问""参谋"。

(一)咨询建议的主要内容

1.关于旅游组织及产品形象的咨询建议

对旅游组织形象与旅游产品形象的咨询建议是旅游组织公关部门的核心工作,一旦组织及产品具有良好的知名度和美誉度,旅游产品或服务就很容易被消费者认可和接受,组织的无形资产就会大大增值。而在实际的组织及产品形象的形成过程中,组织对自身形象的评价往往和公众心目中对组织形象的评价不相符,因此,旅游公共关系人员应通过与公众的广泛接触,从不同渠道了解公众对组织及其产品、服务的期望和所求,经过分析整理,将有关信息及建议提供给组织决策层及有关部门,供其参考和作相应的决策调整,以不断完善组织形象以及产品或服务形象。

2.关于外部环境变动趋势的咨询建议

旅游组织在发展中需要遵循的一条重要原则就是适应环境。作为旅游组织而言,旅游组织所赖以生存的环境变化了,其组织的决策和计划也应该做相应的调整,这样才会使组织与环境达成动态平衡,得到和谐发展。作为旅游公共关系人员,要时刻关注环境变化动态,客观判断,准确预测,及时为旅游组织决策层及有关职能部门提供环境变化趋势的咨询。

3.关于旅游组织方针政策和计划的咨询建议

旅游组织的决策层与管理者在制定未来的方针、政策和计划时,往往对本企业或本部门的情况考虑较多,容易从自身利益的角度作出决策、实施计划,而往往忽视了公众利益和需求,其结果不仅有损公众利益,而且往往最终导致决策、计划本身实施的失败。因此,任何旅游组织的任何方针、政策和计划除了要考虑组织自身的发展,还要符合公众的利益和需求。旅游公共关系人员要以事实为依据,从组织的长远利益出发,对旅游组织的决策和计划进行科学评价、预测,并及时向组织决策层及有关职能部门提出建议和咨询。此外,当决策、计划方案实施后,旅游公共关系人员还可以利用自己的公众网络和内外信息渠道,对正在实施的方案进行观察、分析和追踪监测,评价其实施效果,并将各种信息反馈给旅游组织的决策者,以便及时修正、补充、完善方案,提高实施效果,或为新的决策提供信息服务。

总体来看,由于决策建议会对整个旅游组织的生存和发展产生重要影响,因此,要求旅游公关人员必须依靠搜集到的丰富的信息,运用现代科学方法和技术进行整理、归类、分析、概括,使旅游公共关系的决策咨询更加专业化、科学化。

(二)咨询建议的方法

1.编制旅游组织内外环境信息资料

主要指对各类信息分门别类,汇集成册,形成组织动态专刊。信息资料的形式可是文字、图片,也可以是音像视听;内容可包括:国内外政治动态、相关方针政策、经济发展状况;市场动态、客源及竞争对手的信息;员工思想状况、人员流动状况;管理状况、设施设备变更、服务质量状况、财务状况,等等。

2. 信息反馈会

主要指在掌握大量有重要价值信息的基础上适时举行信息反馈会,向决策层和中层管理人员汇报,帮助决策层作出科学判断。在信息反馈会上,可运用计算机等手段将信息分门别类整理进行陈述,同时可依据准确数据对旅游组织形象、组织发展或重大决策作出合理、有据的评价。

3. 论证会与论辩会

主要指旅游组织的重大经营决策产生时,请有关专家就其决策方案进行可行性论证,还可组织相关部门员工参加评议,集思广益,多方论证,保证决策的科学性、完善性和可操作性。

三、协调关系

现代旅游组织是一个有内、外部环境所组成的复杂系统,涉及的关系众多。在公共关系活动中,需要协调的关系主要包括下列几类。

(一)协调内部关系

作为旅游组织公共关系人员,需要协调的内部关系主要有三类。

1. 协调管理层与员工的关系

旅游组织的战略和长、短期目标不能仅仅停留在口头上,组织愿景的实现需要一个强有力的执行团队来完成,这就要求组织内部的管理层和员工齐心协力,因此,作为旅游组织的发展最后仍然要落实到具体员工的执行力上。

2. 协调部门之间的关系

旅游组织的各个职能部门,如饭店前厅部、客房部、餐饮部、工程部、人事部、财务部等,只有配合默契,才能产生最好的管理效果。但由于各部门的工作中心及特点不同,加之信息沟通不及时,必然会发生各种误会,影响信息传达的顺畅化和组织营运的正常化。因此,旅游公共关系人员应主动配合组织领导进行部门间的协调,使部门之间达成有效的协同。

3. 协调员工之间的关系

家和万事兴,作为旅游组织也是如此,如果没有一个和谐稳定的员工关系,组织谈何发展?而组织内部的员工之间往往会出现这样或那样的矛盾,这就需要公关人员及时发现问题,把矛盾化解在萌芽状态。

(二)协调外部关系

旅游组织发展目标的实现,不仅有赖于组织内部各部门、各环节、各岗位人员的相互协作和共同努力,而且与组织外部各类关系休戚相关。外部环境复杂,涉及的关系也多种多样,总体上有以下几种外部关系。

1.协调组织与顾客的关系

秉承"宾客至上"的理念,把顾客的利益和需求放在首位,通过满足顾客的利益来获取旅游组织的利益。当前一些大型的知名景区,凭借其在资源上的独特性而沾沾自喜,忽视游客的切身感受,服务态度较差,景区员工与游客冲突不断,违背了"宾客至上"的理念,势必影响景区的长远发展。

2.协调组织与竞争对手的关系

竞争者既是对手,又是合作伙伴。同行之间的竞争会使旅游组织在发展中相互学习,实行差异化经营,最终受益的是公众。而在相互竞争的过程中,应学会与竞争对手相互协作,在合作中共赢。由46个城市和49家5A级景区共同发起的中国5A级旅游景区城市联盟就是最好的佐证。各5A级景区在空间范围上构成了一个大环境的竞争体系,竞争也可以存在共同利益,5A级旅游景区城市联盟探索联盟之间的协作机制,策划组织联盟整体的国内外推广和宣传活动,组织联盟成员业务交流和培训等相关支持活动。

3.协调组织与政府的关系

政府是国家的职能机关,是旅游组织的权力公众,拥有特殊的官方权力,对旅游组织可以做什么、不可以做什么做出相应的规定。在旅游组织经营运作过程中,公关人员要协调好组织与政府之间的关系,加强组织与政府部门的感情联络,争取得到政府各职能部门的支持和帮助,以获得发展的有利机会。

4.协调组织与新闻媒介的关系

旅游组织若要在社会上、在所有公众中获得良好的声誉和影响,必须借助新闻媒介这一广泛而有力的社会力量。然而,要获得新闻媒介的积极支持,旅游组织就不能顺其自然,而必须主动与之建立融洽的合作关系,以真诚友善的态度与之交往,并借助其宣传影响力,提高组织的知名度和美誉度。

5.协调组织与社区的关系

社区是一个旅游组织赖以生存和发展的基本环境,是组织的根基。组织生存在一个具体的社会环境里,就要讲究睦邻之道,与前后左右善结良缘,为组织本身的生存发展创造"天时""地利""人和"的条件。

◆ **案例驿站 2.2**

你离不开脚下这片土地——麦当劳的社区关系

今天,麦当劳快餐店已经遍布世界的各个角落,它之所以能有今天的成就和它一直坚持入乡随俗、尽力处理好与社区的关系不无关系。

在本乡本土,麦当劳公司利用一切机会,竭力向人们展示自己是社区的一分子。当公司的某些政策不合当时、当地人们意愿之时,它常常自觉地进行变动,以迎合人们的要求。

在马萨诸塞州,市民们集体抗议麦氏公司在翡翠街上建造巨大的金色拱门计划,理由是人们觉得它太俗气。于是,麦氏采取一种新的设计方案,改为双重斜坡房顶嵌金属条瓦,只在室内墙上贴上小小的商标。

1969 年,美国北部的克里夫兰市发生黑人抵制运动。当时,反种族歧视运动风起云涌,黑人要求麦氏公司在这个市里的经营权应该有黑人加入才行。为避免全国性的抵制,麦氏公司破天荒将经销权给了黑人。

麦当劳快餐店还经常搞出一些离奇古怪的活动来博取人们的好感。在加利福尼亚州某地,它为"消灭肮脏"运动的女士免费供应点心;在田纳西州,它为"最安全守礼的司机"提供一顿免费的午餐;在福特市,它为"点车灯"活动的儿童提供免费的牛肉饼。虽然每次都是小打小闹花不了几个钱,可在个人权利意识极重的美国人眼中,这些举动却收到了非常好的效果。

到了 20 世纪 80 年代,麦当劳快餐店已有风靡全球之势。它在伊利诺伊州开设汉堡包大学,培训分店经营者,以实现全部连锁店的规范管理。其标榜的严格的操作规程、卫生标准也广受欢迎,因此,长期执全美快餐业牛耳。可它也每天在制造大量的垃圾,在环保意识日渐浓厚的 20 世纪 80 年代末,对麦当劳快餐店废弃物的抗议之声越来越高。

对于快餐业而言,包装就是它的灵魂,其重要程度丝毫不亚于菜单本身。当时麦当劳采用的是"宝丽龙"泡沫贝壳式包装,又轻便又保温,但这种包装极难处理,被人们称之为"白色污染"。

面对越来越多的抗议信,麦氏公司觉得应该有所行动,他们首先尝试回收,将外包装回收加工成塑料颗粒以充他用。但当回收规模扩大时却发现了问题——店内可以回收,但巨量的外卖部分同样回收不成。另外,回收的清理工作量也极为巨大。面对这种状况,为满足环保的需要,麦当劳公司不得不求助于环境防卫基金会 EDF。

EDF 最初的建议是换用可洗餐具,而麦氏公司坚决拒绝这种"倒退"。因为那意味着占地的洗碗机、大量的洗涤剂与水耗和人工消耗,此外,还使店铺减少面积而丧失顾客。

但麦氏公司同意了 EDF 减少包装的建议,并从三个方面着手:减少包装量、减少使用有损环境的材料、使用易于化解为肥料的材料;并且增加了可重复使用的物品如箱子、托盘等。

麦当劳快餐店重视环保,再次成为人们谈论的话题,在其他快餐业的夹攻之下,为自己辟出一条通幽曲径。

到 20 世纪 90 年代,麦当劳快餐店进入中国后,为适应中国本土的需求,他们在产品的花样、口感、服务等方面均做出了许多调整。尤其是在麦当劳快餐店所处的社区,麦当劳快餐店非常注重与社区的沟通和联络,赞助社区的慈善与公益事业,投入社区的环保建设,还组建了社区的志愿工作者队伍,赢得了所在社区居民的赞誉,这也正是麦当劳快餐店风靡中国的原因之一。

案例来源:何春晖.中外公关案例宝典.杭州:浙江大学出版社,2003.

四、塑造旅游组织形象

塑造良好的旅游组织形象是旅游公共关系的最终目标。随着商品经济的发展,旅游业的竞争已经从价格、促销的竞争转变为软性的竞争。这种软性的竞争是旅游组织整体形象的竞争,是品牌的竞争。良好的组织形象已经成为旅游组织获得持久竞争力的源泉,世界知名的连锁饭店"喜来登""假日""希尔顿"等在世界范围内成功扩张,究其原因都是其在旅游地公众心目中产生了强烈的品牌形象辐射。另外,塑造良好的组织形象能使组织吸引更多的公众,使公众对组织的产品和服务产生信赖、认可和支持;能够增强内部员工的归属感和荣誉感,为保留和吸引人才创造了优越条件;还能帮助组织吸引更多更好的旅游投资合作者及经营协作伙伴,使组织更具发展的潜力和机遇。因此,旅游公共关系应以塑造形象作为自己的一个最为重要的职能。

一般来说,任何组织都有一个自己理想中所期望建立的社会形象,并把它作为自身工作的内在动力、方向、目标和标准。但往往这种自我期望形象与现实实际形象存在着差距。公众和舆论对组织的实际行为与表现所作出的认识和评价,体现出一个组织的实际社会形象。为了使组织形象得到社会公众的认可,就必须扩大组织的知名度,提高组织的美誉度,因为知名度和美誉度通常是衡量旅游组织形象的两个主要指标。

(一)扩大知名度

知名度是指社会公众对一个旅游组织的机构、产品或服务的知晓和了解程度,是评价其名气大小的客观尺度。它侧重于"量"的评价,即知道的人越多,知名度就越高。如果一个景区、一个饭店或一个旅行社的知名度太低,公众不了解它或了解得很少,那么该组织要开展包括业务活动在内的各种活动是十分困难的,组织的生存和发展也会受到影响。因此,知名度是组织开展各项活动的前提。根据组织的发展目标和特定公众,制定出完整的计划,实施有效的活动扩大组织的影响、提高组织的知名度,这是旅游组织公关人员的一个重要工作内容。

扩大组织的知名度,从内容上看,可以从以下三个方面入手:扩大旅游产品的知名度、扩大旅游地的知名度和扩大旅游组织的知名度;而从方式上看,通过媒体宣传、广告宣传等方式都可以给公众留下深刻印象。

对旅游组织来说,只有高知名度显然还不能满足其发展的要求,因为知名度是个中性的概念,好与坏都可能引发知名度。有的组织知名度高,但是公众评价比较差。因此,一个组织不仅要让公众知晓,还要让公众称道,这才是完美的形象。

(二)提高美誉度

美誉度指一个组织获得公众欢迎、接纳、信任的程度,是评价组织声誉好坏的社会指标,侧重于"质"的评价。提高组织的美誉度,首先要做的就是向公众提供优质的旅游产品和满意的服务,这是旅游组织最直接、最基本的美誉度,也是提高组织形象最有效的方式;其次是以举办和参与各种社会性、文化性、公益性活动为主要手段,塑造组织的文化和社区公民形象,提高组织整体的社会美誉度。此外,提高组织美誉度不可忽视的一点是,必须及时纠正错误印象,消除"形象危机"。任何组织的活动难免出现差错和失误,有时会危及公众利益、损害组织形象,公共关系人员此时应挺身而出,及时采取一切可能的措施来挽救组织形象,尽量减少造成的损失。

◆ **案例驿站 2.3**

肯德基"涉红"事件

2005 年 3 月 15 日,肯德基热销食品"新奥尔良烤翅"和"新奥尔良烤鸡腿堡"调料中被发现含有可能致癌的"苏丹红一号"成分。"肯德基涉红"一时间成为爆炸性新闻,各大媒体纷纷谈"红"色变,"苏丹红风暴"席卷中国。在发现"苏丹红一号"成分的第二天,肯德基便主动承认涉红事件,接着,迅速向媒体发布数篇声明,并及时向公众介绍

"涉红"产品的检查及处理情况。随后,肯德基召开新闻发布合,百胜餐饮集团中国区总裁出席发布会并就其旗下品牌肯德基的产品检验出含苏丹红的事件发表声明,并确认问题调料均来自其供货商。与此同时,肯德基在媒体广告上展开有针对性的行动,在"肯德基立足中国"的广告后加上"肯德基产品均通过权威部门检测,请放心食用"等字样。同时,肯德基积极配合中央电视台《新闻调查》及《每周质量报告》等栏目的采访,始终以不回避责任的正面姿态出现在公众面前。在尽力安抚公众和媒体后,肯德基在 4 月 2 日开始对四款"涉红"产品的促销活动,最高降价幅度达 70%。此后,肯德基的产品销售逐渐开始恢复。

案例来源:严成根等.公共关系学[M].清华大学出版社,2006.

任何旅游组织只有同时把扩大知名度与提高美誉度作为自身追求的目标,才能塑造良好的形象,两者缺一不可。高知名度和高美誉度是理想的良好形象的标志,它是组织生存和发展的出发点和归宿点。

第二节　旅游公共关系原则

旅游公共关系是现代社会旅游经济活动迅速发展的必然产物,是商品交换、市场竞争的客观要求,也是旅游营销活动中的一个必要环节。竞争的有序化需要共同遵守必要的规则,旅游公共关系活动同样也需要一些必须共同遵循的基本原则。旅游公共关系的基本原则,是旅游组织开展公共关系活动时所应遵循的行为准则和工作规范。旅游公共关系的基本原则主要有以下几个方面。

一、实事求是原则

诚信,是中华民族的传统美德。不论哪个时代、哪个国家、哪个社会、哪个阶层,诚信都是被社会所称赞的。古人云,"言而有信,君子也""人无信不立"。在我国的传统文化中,"诚信"两字具有极其重要的分量。"仁义礼智信"是人们倡导并力求遵循的行为准则。良好的组织关系是建立在组织与公众相互信任的基础之上的,而信任的前提是双方以诚相待;从西方的公共关系发展来看,"先有事实,后有公共关系"也是其重要的原则。

事实是旅游组织决策的基础。只有真实地反映旅游市场的情况和旅游公众的需求,准确地评价旅游组织的形象,实事求是地传播信息,才能有助于组织正确决策。

(一)信息发布实事求是

无论是酒店、旅行社,还是其他的旅游组织,不能为了图一时的业绩而夸大其词,要根据组织内部的优势和劣势,客观地评价组织内部的接待能力、服务能力,实事求是地向公众发布信息。要客观地评估自己的公共关系状态,错误的评估将使组织失去公共关系开展的最佳时机。要实事求是地向公众介绍组织的产品、服务和理念;传播缺乏真实性的信息会适得其反,失去公众的信赖。要了解组织面对的公众的各种属性;否则,组织也可能面对非公众开展工作,空耗人力财力,达不到预期的目的。

(二)贯彻执行坚决有力

信息发布后,很关键的一点就是需要组织根据信息发布的内容,坚决贯彻下去。作为旅游行业来讲,旅游产品与服务质量的高低决定了旅游企业的成败。这就要求强化员工的质量意识和服务规范,狠抓服务质量,杜绝假冒伪劣,从物价、计量到服务质量各方面确保旅游公众的合法利益,使公众感受物有所值的诚信体验,赢得旅游公众的信赖,促进旅游组织的长期可持续发展。

(三)反馈信息全面公正

旅游组织的决策层在市场调研、旅游线路设计、旅游产品开发、经营管理等环节中,都需要得到来自公众方面的反馈信息。在每一次公关活动以前,公共关系人员应当全面、广泛、深入地对公众进行调查,掌握组织与公众各方面的状况,以获得全面的信息。没有全面的信息,决策层就只能是"闭着眼睛捉麻雀",公共关系工作也就成了无源之水、无本之木。

公关人员在调查了解有关事实时,不能主观随意,不能带着"结论"去寻找依据,不能报喜不报忧,要力求全面和公正。这样做,有的放矢的决策和公关工作才能事半功倍。

◆ **案例驿站 2.4**

酒店的诚信缺失

张先生在大连某星级酒店消费时曾遭遇了一件不愉快的事情,让他有一种被欺骗的感觉。事情是这样的:由于工作的需要,张先生经常要到大连出差,他从某酒店网站主页上获知了该酒店周末有优惠房的活动,于是,他直接从网站上预定了周末的优惠房。然而,当张先生周末来到酒店时,发现酒店提供的优惠房跟网站上宣传的有明显的差距,于是他找到服务人员询问,服务员却不耐烦地说:"网站上宣传的同级别的房间已经被预订完了,我们只好给您订了稍差的房间。"实际上,酒店当天的入住率很低。

资料来源:何春晖.中外公关案例宝典[M].杭州:浙江大学出版社,2003

这件看似简单的案例折射出的是酒店公共关系的深层次问题:诚信缺失。诚信是一个酒店对顾客最起码的承诺,是酒店的良好信誉最直接的体现,是树立酒店良好形象最重要的一环。上面的例子中李先生所遭遇到的事情已严重影响了他对酒店的印象,酒店的这种做法让他感到受到了欺骗。虽然他没有对酒店进行投诉,但他对酒店的信赖感严重下降。我们试想,他下次怎么还会来这家酒店呢?

二、互惠互利原则

互惠互利原则,是指组织在开展公共关系活动中,要兼顾组织和公众的双方利益,在平等的基础上使双方互惠互利。互利互惠是国内外公共关系界所公认的原则,也是公共关系的核心原则。在市场经济条件下,旅游业的发展突飞猛进,旅游组织要想获得长期的发展,就应该使相关利益群体共同发展、互惠互利。

旅游公共关系活动必须遵守互惠互利的原则,不能单纯追求组织单方面的利益。只有在公众受惠的同时,旅游组织才有可能得到公众的认可与支持。当前,我国旅游业的发展已经进入了一个全新的阶段,旅游门槛较低,加之一系列相应的措施不到位,导致旅游行业竞争压力加大,不同地方、不同企业都在为争夺客源而激烈竞争。而要想在竞争激烈的旅游市场上取得主动,就必须让消费者得到实惠,让消费者感到物超所值;只追求单方面利益的旅游组织如果不关注公众的所需、所求,组织本身的利益也就无法得到保证。因此,从这个角度来讲,互惠互利的原则不仅有利于公共关系的利益相关体,也能够促进我国旅游业的优胜劣汰,走上一个持续发展的道路。

同时,我们还应该看到,在这种原则的指导下,旅游组织与公众之间形成了一种动态的相互制约与平衡的关系。只要双方的利益得不到满足,那么,在市场经济杠杆的作用下,利益主客体之间会在相互的制约中寻找新的、共同的平衡点,促使组织与公众之间取得一种效益的最大化。

三、全员公关原则

公共关系作为经营管理职能,负责社会组织的"无形资产"——知名度、美誉度、公众舆论和关系网络等的管理。也正因为其无形性,大大增加了公共关系工作的难度。一个组织的公共关系工作要取得成功,仅仅依靠专职的公关人员是不够的,必须依赖于组织内各部门和全体成员的整体公关,有赖于组织的各部门和全体员工的配合,要求组织的全体成员都树立公共关系的观念,提高公共关系的意识,为公共关系工作作出贡献。因此,组织内上至最高领导下至普通员工都是公关人员。

贯彻全员公关的原则,首先必须体现在组织最高领导层的观念、行动上,组织的最高领导应具有超前的公关意识,要意识到良好的公共关系是组织宝贵的无形资产;同时,领导者也应该把自己对公共关系的重视传达给组织的全体成员,让每一位组织成员都意识到公共关系的重要性,在思想上保持一致性。同时,组织领导必须采取有力的措施和行动支持公共关系工作,包括由组织领导层成员亲自指挥公关工作,经常督促、检查公关机构和人员工作情况,从制定组织战略、方针、计划到其贯彻实施充分考虑公关因素,把组织目标与公关工作联系起来。贯彻全员公关的原则,必须依靠全体组织成员的工作和努力。全体员工的工作都必须与公关工作相结合,注意在工作中分析组织所面临的内、外部环境变化,积极与公关机构合作解决所面临的诸多公关方面的问题。

贯彻全员公关的原则,还需要公关人员在全体员工中强化公关意识。旅游组织良好的公共关系需要全体成员共同努力才能形成,但是,全体成员中的每一个人不会自发地产生强烈的公共关系意识,自发地使自己的全部言行都符合公共关系的要求,因此,全员公关首先需要公关人员在全体成员中强化公关意识。作为旅游行业来讲,公关意识主要包括服务意识、公众意识、协调意识、创新意识、整体意识等。例如,服务意识是旅游组织所必须具备的意识,要求组织内所有成员都要具有服务意识;要树立"顾客就是上帝"的理念,时时处处为公众着想。再如,强化整体意识要求公关人员强化对组织内员工的个人形象的培训,包括一些基本的旅游服务仪表、仪容、仪态的训练等。

四、创新原则

公共关系既是一门科学,同时也是一门艺术,也就是说,它有适应环境变化、突破传统模式不断创新的特点。因此,公共关系活动本质上是一种创新活动。

随着休闲时间的增多和假日经济的兴起,加之游客旅游经验的不断增强,越来越多的游客已经不满足简单的游览观光,他们正在向"新、奇、特"等有创新性体验的旅游活动转变。无论是住宿还是餐饮,游客都喜欢有特色的地方,没有特色就没有企业发展的未来。而公共关系的创新性原则恰好与当前旅游业的特点不谋而合。比如肯德基,作为一个快餐店的跨国企业,为何它能在富有美食王国之称的中国占据一席之地?这不得不让我们反思。究其原因,在于肯德基的不断创新,利用创新的方法不断与公众建立起桥梁。人们为什么喜欢去肯德基呢?在肯德基的快餐店里面,你看不到冷冰冰的面孔,你看不到顾客等得不耐烦的表情,你看不到到处是垃圾的地面,在这里你看到的只有快乐。"不断创新,勇争第一"一直是百胜餐饮集团追求的目标。现在,很多中国传统风格的食品已经成了中国肯德基店的重头产品,如芙蓉蔬菜汤、榨菜肉丝汤、皮蛋瘦肉粥、老北京鸡肉卷、川香辣子鸡等。而且,在消费者吃的过程中就把各种配料以及应该如何健康生活的宣传单放在盘中,每年都要发放百万张。正是由于肯德基在我国不断地改革创新,把肯德基本土化,才使其在我国的发展一片光明。作为我国的餐饮企业来讲,更应该懂得创新的重要性。

创新的方法主要有思维创新、方法创新及内容创新。思维创新是决定性的创新,必须遵循行业发展规律。作为策划思维的主体——人脑,在进行策划思维时是有明确的目的,有一定的价值模式和知识储备的。当我们多元化、全方位地观察事物时,在对比、联系、讨论中新的创意思路便会产生。从肯定视角来看,可在失败、消极因素中看到希望;从否定视角来看,可在一帆风顺中找到危机;从自我和非我视角来看,可以认识自我与非我、人类与社会,认识团体间、民族间差异的合理性;从求异视角来看,可以认识事物的特殊性,打破思维定势,突破经验教条……策划将进一步向理性回归。

方法创新是提高工作效率的保证。干任何事情都要讲究方法,有了好的方法,才能事半功倍。公共关系是一项挑战性极强的工作,有时与各种各样的人打交道,其工作自然也就更应重视方法,以情感人、以理服人、以利动人、以法律人正是工作方法创新的具体表现。同时,公共关系的重点是传播信息,沟通组织与公众间的联系,塑造组织形象,信息的传播与沟通追求的是快捷、灵通、有效,公关人员应主动利用先进的传播工具及技术,综合运用各种媒介资源,达到传播效果的倍增效应。

内容创新是公共关系活力所在。公共关系工作面临的是多层次、多变化的公众,如何适应多种变化、不断调整或变更有关工作项目内容也是公共关系的一个重要课题。创新的出发点与归宿点是满足公众的需求。

创新不仅来自于组织高层,更应来自于组织内部的所有成员,要让组织内的每一名成员都意识到创新的重要性;要建立健全组织内部创新的激励与竞争机制,使创新者脱颖而出;要在实践调查的基础之上,坚持思维创新、方法创新、内容创新,不断提高旅游组织的创新能力。

◆ **本章相关知识链接**

1. http://www.chinapr.com.cn/

2. http://www.17pr.com/

3. http://www.zhizhe.cc/article/ArticleView.aspx? id＝269

4. http://www.chinapr.com.cn/

5. http://www.cnprsky.com/

◆ **本章练习题**

1.旅游公共关系的基本职能是什么？

2.旅游组织形象包括_____、_____。

3.搜集旅游信息的方法有_____、_____、_____、_____、
_____。

4.旅游公共关系的原则是什么？

5.结合实例谈谈酒店如何做到实事求是的原则。

6.创新的方法包括_____、_____、_____。

◆ **本章小结**

1.旅游公共关系的基本职能由其工作性质和目的所决定,它是通过科学的、有计划的公共关系活动,搜集信息资料,提供咨询建议,协调内外部关系以及塑造良好的组织形象。同时,在开展公共活动过程中,应坚持实事求是、互惠互利、全员公关以及创新的原则。

2. 本章知识结构图

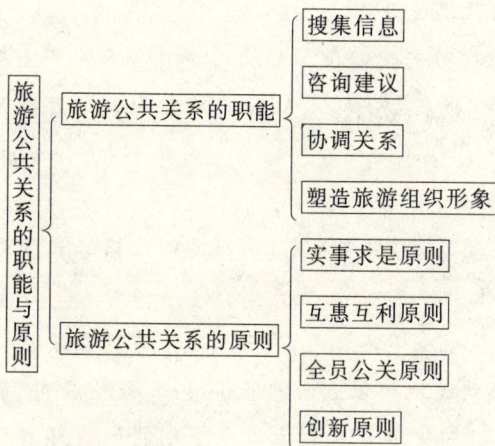

```
                          ┌ 搜集信息
                          │
                          │ 咨询建议
           旅游公共关系的职能 ┤
                          │ 协调关系
旅游                       │
公共                       └ 塑造旅游组织形象
关系
的职
能与                      ┌ 实事求是原则
原则                      │
                          │ 互惠互利原则
           旅游公共关系的原则 ┤
                          │ 全员公关原则
                          │
                          └ 创新原则
```

3. 本章核心概念

旅游公共关系职能　搜集信息　咨询建议　协调关系　塑造形象　组织形象　知名度　美誉度　旅游公共关系原则　实事求是　互惠互利　全员公关　创新

◈ **实训练习**

通过小组讨论,做一份有关某酒店信息的调研报告(即利用所学方法来搜集酒店形象信息、酒店外部环境信息以及公众信息)。

◈ **延伸阅读**

债务危机提升迪拜游知名度　帆船酒店点击率最高

自"债务危机"发生以来,迪拜游的价格不但没有应声而落,反而让这个全新的旅游目的地受到更多沪上游客的关注。记者昨天从多家旅行社了解到,迪拜游已成为明年春节出境游市场上的新宠,咨询报名人数比9月、10月份线路刚推出时翻了几番。由于春节正值迪拜的购物节举行期间,因此,不少报名的游客是冲着购买奢侈品而去的,其中大部分是女性游客。

危机提升迪拜游知名度

阿联酋已正式成为我国公民组团出境旅游的目的地,旅行社围绕迪拜、阿布扎比等地设计的相关线路也随之推出。不过,直到迪拜发生"债务危机"之前,沪上阿联酋旅游线路在游客中的知晓度还很低。"在这之前,很多人都不知道已经可以去迪拜旅游了,当然也不会来报名。"上航国旅相关负责人告诉记者。而在"债务危机"发生后,一些关于迪拜商家开始打折、酒店房价也将下滑的消息让不少游客蠢蠢欲动,准备奔赴迪拜"抄底",于是纷纷向旅行社打听相关线路,迪拜游由此迅速升温。

记者了解到,由于目前市场上迪拜游的时间一般都在5天以上,所以,不少市民都选择在春节长假期间去迪拜"尝鲜",同时寻找"抄底"机会。"从目前的咨询和报名情况来看,春节期间去迪拜的游客将是平时的3倍。"

多数游客冲着奢侈品去

不过,让那些抱着"抄底"想法的游客失望的是,截至目前,迪拜游的价格并未受到迪拜危机的影响而下降,游客暂时还无底可抄。

记者查询发现,1月份的迪拜游价格最低也在1万元左右,而到春节期间则要在现有基础上再上涨两三千元。"目前我们还没接到过地接社方面的降价通知,航空公司、酒店也没有推出优惠促销之类的活动。"上海中旅相关负责人表示,"春节期间的迪拜游价格已经定好了,变动的可能性不大。"

尽管如此,报名春节迪拜游的游客还是不少,"很多人是冲着购买奢侈品而去的"。据介绍,迪拜一直推行低进口税及无销售税的政策,历来便有"购物天堂"之称,当地的一线品牌化妆品、香水、服饰和皮具,在不打折的情况下也比国内便宜不少,而明年迪拜的购物节将于 1 月 28 日至 2 月 28 日举行,届时商家将集体打折,春节长假去正好赶上。"从目前的报名情况来看,女性游客占多数。"

帆船酒店点击率最高

据旅行社人士介绍,迪拜的自然景观并不太多,出名的是当地那些高档奢华的酒店,所以,大部分游客在报名时都会询问将入住哪家酒店,不少人还会点名要求住著名的七星级帆船酒店。"考虑到整体报价,我们一般会在行程中安排入住一晚帆船酒店,不过由于这个酒店太有名了,旺季时可能会预订不到,在这种情况下,我们会安排游客到那里吃一顿自助餐,让游客觉得'没有白到迪拜一趟'。"上海中旅相关负责人告诉记者。

此外,为了增加线路的看点,不少旅行社还推出了"迪拜＋埃及""迪拜＋南非"这样的组合线路,让游客可以购物、观景两不误。

案例来源:http://www.china.com.cn/travel/txt/2009－12/24/content_19123308.htm

◆ **本章练习题答案**

1.搜集信息,咨询建议,协调关系,塑造组织形象。

2.硬件形象　软件形象

3.现场交流法　问卷调查法　询问法　大众媒介搜索法　网络调查法

4.实事求是原则,互惠互利原则,全员公关原则,创新原则。

5.(1)根据酒店内部的优势和劣势,客观地评价酒店内部的接待能力、服务能力、硬件水平等,实事求是地向公众发布信息;

(2)酒店应强化员工的质量意识和服务规范,狠抓服务质量,不欺骗顾客;

(3)酒店公关人员在进行酒店的市场调研、新产品开发时,需要对顾客进行广泛、深入的调查,在调查时要以事实为依据,力求全面和公正。

6.思维创新　方法创新　内容创新

第 三 章

旅游公共关系主体

学习目标

知识要点：了解旅游组织公共关系机构设置的模式，理解旅游组织公共关系人员应具备的基本素质，掌握旅游公共关系主体的特征及工作内容。

技能训练：多方面提高个人的公关素质。

能力拓展：学会分析社会组织的特点、分类及发展趋势。

引 例

顾客争座，与肯德基有关吗

2000 年 8 月，江西第一家肯德基餐厅落户南昌，开张数周，一直人如蜂拥，非常火爆。不想一个月未到，即有顾客因争座被殴打而向报社投诉肯德基，造成了一场不小的风波。

事情经过大致如下：一位女顾客用其所携带的物品占座位后去排队购买套餐时，座位被一位男顾客坐住而发生争执。先是两位顾客因争座发生口角，尽管已经引起其他顾客的注意，但都未太在意，此时餐厅员工未能及时平息两人的争端。接着，两人争吵上升到大声吵闹，店内所有顾客都开始关注事态，邻座的顾客则停止用餐，离座回避，带小孩的家长担心事态危险和孩子受到粗话的影响，开始领着小孩离店。最后，两人争吵上升到斗殴，男顾客大打出手，殴伤女顾客后离店，别的顾客也纷纷离座外逃或远远地看热闹。女顾客非常气愤，当即要求肯德基餐厅对此事负责，并加以赔偿。但餐厅经理表示"这是顾客之间的事情，肯德基不应该负责"，于是拒绝了女顾客的要求。女顾客马上打电话向《南昌晚报》和《江西都市报》两报投诉。两报立即派记者到现场采访。女顾客陈述了事件经过并坚持自己的要求，而餐厅经理在接受采访时对女顾客被殴表示同情和遗憾，但是认为餐厅没有责任，不能做出道歉和赔偿。两报很快对此事作了报道，结果引起众多市民的议论和有关法律专家的关注。事后,根据《消费者权益保护法》,肯德基被认为对此事负有部分责任,向女顾客公开道歉并赔偿了部分医药费,两报对此也都作了后续报道。

　　案例引发的问题:从公共关系的角度看,顾客争座,肯德基到底该不该管? 我们应该从中汲取哪些教训?

资料来源:国家精品课程资源网,公共关系案例分析 20 例

第一节　旅游公共关系主体概述

一、旅游公共关系主体的概念

　　公共关系是由公共关系的主体、客体和手段三大基本要素构成的。公共关系的主体是执行公共关系任务、实现公共关系功能的载体和行为者,即各类社会组织。社会组织为了不断适应环境的变化产生了公共关系行为,现代组织的公共关系行为职能化、专业化的结果便形成了公共关系的专职机构和专职人员。

　　在实施公共关系活动的过程中,旅游业组织决定着旅游公共关系的主动权,处于主体地位,而旅游业公共关系主体的具体实施者是旅游组织的公共关系部和公共关系工作人员。那么,旅游业组织从公共关系的角度应该如何理解呢? 社会学对于"组织"的定义是:组织是具有特定目标和职能,并具有一定独立性群体的统称,如企业、学校、政府、军队、政党、行业团体等。作为旅游业公共关系中的组织主体,应该符合社会学的这个定义。

　　旅游业组织是指旅游行业内按照一定的目的和系统有计划地组建起来的社会组织。旅游业组织作为整个旅游公共关系的主体,在整个公共关系运作过程中处于核心地位,旅游业组织应主动与公众搞好公共关系。公众在与旅游业组织之间的公共关系中处于被动地位。因此,旅游业组织内部、外部公共关系效果如何,公众对旅游业组织的知名度、美誉度是否知晓,关键在于旅游业组织公共关系活动如何开展。所以,旅游业组织是旅游公共关系的主体,是主导因素,是决定力量。

二、旅游公共关系主体的特征

　　旅游组织的特征与构成组织的要素和条件相对应,具有目的性、整体性、相关性、动态性、多样性等特征。

（一）旅游业组织的目标性

旅游业组织的目标是旅游业组织要达到的发展设想，是组织所希望实现的结果。任何组织的建立都是为了实现某种目标，组织的发展过程是组织的目标不断实现的过程。旅游业组织有各个领域的目标，如：市场目标，即占有市场的广度和深度；利益目标，包括组织所追求的经济效益、社会效益和环境效益等；发展目标，组织的壮大、市场的扩大、服务质量的提高、社会认可度的加深；等等。目标是组织赖以生存和发展的前提，也是维系组织内部成员的凝聚力和增强团队精神的必要条件。有了共同的目标，就可以将旅游业组织的各个部门、各个环节协调、凝聚起来，使之维系组织的整体性。

（二）旅游业组织的整体性

旅游业组织是由各种要素构成的一个有机整体，同时又是处于整个社会大系统下的一个子系统，各要素和系统有机组成和相互配合，共同实现组织的目标，以提高组织的效益和塑造良好的整体形象。旅游业组织中的旅行社、饭店集团、景区景点等都是由许多分支机构或若干下属组织组成的。既然组织具有整体性的特性，那么，内部的各个分支机构或个体也必然具有相互协调性；否则，旅游业组织将是一个不稳定的组织。

（三）旅游业组织的相关性

旅游业组织的相关性是指组织与公众之间的相互联系、相互制约、相互协调的关系。在公共关系活动中，组织是公关活动的主体，公众是客体，组织与公众是密切相关的。旅游业组织的一个基本任务就是与内、外部环境相适应，做到"内求团结、外谋发展"。内部环境包括员工之间的团结、部门之间的协调合作、上下级之间的相互支持等；外部环境包括与政府、媒体、同行业、公众以及一切与之相联系的单位与群体都必须和谐相处、互相理解、互相支持，维持其相互平衡的状态。

（四）旅游业组织的动态性

组织的动态性是指组织构成的成员具有一定数量的要求，并且是发生变动的。因为组织处在一定的社会环境中，随着社会的变迁，组织也会变动，而且组织系统的各个组成部分也会因相互关系的变化而变化。旅游业本身具有季节性的特点，因而造成了各类旅游组织在人员配备上也具备旺季多、淡季少的特点；同时，即使在同一时期，旅行社、饭店等旅游业组织的员工流动性也比较强，总是呈动态变化的。从另一个角度看，随着时间的推移，各旅游业组织在不同时期的目标是不断变化的，这就要求组织在完成任务的过程中不断调整自身结构，以适应组织目标的变更，并且力求在最短的时间内达到最优效果。

（五）旅游业组织的多样性

旅游活动本身具有综合性特点，涉及食、住、行、游、购、娱等各个环节，作为各个环节的专业供给者,他们构成了各种各样的旅游业组织,如不同的旅行社、不同的旅游景点、各类旅游管理机构与行业协会以及为游客旅行生活提供服务保障的餐点、交通运输、商场等。旅游行业组织的多样性,决定了它们具有不同的性质和职能,但它们之间存在着不可分割的必然联系,都是旅游产业链上相互依赖、相互支持的不可或缺的环节。

第二节　旅游公共关系主体的工作目标

从公共关系学的角度讲,用一句话概括旅游业组织的工作目标就是树立本组织在公众心目中的良好形象。这一工作目标看似简单,实则内涵深刻。下述这个案例说明,旅游业如果只设立公共关系组织机构,而不了解其工作目标与任务,那么,组织的整体目标将难以实现。旅游公共关系主体的工作目标与任务到底有哪些呢?

◆ **案例驿站 3.1**

> Q市某一小有名气的旅游饭店成立了公共关系部,有豪华的办公室、漂亮的公关小姐、现代化的办公设备,但是成立了几个月似乎无事可做,不得以聘请了一位公关专家担当公关部顾问。
>
> 顾问询问公关部主任:
>
> "饭店的知名度如何?"
>
> "过去一年花在宣传上的费用是多少?"
>
> "过去一年因服务不周造成顾客不满或投诉的事件有多少起?"
>
> "饭店最大的竞争对手是谁?"
>
> "旅游旺季的游客中本地的、外地的、国内的、国外的各有多少?"
>
> "本地共有多少家同档次饭店? 铺位有多少?"
>
> 面对提出的这一系列问题,该公关部主任竟然瞠目结舌。公关顾问于是留下了一句意味深长的话:"请搞清楚这些问题后,再开展你们的公关工作。"
>
> 资料来源:国家精品课程资源网,公共关系案例分析20例

一、信息的双向沟通

信息的双向沟通包括收集整理外部信息和向外传播组织信息两部分内容。首先,调查研究,收集信息。积极组织和开展有关调查工作,监测舆论环境,主要包括有关公众的

信息、产品形象的信息、组织形象的信息以及其他社会信息（如国内外政治、经济、文化、科技等方面的重大变化等）。只有了解到组织环境信息，并预测其变化趋势，才能合理地制定和调整组织目标，有针对性地开展公共关系工作。其次，向外传播组织信息。有人说"公共关系是90％靠做得对，10％靠宣传"，可见传播的重要性；否则，即使旅游业组织做得再出色，也不会为人所知，更不会被人信任和接受。因此，必须通过各种传播媒介和沟通活动，将组织的信息及时、准确、有效地传播出去，争取公众对组织的了解，提高组织的知名度和美誉度，为组织树立良好的社会形象营造良好的舆论环境。

二、参与组织的决策和管理工作

公共关系职能部门应协助组织决策层建立科学、务实的管理体系，制定切合组织实际的战略方针，选择最佳的行动方案，以期顺利实现组织的目标。但是，公共关系职能部门对于组织来说不是直接决策者，而是协助决策者科学作出决策的重要参谋。参与组织决策和管理工作包括帮助组织获取必要的决策信息、帮助组织确立决策目标以及帮助组织拟定并实施决策方案等内容。

三、协调组织与内部公众及外部公众的关系

旅游业公共关系主体的工作对象是公众，公众可以分为内部公众和外部公众。公共关系的目的在于"内求团结、外谋发展"，因此，协调好组织与公众之间的关系，争取公众对组织的理解与支持，使组织与公众之间的关系处于一种和谐的状态，为组织创造一个"人和"的环境就显得尤为重要。

首先，协调好组织与内部公众的关系。这是组织生存和发展的基础。一方面协调好组织内部一般员工之间的关系，创造一种和谐、友爱的人际关系，促进员工的工作热情；另一方面，协调好组织内部领导与一般员工的关系，增强彼此的信任，以调动员工的积极性、主动性和创造性，增强组织的凝聚力和向心力。此外，还应注意协调组织各职能部门、中层管理者之间的关系，形成相互配合、彼此信任、互相支持的合作气氛。

其次，协调好组织与外部公众的关系。旅游业组织应积极主动地与组织运营有关的公众进行沟通，并协调和拓展这些关系。比如，积极主动地对待公众投诉，对一些景区景点服务质量低、饭店服务不符合标准、旅行社未按合同提供服务等旅游业组织中常见的问题，应予以及时处理，给公众以满意的答复。此外，还要积极应对并妥善处理组织随时有可能面临的各种突发性的危机事件，切实维护组织的社会声誉和良好形象。

四、培训教育内部员工

组织形象和声誉的好坏直接关系到组织的成败。良好形象的建立从根本上说要靠全体员工的共同努力,靠全体员工一点一滴良好的行为积累。因此,旅游业组织的公共关系职能部门应当通过教育引导,让每一位员工都认识到自己的一言一行与组织的形象密切相关,从而自觉关心和重视公共关系工作,培养全员的公关意识。一个组织内在的特征与风格是组织形象的重要方面。员工的仪表、精神风貌、工作态度、敬业精神、业务水平等都是组织特征与风格的具体表现,这种综合表现同时又体现着组织的形象。因此,组织的形象必须依靠全体员工良好的素质来保证,这就要求公共关系职能部门对员工进行经常性的培训,使每一位员工时时处处以自己良好的素质维护组织的良好形象。

五、扩大社会交往

大众传播是组织与公众交往、沟通的一条重要途径,但只是一种单向的信息输送,缺乏反馈。而通过社会交往,可以为组织广结人缘,建立广泛的横向联系,以弥补大众传播的不足,获得大量来自公众对组织评价的反馈信息。

从社会交往的主要对象来看,需要经常保持社会交往的公众主要有政府有关部门、同类产品组织、社会团体、社区公众、消费者、协作单位、新闻媒体等。从交往手段和方式看,为了联络感情、增进了解,可以举办各种联谊活动,组织公众参观企业,开展各种庆典活动,召开记者招待会、信息交流会,组织售后跟踪服务以及必要的宴请等。

第三节 旅游业组织公共关系机构和人员

一、旅游业组织公共关系机构

公共关系机构是专门执行公关任务、实现公关功能的行为主体,是公共关系工作的专业职能机构。旅游业组织公共关系机构包括组织内设的公共关系部以及专业的公共关系公司等。

(一)旅游业组织的公共关系部

公共关系部是指具有法人代表的组织内部对一定目标进行有计划、有指导的研究和决策的职能机构。有没有这样一个机构是衡量一个旅游业组织对公共关系工作重视程度的重要标志。

1. 公共关系部的性质

从工作性质上看,公共关系的职能具有传播性、沟通性,即统筹管理旅游组织有关传播、沟通的业务,使其传播、沟通的目标和手段更加专业化,传播、沟通工作具有更高的效率和效益,使其传播资源投入更加合理、产出更加理想。因此,其职能目标和业务内容完全不同于其他职能部门。组织的传播、沟通活动职能化是现代信息社会的一个特点,信息传播、沟通日益成为组织经营管理的专业手段。

在没有专门的公共关系职能部门之前,旅游业组织实际上也在进行着各种各样的传播、沟通活动,只不过是分散的、随机的、不系统的或依附于其他职能部门而进行的,缺乏统一目标和科学管理。随着现代环境下组织对社会及公众的依赖性越来越强,组织的传播、沟通业务量变得越来越大,传播的资源投入也越来越多,建立和强化组织的公共关系职能、对组织传播业务加强科学管理便提到管理者的议事日程上来。公共关系职能的形成是现代组织管理职能演化的结果。

2. 旅游组织内设公共关系部的特点

(1)了解内情

组织内设的公关机构对本组织的业务和人事比较熟悉,因此,开展工作能够有的放矢、切合实际,比较顺利。

(2)便于协调

内设公关部直接受管理层的指导,直接与组织内部各部门沟通,便于调整和协调工作。

(3)效率较高

公共关系部作为旅游组织内部的一个常设机构,能够招之即来,特别是应对突发事件时效率较高。

(4)成本较低

自设的公共关系部便于控制预算和成本投入。

除了具备以上优势外,旅游组织内设公共关系部还不可避免地存在着缺陷,如公共关系部的工作容易受到组织内部因素的制约,难以完全做到客观公正。自设的公共关系机构处于本组织的目标压力和人事环境中,难免受到本组织各种因素的制约,传播工作有时候就难以完全做到实事求是,难以达到预期效果。因此,公共关系工作常常需要寻求外界的协助,即聘请专业的公共关系公司或公关顾问。

3. 公共关系部在旅游业组织中的设置

旅游业组织中的公共关系部一般有以下两种常见设置模式:

（1）总经理直接负责型

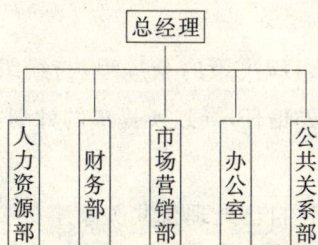

```
                    总经理
      ┌────┬────┬────┬────┬────┐
    人力  财  市场  办  公共
    资源  务  营销  公  关系
    部    部  部    室  部
```

（2）部门直属型

```
                    总经理
      ┌────┬────┬────┬────┐
    人力  财  生  销  行
    资源  务  产  售  政
    部    部  部  部  部
                  │
              ┌───┴───┐
            预定    公共
            部      关系
                    部
```

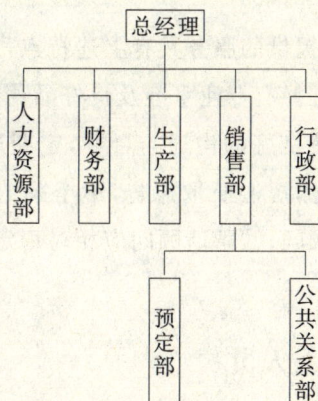

（二）专业的公共关系公司

公共关系公司是一个笼统的概念，它是公共关系咨询公司、公共关系顾问公司、公共关系事务所、公共关系服务公司等独立的公共关系服务机构的统称。公共关系公司由职业公共关系专家和各类公共关系专业人员组成，是专门为社会组织提供公共关系咨询，或受理委托为客户开展公共关系活动的信息型、智力型、传播型的服务性机构。这类公司为我国的公共关系事业开拓了新的前景。那么，与旅游组织内设的公共关系部相比，专业的公共关系公司所提供的服务有哪些特点呢？

1.较为客观公正

专业的公关公司以专业的眼光，从外部公众的角度去处理客户的公共关系问题，不容易受旅游业组织内部因素的干扰，容易做到客观公正。

2.技术全面，专业性强

公关公司能够利用各种技术专长和丰富的专业经验为客户工作，拥有更多的专业资历、更多元化的传播媒体、更广泛的社会关系，能够提供较高水准的专业服务。

3.较强的灵活性与适应性

公关公司可以根据客户的需要随时提供不同的公关服务，具有时间和空间的机动性和适应性。

4. 关系较疏远

公关公司难以参与旅游业组织决策的全过程,与组织的机构及人事关系比较疏远,不容易得到完整的资料和完全的信任,导致所提供的计划方案的可行性有可能不理想。

5. 运作成本较高

聘请公关公司的成本一般比自己处理公共关系事务要高。但从长期来看,如果能建立良好的合作关系,能得到高水平的策划和服务,使公关的资源投入更为合理和有效,对于旅游业组织来说还是值得的。

鉴于专业公共关系公司所提供的服务具有上述特点,所以旅游业组织在聘请公关顾问时要注意以下几个问题:①选择有专业水准及良好品德的顾问;②信任顾问,为其提供真实准确的资料;③与顾问保持良好的沟通与合作,定期邀请顾问出席情况分析会和决策会议;④尊重顾问的判断意见,虚心听取忠告,不予采纳时要作出详细说明;⑤以防为主,不要出现了危机再临时找顾问;⑥聘请顾问应相对稳定,因为双方的合作默契需要一个磨合期。

二、旅游业组织公共关系人员

建立了公共关系部,只是为旅游业组织从事公共关系活动搭建了一个舞台,公关活动还是要靠人来设计以及具体实施。公共关系人员是公关组织机构的主体,是公共关系活动的实际承担者。他们的基本素质和专业能力水平,直接影响着组织公共关系活动的进程和组织目标的实现。随着现代文明的不断进步,对公共关系人员的要求也越来越高,他们需要不断地更新知识结构、提高业务能力、进行自我完善并且不断地为组织塑造崭新的、完美的、符合时代特点的新形象。因此,旅游业组织内公共关系的从业人员问题就显得尤为重要。

(一)人员构成

旅游业组织的公共关系人员一般有以下几种。

1. 调查分析人员

其主要任务是收集信息,预测公众动向和社会发展趋势,评估组织的形象和公共关系的工作效果,并寻找其形成的原因。

2. 计划人员

其主要任务是根据分析人员提供的资料,提出公共关系活动的目标、计划和方案,设计公共关系的项目。他们负责制定公共关系目标,并组织实施;策划各种公关活动,如各种旅游节会、产品展销会、信息发布会等。

3. 传播人员

他们的主要任务是按照既定的公共关系目标、计划和方案去开展、实施公共传播活动,如代表旅游业组织与外界进行各种方式的沟通、交往。

4. 文秘人员

这是公共关系部的笔杆子。他们的主要任务是起草文件,编写新闻稿及内部刊物,撰写公文、讲话稿、股东大会报告,处理公函,制定广告文稿、宣传手册等。

5. 设计制作人员

这部分人员一般由美术师、摄影摄像师、设计师、计算机操作员、网站管理员等组成。其任务主要包括动手制作展品、广告、灯箱、图片;设计旅游业组织的识别系统,即 CIS;制作宣传材料及宣传片并做好网站的更新,等等。要求这部分制作人员要有一定的广告、摄制、计算机技能和艺术等方面的专业能力。

公共关系部从业人员最好能够一专多能,按岗位需要配备人员。各类专业人员摄制的比例、数量应根据公共关系部在旅游业组织中的地位、重要性和工作任务的多少来进行调配,做到人人有事做、事事有人做。

(二)旅游公共关系人员应具备的素质

现代旅游业组织的公共关系人员是组织良好形象的打造者,也是开拓市场的先锋。他们不仅是旅游业组织的代表,同时也是公众的顾问。因此,公关人员需有较高的思想水平和业务能力。具体来说,公共关系人员主要应具备以下素质和能力。

1. 良好的个人修养

公共关系工作人员个人修养水平的高低往往是树立组织良好形象成功与否的首要因素。提高自身修养是每一位准备从事公关工作人员应该做的第一件事。具体地讲,良好的个人修养包括个人形象、高质量的工作作风、高标准的职业道德三个方面。个人形象主要应做到衣着合乎身份、整洁大方。高质量的工作作风则包括富有进取精神、高效率、计划性强以及踏实细致等方面。一个公关人员应具备的高标准的职业道德包含三个方面的含义:一是要有适应时代发展要求的职业道德观念;二是要有诚信的工作作风;三是要有强烈的社会责任感与公关意识。

2. 健全的心理素质

具有健全的心理素质,才能适应多变的环境。这一点对于一个旅游业组织的公关人员来说尤其重要,因为心理素质的好坏直接影响到公关工作的成功与否。健全的心理素质主要体现在知己自信,具有开拓精神,良好的自控能力以及灵活的应变能力。关于公关人员的内在品质即心理素质一般包括：具有独当一面的工作能力；充满干劲、富于开拓进取精神；思维敏捷——对他人的问题如同对自己的问题一样；谈话时口音清晰，能发挥语言运用力；讲究职业道德，诚实可信；常保持清醒的分析头脑，表现出敢于解决任何问题的魄力；处事沉稳，有不急不躁的自我克制力；待人接物真诚、热情；同时，应是一位称职的管理人员，既善于出主意、想方法，又有实干精神，还具备坚忍不拔的毅力。

3. 广博的知识储备

一名合格的旅游业公关人员修养越深厚、知识越广博，公关工作成功的几率就越高。一是深谙行情，通晓公共关系学。一个公关人员如果没有专业知识，就很难适应瞬息万变的市场情况。二是知己知彼，懂得心理学。公关工作是和人打交道的一种工作，公关人员如果能够把各种各样的复杂心理现象通过交谈、观察、分析和实践，总结出其中的规律，并把它运用于公关过程中，那么，他的工作效率便会日益提高。三是入情入理，熟知法律。公关工作必须依法进行，包括依法保护消费者利益和防止不正当竞争两个方面。四是既博又专，掌握专门知识。

4. 合理的思维方式

现代化强烈地冲击着社会的各个领域；其中，最根本的是对人的冲击，对人的心理素质的冲击。而人的现代化是由思维方式、工作方式和生活方式组成的一个多层次、立体式的生物结构体。缺乏任何一个层次都不可能成为一个完整的现代人。在现代人的模式中，工作方式属于中间层次，思维方式属于最高层次。因此，无论从事什么职业，都应重视思维方式的锻炼和培养；作为工作复杂而多变的公关人员，尤应如此。合理的思维方式主要有三方面的含义：一是要有正确的思想观念，二是要有敏捷的思维能力，三是要有及时总结的思维习惯。

5. 过硬的实施能力

过硬的实施能力主要包括五个方面。一是敏锐的洞察能力。能够及时关注来自相关公众的各种信息，对市场明察秋毫，能够从现象中看出本质，从普通的资料中发现重点，发现潜在的问题，捕捉一切对本组织发展有利的或不利的信息。二是较强的信息反馈、处理能力。公关工作实质上是一种信息工作，因此公关人员必须有较强的信息反馈、处理能力，要有较强的逻辑判断能力，要能在复杂有时甚至是虚假的现象中筛选出于己有用的信息。三是较高的组织领导能力。公关工作绝不单单是对外部公众的单向工作，还包括对内部公众、对社会各方面全方位的工作。四是高超的应变能力。公关人员要和各种人物打交道，工作对象复杂并各有其特点，必须要有高超的应变能力。五是有效的表达能力。优秀的公关人员能够运用最有效的表达方式将组织信息传播给目标公众，从而提高公关工作的效率。

◆ **阅读材料 3.1**

国际公共关系道德准则

一、国际公共关系协会必须竭诚做到以下各条

第一条　为建设应有的道德、文化条件,保证人类得以享受《联合国人权宣言》所规定的诸种不可剥夺的权利作贡献。

第二条　建立各种传播网络与渠道以促进基本信息自由流通,使社会的每一成员都有被告知感,从而产生归属感、责任感与社会合一感。

第三条　牢记由于职业与公众的密切联系,个人的行动——即使是私人方面的——也会对事业的声誉产生影响。

第四条　在积极的职业活动中尊重《联合国人权宣言》的道德原则与规定。

第五条　尊重并维护人权的尊严,确认每个人均有自己判断的权利。

第六条　促成为真正进行思想交流所必需的道德、心理、智能条件,确认参与各方都有申述情况与表达意见的权利。

二、所有成员应保证

第七条　在任何时候任何场合,自己的行为都应赢得有关方面的信赖。

第八条　在任何场合,自己均应在行动中表现出对他所服务的机构和公众双方的正当权益的尊重。

第九条　忠于职守,避免使用含糊或可能引起误解的语言,对目前及以往的客户或雇主始终忠诚如一。

三、所有成员都应力戒

第十条　因某种需要而违背真理。

第十一条　传播没有确凿依据的信息。

第十二条　参与任何冒险行动或承揽不道德、不忠实、有损于人类尊严与诚实的业务。

第十三条　使用任何操纵性方法与技术来引发对方无法以其意志控制因而也无法对之负责的潜意识动机。

资料来源:http://cnki.gzlib.gov.cn/

◆ **本章相关知识链接**

1. http：//www. dic123.com/

2. http：//www. chinapr. com. cn/

3. http：//www. 13pr. com/

◆ **本章练习题**

1. 什么是旅游公共关系的主体？

2. 旅游业公共关系组织有哪些特性？

3. 旅游业组织内设的公共关系部门应由哪些人员构成？

◆ **本章小结**

1. 本章结语

本章主要介绍了旅游公共关系的主体。首先介绍了旅游公共关系主体的概念与特征。广义的公共关系主体指任何有目的、有系统地组织起来的具有特定功能和任务，具有社会行为能力的社会组织。而狭义的公共关系主体主要是指专门执行公共关系职能的公关机构以及人员。本章所研究的旅游业公共关系主体指的是后者。

旅游业公共关系主体的工作任务较为繁杂，涉及范围较广，包括五个方面。各个工作环节相互促进，不可缺失。公共关系机构的设置应该因地制宜，结合旅游业组织自身需要，选择适合本组织的机构设置方式，同时聘用专业的、具备强烈的公共关系意识的人才，协调好组织内部公众及外部公众的关系，为旅游业组织营造良好的公众环境，从而达到在公众心目中树立组织良好形象的目标。

2. 本章知识结构图

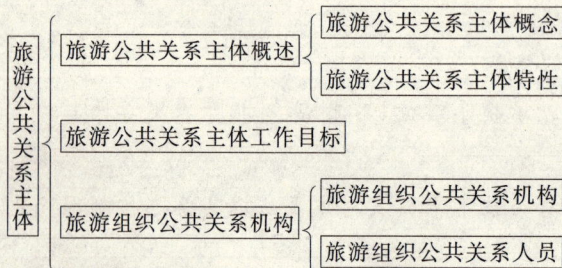

```
          ┌ 旅游公共关系主体概述 ┤ ┌ 旅游公共关系主体概念
旅          │                      └ 旅游公共关系主体特性
游          │
公          │
共          ├ 旅游公共关系主体工作目标
关          │
系          │
主          │                      ┌ 旅游组织公共关系机构
体          └ 旅游组织公共关系机构 ┤
                                   └ 旅游组织公共关系人员
```

3. 本章核心概念

旅游公共关系主体　　　公共关系部　　　公共关系意识

◆ **实训练习**

分若干小组调查本地一家旅游企业,了解其组织机构设置的类型及特点,并分析其机构设置的优缺点,指出需要改进的地方。

◆ **本章推荐阅读**

企业公关,最需要什么样的人才

我国的入世,加快了我国企业与国际经济接轨的步伐,塑造企业新形象,创建跨国公司,打造世界品牌已成为有志企业家的追求。实践证明,传统的公关人才已无法满足企业的需要,与国际接轨,企业公关迫切需要"新鲜血液"加盟。

1.企业新闻发言人

企业需要自己的新闻发言人,并通过新闻发言人对外发布信息,传播企业形象。新闻发言人制度,是当今世界许多大企业推行的一种基本的信息发布制度,这一制度体现的公开性和透明度,在促进企业由传统封闭性经营方式向现代开放式经营模式的转变过程中具有重要意义。形象地说,企业新闻发言人是企业和老总的形象包装师,是企业与新闻媒体及社会公众的中介人,是企业公关部门的核心人物,也是企业的高级管理人才。他们受企业委托,向公众表达企业对某些事情的意见与主张。发言人可以及时稳定地向公众和媒体发布企业发展的各种信息,吸引媒体关注,保持企业良好的声誉。通过发言人,企业可以更好地与顾客沟通,使顾客产生信任感,诚顾客了解企业、关爱企业。环视我国,企业聘请专职新闻发言人不多见,很多时候是由老总助理或老总秘书来充当这一角色,有时是老总亲自出马来当自己的新闻发言人。他们往往在知识结构、反应能力、口才甚至形象、气质方面存在一定的欠缺,影响企业形象。作为企业新闻发言人要有良好的综合素质。发言人要气质涵养好,仪表形象佳,交际能力强;要敏捷善言有口才,知识渊博有思想,沉着冷静善应付。专家认为,一个成功的企业新闻发言人,不仅要精通新闻业务,还要具有公共关系学、市场营销学、企业管理学、社会学等多方面的知识,而出色的口才、文明有礼仪和灵活的应变能力更是不可缺少的。

2.危机公关人才

最近,宁波一家企业在当地招聘危机公关人才,引起各方面的关注。其实,这在国外的企业早已不足为奇,招募专职的危机公关人才或者聘请公共关系公司的危机公关专家作为自己的高参是很普遍的行为。俗话说:"不怕一万,就怕万一。"这种危机尤其以工商企业居多。例如,近年来发生的冰箱爆炸、电视机起火、保健品闹出人命案等等,对企业来说,都是危机。在紧急关头,危机公关人员就显得尤为重要。如能临危不惧,处理得宜,便可化险为夷,危机转为契机也不是不可能的事,企业还可以得到更多消费者的关心和支持。危机公关人才可谓"临危受命",要在短时间内度过"形象危机",并维持、匡正、重塑企业形象。这要求从事危机公关的人员必须具备下列素质和能力。首先,反应敏捷。要在危机发生的第一时刻作出反应,赶赴现场,迅速了解事件的来龙去脉,找出根源,分清责任及承担者,坦诚问题的出现,确保企业对危机事件的立场在第一次报道中得到正确描述。其次,应具有良好的判断和处理能力。危机发生后,通过深入分析公众心理和企业所处的特定环境,对危机进行准确定性,采取相应的对策。公关人员在对危机进行诊断时须站在客观、公正的立场上,找出问题症结之所在,运用有效的手段对症下药,消除公众的误会,争取多方支持,并根据形象受损内容和程度开展弥补形象缺陷的公关活动,重塑企业形象。再次,善于与媒体打交道。危机发生后,往往会成为公众关注的焦点,媒体也会对事件进行连篇累牍的报道,使企业面临一个冷漠舆论环境。危机公关人员需要积极主动地配合媒体工作,真实、客观、及时地提供给他们所需的信息,保证企业与公众之间信息传播的及时畅通,引导公众,使各种不利的传闻、猜测、流言等不攻自破。

3. 网上代言人

找个明星当产品或品牌的形象代言人,在近年称得上是蔚然成风。服装、化妆品、饮料甚至房地产,但凡和我们的时尚生活沾点边儿的,都有相应的大腕儿或者小腕儿们一身前卫打扮,挺身而出为其摇旗呐喊。结果堪称双赢,产品借了"星"气扶摇直上,"星星们"自然也赚了个酣畅淋漓。不过,先别美,早已经有人嫌弃用真人面孔作招牌。这套把戏太过千篇一律,没创意。趁着 FLASH 动画及 RPG 电子游戏正大行其道,虚拟的网上代言人开始频频露脸儿。

形象前卫、气质温柔的美少女美亚(MYA),是摩托罗拉为了顺应 WAP 移动电话而推出的代言人,曾在美国以排山倒海的广告造势;24 小时在线,随时准备用她那动人的声音与客户沟通;根据客房需要,提供各种有用的资讯,有了她,正好补救手机屏幕太小的不足。恐怕没有比美亚更"敬业"的代言人:不跟你讨价还价,任劳任怨,不会迟到早退,真是又听话又能干!鉴于虚拟代言人的种种好处,有人索性做起了这门生意。网上第一间虚拟模特介绍所已经开张,专门"经营"各种非人的三维模特。这家以德国为驻点的网站,名叫"NODNA",里面的模特只存在于电子空间,但全部都有名有姓、有年龄、有出生地、有不同的个性,可能比真人还生动。只要客户给得起钱,他们可以出任代言人之职,表演时装、推销产品以至担任活动主持人,而且黑、白及黄皮肤等各色人种兼备,形象也没有重复的:俊的、丑的、酷的、楚楚可怜的……还能根据需要,为你度身订制。

资料来源:胡慧平.企业公关,最需要什么人才[J].成才与就业,2002,05

◆ 本章练习题答案

　　1.旅游公共关系的主体是执行公共关系任务、实现公共关系功能的载体和行为者,即各类旅游组织。

　　2.目标性、整体性、相关性、动态性、多样性。

　　3.调查分析人员、计划人员、传播人员、文秘人员、设计制作人员。

第 四 章

旅游公共关系客体

学习目标

知识要点:了解公众的含义,了解公众的分类方法,掌握旅游组织内部公共关系及外部
公共关系的途径。

技能训练:选择某旅游组织,分析该组织所面对的公众类型及其地位。

能力拓展:应用所学理论,小组讨论如何处理好旅游组织与舆论公众之间的关系。

引 例

IBM 公司的"金环庆典"活动

美国 IBM 公司每年都要举行一次规模隆重的庆功会,对那些在一年中作出过突出贡献的销售人员进行表彰。这种活动常常是在风光旖旎的地方如百幕大或马霍卡岛等地进行。对 3‰ 的作出突出贡献的人所进行的表彰,被称作"金环庆典"。在庆典中,IBM 公司的最高层管理人员始终在场,并主持盛大、庄重的颁奖酒宴,然后放映由公司自己制作的表现那些作出了突出贡献的销售人员工作情况、家庭生活乃至业务爱好的影片。在被邀请参加庆典的人中,不仅有股东代表、工人代表、社会名流,还有那些作出了突出贡献的销售人员的家属和亲友。整个庆典活动,自始至终都被录制成电视(或电影)片,然后被拿到 IBM 公司的每一个单位去放映。

在这种庆典活动中,公司的主管同那些常年忙碌、难得一见的销售人员聚集在一起,彼此毫无拘束地谈天说地。在交流中,无形地加深了心灵的沟通,尤其是公司主管那些表示关心的语言常常能使那些在第一线工作的销售人员"受宠若惊"。正是在这个过程中,销售人员更增强了对企业的"亲密感"和责任感。

案例引发的问题：IBM 公司的庆功会在公司内部有哪些重大意义？

资料来源：http://www.huataiedu.com/htdocs/

第一节　旅游公共关系客体概述

公众是公共关系的客体，对公众的研究是公共关系学的重要内容。一个组织只有正确地认识和分析自己的公众对象，才能有的放矢地制定公共关系的目标、策略和方法，使组织的公共关系工作建立在科学的基础之上。

一、公众的含义

公众是公共关系学中的一个基本概念。随着公共关系学在西方国家的兴起，"公众"一词也日益引起人们的注意。公众的英文为 Public，泛指"公众、民众"，也指"具有'合群意识'的社会群体"。公共关系学中的公众，并不是广泛意义上的公众、民众，而是针对公共关系主体社会组织而言的公众，即与社会组织的运行发生一定关系的社会群体。就某一社会组织来说，它的公众既包括与它有关系的个人（涵盖组织内部和组织外部），也包括与它有关系的其他社会组织。任何一个社会组织，它的公众都会是一个或多个社会群体。公众，对社会组织确定目标、实现目标、扩展目标，以至对社会组织的生存和发展，具有实际的或潜在的利益关系和影响力。因此，公众是公共关系的客体，是社会组织开展公共关系进行信息传播与沟通的对象。

二、公众的基本特点

公共关系工作的对象统称为公众。公众这个概念在公共关系学中有它特定的含义。这里说的公众，必须是与某一组织具有现实或潜在的利益关系，并且对组织的目标与政策具有相当影响力的个人和团体。公众具有以下特点。

（一）群体性

1. 法人群体

法人群体即依法成立的社会实体。它们都拥有一定的财产和生存空间，依法行使权利和承担义务，如工厂、机关、学校、医院等。

2. 任务群体

任务群体即在一定的时间内暂时汇集到一定地点，从事类似活动，在一定程度上达到共同目标的社会成员集合体，如图书馆里的读者、商店的顾客、风景区的游客等。

3.角色群体

角色群体指某一共同身份或从事某一共同职业的社会成员集合体,如学生、工人、教师、医生等。角色群体的种类很多。

(二)同质性

一家酒店进进出出的顾客本来素不相识,没有直接联系,但是由于他们都去购买酒店的餐饮或客房产品而成为该酒店的公众。

比如,美国在印度的一家化工厂,由于有毒物质泄漏,造成大量当地居民的伤亡,这些伤亡者及其亲属原来彼此之间可能毫无联系,但是他们在共同的毒物污染事件中有些共同点,使他们的态度和行为具有内在的联系,不约而同地或者有组织地对这家化工厂形成一定的公众压力、舆论压力,甚至采取一致的行动,因此就成为该公司的公众了。

(三)变化性

世界上没有一成不变的东西。一个人的角色,会因为时间地点的改变而改变。对于商店来说,一个人可能是顾客;对于学校来说,这个人可能是学生;对于工厂来说,这个人可能是员工。不管角色如何变化,组织的目的都是使公众成为它的伙伴。

(四)相关性

公众与公众之间、公众与组织之间都是有共同的目的或者利益才会走在一起。一群人之所以成为某一组织的公众,是因为他们面临的共同点与该组织具有一定的相关性和互动性。

三、公众的分类

从公众的定义和特点可以知道,公众有着广泛的含义和复杂的结构。旅游业组织要想有效开展公共关系工作,必须区别和选择公众,根据公众的内在规律性进行分类,使公关人员对各类公众进行了解、分析和判断,进而针对不同类型的公众采取行之有效的策略,以取得较好的公关效果。

(一)根据公众与组织的所属关系分类

1.内部公众

内部公众主要是指组织的员工,还包括组织的股东和员工家属。

2.外部公众

外部公众是指除内部公众之外的一切与组织发生相互影响、相互作用的公众。比如说一家宾馆,它的上级主管部门是它的隶属型公众;新闻界、开户银行、同行是它的合作伙伴或竞争型公众;广大的顾客则是它的辐射型公众。

（二）根据公众与组织发生关系的时序特征分类

1. 非公众

非公众是公共关系学中的一个特殊概念，它受组织的影响，但是不受组织各项方针政策和行为所影响；反过来，他们的行为和要求也不影响组织的方针政策和行为。

例如，一般我们说文具店可以被看做服装店的非公众，洗衣店可以被看做钟表修理店的非公众。也就是说，他们是"非公共关系对象"。

2. 潜在公众

潜在公众与现实公众相对应，指由于组织机构的行为，在将来可能与组织机构发生利害关系的公众对象。意识到潜在公众的存在，有利于组织制定有针对性的公关策略，也有利于组织调整对现实公众的政策行为。

例如，飞机失事了，在一段时间内遇难者的家属还不知道他们的亲人发生意外，在这个时间段内，对于航空部门来说，遇难者的家属就是潜在公众。在这个时候，组织就应该开始准备好应对一切可能发生的情况了。

3. 知晓公众

潜在公众──→知晓公众（尚未采取行动）

知晓公众由潜在公众发展而来，即已经知晓自己的处境，明确意识到自己面临的问题与特定组织有关，迫切需要进一步了解与该问题有关的所有信息并开始向组织提出有关权益要求的公众。

比如上一个案例中，遇难者的家属接到消息说发生空难，亲属有可能遇难，则遇难者家属已经发展为知晓公众，组织应该及时采取措施，做好应对知晓公众的准备。

4. 行动公众

潜在公众→知晓公众→行动公众

行动公众即已采取实际行动，对组织构成压力并迫使组织相应采取行动的公众群体。

当公众变成行动公众并且会对组织产生不利影响的时候，组织就必须采取行动解决问题，把损失减少到最小。在公共关系工作中，能否通过努力改变行动公众的态度，使他们与组织达到相互适应，是检验公共关系工作效果好坏的依据。

（三）根据公众对组织的重要性程度分类

1. 首要公众

首要公众对组织的生存、发展、成败有举足轻重的影响。比如，组织中的员工、商店的顾客这些都是组织的首要公众。

2.次要公众

次要公众指对组织的生存和发展有影响,但不起决定作用的公众。他们虽然不是公共关系工作的重点,但是,如果忽视他们的存在也会造成组织的公共关系状态不良。比如说新闻媒介,弄不好就会影响组织的正常发展。

3.边缘公众

边缘公众虽与组织有关系,但联系较少,其重要性最小。

(四)根据公众对组织的态度分类

1.顺意公众

顺意公众又称"支持公众",是指对组织持赞赏、支持、合作和信任态度的公众。一个组织公共关系工作的首要目标就是要保持和扩大顺意公众的队伍。

2.逆意公众

逆意公众又称"敌对公众",他们是公共关系工作的首要对象,要努力改变他们的看法和想法。

3.独立公众

独立公众又称"中立公众"或"不确定公众"。公共关系工作要争取使这部分公众变成顺意公众。

第二节 旅游公共关系的内部公众

旅游公共关系的内部公众主要是指旅游组织内部的员工和全体股东。内部公众既是内部公共关系工作的对象,又是外部公关工作的主体,是与组织自身相关性最强的一部分公众。

一、内部员工

员工是旅游业组织的构成人员,包括一线服务人员、行政后勤、管理人员等。员工是组织与外部直接接触的触角,其言谈举止不同程度地代表着组织形象,因为他们时常站在对外公关的第一线。当组织内部员工的积极性被广泛调动起来时,他们就会积极主动地充当对外公关人员的角色,这时组织对外公关的成功才有最大保障。

(一)良好的内部员工关系的意义

员工是旅游业组织生存和发展的基本力量,组织的工作都需要依靠员工的合作努力才能完成。要想调动全体员工的积极性,必须尊重职工的人格,为他们提供一个展示个人才能、实现人生价值的平台,营造融洽的工作气氛,增强员工的主人翁意识;为员工提供良好的福利待遇和社会保障,使他们获得幸福感、认同感和归属感。良好的员工关系对组织具有非常重大的意义:首先,它有利于组织营造和谐的内部发展环境;其次,良好的员工关系能够激发员工的工作潜能和工作热情;最后,良好的员工关系有利于增强组织的凝聚力,从而提高组织的市场竞争力。

(二)建立良好内部员工关系的途径

1.了解员工,承认和尊重员工的个人价值

领导对下属的尊重和信任是激发员工工作积极性的有效途径。尊重员工首先要尊重员工的人格,对他们平等相待;另外,要尊重员工的合法权利,虚心听取员工的要求和呼声。信任就是要改进管理制度和管理方法,使职工之间、部门之间、上下级之间保持相互信任。尊重是信任的前提,作为组织领导要在尊重员工的基础上充分信任员工,做到用人不疑、疑人不用。

2.在组织领导和基层群众之间建立良好的沟通渠道

要重视员工合理化建议,发挥各类自控传播媒介(如本单位的报纸、刊物、电台等),定期进行专题性民意测验等。建立和完善员工检疫制度,一方面可以集思广益,挖掘蕴藏在员工中的聪明才智和创造力,促进改善组织的经营管理;另一方面,员工的建议被采纳,更能使员工感到自己在组织中受到重视,可以增强员工的责任感和主动参与意识,进一步调动他们的积极性。

3.重视员工培训

可对员工进行多种能力培训,开发潜力资源。在这方面既要有业务性的内容,也要兼顾非业务性的内容。培训可采取内部和外部、长期与短期、脱产与不脱产等多种形式,总的目的就是提高员工素质,发挥其积极性。

4.组织丰富多彩的业余活动

可以定期组织各种联谊活动、福利活动,诸如文艺演出、体育比赛、舞会、奖励旅游、参观等以联络感情、调节精神为主的活动。此外,组织应在可能的条件下为员工家庭生活排忧解难,使其专心工作、没有后顾之忧。

二、股东公众

股东是企业组织投资的参与者。股东与内部员工不同,有的在组织内部,有的是组织以外的组织或个人,他们以投资持股多少参与组织的决策和利润分配。股东具有双重身份,既是组织成员又不是组织成员,而且组织的形象、发展与股东都息息相关。

旅游业组织中的酒店、景区景点、交通运输行业等很多是股份制的。旅游组织必须与股东保持良好的关系；否则，股东随时有权转让股票、收回资金，这对旅游组织来说是十分不利的。应该从以下方面做好股东公众的公共关系。

（一）向股东汇报组织的经营情况

股东是组织的投资人，他们的投资回报与组织的经营状况息息相关，因此他们有权了解组织的经营思想、政策、产品质量、销售等情况。组织应主动向股东如实汇报经营状况，取得股东的认同，从而坚定股东对组织的投资倾向和力度。

（二）尊重股东基本权益

尊重股东基本权益的最好表现，就是完善股东大会、理事会、监事会管理机制，听取股东关于组织建设的意见，实施科学管理，向股东透明经营，使股东资金有所回报。

（三）提供良好服务，使股东成为公关人员

股东是旅游业组织的投资者，它具有双重身份，既是组织的经营理念、方针的制定者，同时又参与组织的利润分成，又是组织之外公共关系的工作对象。公关人员要充分利用股东的这种双重身份，为他们提供良好的旅游职业服务，使他们对组织的兴趣更加浓厚、对组织的信任更加坚定，使他们成为组织良好形象的宣传员。

◆ **案例驿站 4.1**

同舟共济的伙伴

美国通用食品公司，每逢圣诞节都准备一套本公司的罐头样品，分送给每一位股东，股东们对此感到十分骄傲，产生了强烈的认同感。他们不仅全力向外人夸耀和推荐本公司的产品，而且在每年圣诞节前准备好一份详细的名单寄给公司，由公司按名单将罐头作为圣诞节礼物寄给他们的亲友。因此，每到圣诞节前，通用食品公司都要额外地销售一大批商品。股东们固然受到折扣优待，公司方面也赚了一大笔钱。

美国通用汽车公司的股东超过 140 万人，提供样品就比较困难，但他们也想方设法争取股东的支持。每位股东均能收到董事长的欢迎信，信中列举了公司主要产品并请多多关照。在给股东的红利中也附上一封信，写到："'通用'是您的公司，邀请股东们在公司的试验场实验新车。"

资料来源：http://jp.wzvtc.net/sbc/main/

第三节　旅游公共关系的外部公众

一、顾客公众

顾客公众指购买、使用本组织提供的产品或服务的个人、团体或组织，如企业产品的用户、商店的顾客、酒店的客人、电影院的观众、出版物的读者等，包括个人消费者和社团组织用户。顾客是与组织具有直接利益关系的外部公众，是工商企业组织市场传播、沟通的重要目标对象。

建立良好顾客关系的目的是，促使顾客形成对组织及其产品的良好印象和评价，提高组织及其产品的知名度和美誉度，增加对市场的影响力和吸引力，为实现组织和顾客公众的共同利益服务。

对顾客公众做好公共关系的意义在于以下几个方面。

(一)良好的顾客关系能够为组织带来直接的利益

一个组织的存在价值，很大程度上在于其产品或服务能够得到顾客的接受和欢迎。组织的经济效益需要在市场上实现，而顾客就是市场，有了顾客才有市场。虽然与顾客的沟通并不等同于市场经营中的销售关系、直接的买卖关系，但良好的顾客公共关系的确有利于企业组织的市场销售关系的构建，能够给企业带来直接的利益。因此，顾客公众是企业组织公共关系对象中利益关系最直接、明显的外部公众。顾客关系是企业市场经营的生命线。

在企业与顾客的市场供求关系之中，存在着大量的信息交流关系和情感沟通关系。没有充分的信息传播，没有融洽的感情沟通，市场的商品交换关系就难以建立，更难以稳定和持久。在争取顾客的注意力、影响顾客的消费选择和消费行为的市场信息传播竞争中，公共关系日益成为企业青睐的市场传播手段。它运用多元化的传播、沟通方法去疏通渠道、理顺关系、清除障碍、联络感情、吸引公众、争取人心，为产品的销售营造一个良好的气氛与和谐的环境。

(二)良好的顾客关系体现企业组织正确的经营理念和行为

顾客公共关系工作要求企业组织将顾客的利益和需求摆在首位，通过满足顾客的需求和权利来换取组织的利益。企业组织的性质决定了它必然要通过经济活动去赢取利润；而公共关系的经营思想认为，利润不应该是企业贪婪的追求，而应该是顾客接受、赞赏和欢迎企业的产品和服务所投的信任票。只有赢得顾客的心、获得顾客的信任与好感的企业,才可能较好地获得自己的利润。因此,企业的一切政策和行为都必须以顾客的利益和需求为导向,在经营理念和行为上自觉地为消费者所有、为消费者所治、为消费者所享。而这种经营观念和行为必然表现为企业良好的顾客公共关系,即企业在市场公众心目中具有良好的声誉和形象。

二、媒介公众

媒介公众指新闻传播机构及其工作人员,如报社、杂志社、广播电台、电视台及其编辑、记者。媒介公众是公共关系工作对象中最敏感、最重要的一部分。这种关系具有明显的两重性:一方面新闻媒介是组织与广大公众沟通的重要中介,另一方面新闻界人士又是需要特别争取的公众对象。媒介与对象的合一,决定了新闻媒介关系是一种传播性质最强、公共关系操作意义最大的关系。从对公共关系实务工作层次来看,新闻媒介关系往往被置于最显著的位置,甚至被称为对外传播的首要公众。

与新闻媒介建立良好关系的目的是争取新闻传播界对本组织的了解、理解和支持,以便形成对本组织有利的舆论气氛,并通过新闻媒介实现与大众的广泛沟通,增强组织对整个社会的影响力。媒介公共关系的意义在于以下几个方面。

(一)良好的媒介关系有利于形成良好的公众舆论

新闻传播机构及人士是社会信息流通过程中的"把关人"(Gatekeeper,传播学中亦称为"守门人"),他们决定着各种社会信息的取舍、流量和流向,确定着公众舆论的中心议题,能够赋予被传播者特殊的、重要的社会地位,即具有"确定议程"和"授予地位"的功能。某个组织、人物、产品或时间如果成为新闻界报道的热点,便会成为具有公众影响力的舆论话题,获得较高的社会知名度;而且,一个信息通过新闻界作客观的报道,容易获得公众的信任,有利于美誉度的提高。公共关系的一项重要任务,就是为组织创造良好的公众舆论,争取舆论的理解和支持。因此,与"把关人"建立良好的关系,有助于争取媒介报道的机会,使组织的有关信息比较顺利地通过传播过程中的层层关口,形成良好的公众舆论环境。

(二)良好的媒介关系是运用大众传播手段的前提

组织要实现大范围、远距离的沟通,就必须借助于各种现代化大众传播媒介。大众传播借助于现代印刷、电子等传播技术大量地、高速度地复制信息,跨越时空的限制,实现大范围、远距离的传播。这是现代公共关系的主要特点之一。但是,大众传播媒介一般不是由组织内的公共关系人员直接掌握和控制的。有关的信息能否被大众媒介所报道以及报道的时机、频率、角度等,要取决于专业的传播机构和人士。除花钱做广告之外,公共关系对大众媒介的使用必须通过新闻界人士才可能实现。因此,与新闻界人士建立广泛、良好的关系,是运用大众媒介、争取媒介宣传机会的必要前提。与新闻界关系越多,关于组织的有关信息的报道数量越多;与新闻界关系越好,关于组织的有关信息的报道质量就越好。媒介关系的这种公关传播性之强,是其他公众对象难以比拟的。

三、政府公众

政府公众指政府各行政机构及其官员和工作人员,即组织与政府沟通的具体对象。任何社会组织都必须接受政府的管理和制约,因此需要与政府的有关职能机构和管理部门打交道,包括工商、人事、财政、税务、市政、治安、法院、海关、环保、卫检等政府职能部门及其工作人员。它是所有传播、沟通对象中最具有社会权威性的对象。组织与政府各职能部门建立和保持良好的沟通,是组织生存、发展的重要保障和条件。

与政府保持良好沟通的目的是,争取政府及各职能部门对本组织的了解、信任和支持,从而为组织的生存和发展争取良好的政策环境、法律保障、行政支持和社会政治条件。具体分析政府公共关系的意义有两点。

(一)政府的认可和支持是最高度权威性和影响力的认可和支持

政府掌握着制定政策、执行法律、管理社会的权力职能,具有强大的宏观调控力量,代表公众的意志来协调各种社会关系。一个组织的政策、行为和产品如果能够得到政府官方的认可和支持,无疑将对社会各个方面产生重大影响,甚至使组织的各种渠道畅通无阻。为此,应该把握一切有利时机,扩大本组织在政府部门中的信誉和影响,使政府了解本组织对国家和社会的贡献和取得的成就。例如,一个企业可以利用新厂房落成、新生产线投产、企业周年庆典、新技术新产品问世等机会,邀请、安排政府主管部门领导及党政要人出席企业的重要活动,主持奠基仪式或落成剪彩,参观新设备、新产品,通过种种现场活动,提高政府部门对本企业的信心和重视程度。

(二)与政府建立良好关系能够为组织形成有利的政策、法律、管理条例

政策、法律、管理条例是一个组织决策与活动的依据和基本规范,组织的一切行为都必须保持在政策法令许可的范围之内。通过良好的政府关系,组织能够及时了解有关政策的变动,能够较方便地争取到政策性的优惠或支持,能够对有关本组织的问题在进入法律程序或管理程序之前参与意见,使之对组织的发展有利。为此,应该主动建立和加强组织与政府有关部门之间的双向沟通。一方面,组织的公关部门应该详尽地分析、研究政府的方针、政策、法令,将分析、研究得到的结论提供给本组织领导及各部门参考,使组织的一切活动都保持在政策、法令许可的范围内,并随时按照政策、法令的变动来修正本组织的政策和活动。另一方面,组织的公关部门应随时将实际工作部门的具体情况上传至政府有关部门,并根据本地区、本行业、本部门的特殊情况，主动地提出新的政策设想和方案，并通过适当的渠道进行说服性的工作，协助发现及纠正政策执行中出现的偏差或失误。

此外，处理组织与政府的关系，还需要熟悉政府机构的内部层次、工作范围和办事程序，并与各主管部门的具体工作人员保持良好的关系，以免因办事未循正规的程序或越出固定的工作范围而走了弯路，减少人为造成的"公文旅行"或"踢皮球"现象，提高行政沟通的效率。

四、社区公众

社区公众指组织所在地的区域关系对象，包括当地的权力管理部门、地方团体组织、左邻右舍的居民百姓。社区关系亦称区域关系、地方关系、睦邻关系。社区是一个组织赖以生存和发展的基本环境，是组织的根基，与组织在空间上紧密地联系在一起，难以分离。共同的生存背景使社区公众具有"准自家人"的特点。

发展组织与社区的关系是为了争取社区公众对组织的了解、理解和支持，为组织创造一个稳固的生存环境；同时，体现组织对社区的责任和义务，通过与社区的关系扩大组织的区域性影响。

（一）社区关系直接影响着组织的生存环境

社区如同组织扎根的土壤，没有良好的社区关系，组织就会失去立足之地。社区公众是由特定的活动空间所确定的，区域性、空间性很强。地方性组织的活动直接受社区公众的制约，组织与社区的关系直接影响着组织其他各方面的关系，如员工家属关系、本地顾客关系、地方的政府关系和媒介关系等。跨区域性的组织也不能脱离特定的社区，甚至要善于同各种不同背景的社区公众打交道，以争取社区提供各种地方性的服务和支持，使跨区域性组织能够在各种完全不同的社区环境中生存和发展。因此，组织需要将社区作为自身发展的一个组成部分，将社区公众视作"准自家人"。

（二）社区关系直接影响着组织的公众形象

社区公众涉及当地社会政治、经济、文化、教育等各个方面和阶层，类型繁多，涉及面广，对组织客观上存在着各种不同的感受、要求和评价；由于处在同一社区，对组织的某一种评价和看法又极容易相互传播，形成区域性的影响，从而形成组织的某一种公众形象。很显然，组织的社区关系好坏，直接影响着组织的社会公众形象。比如一家企业，即使产品很好，远销海外，但如果与社区的关系恶劣，所形成的不良形象最终也会影响到市场的销售。一个组织如果连左邻右舍的关系都处理不好，就很难在社会上获得良好的声誉。组织要提高自身在社区中的地位，就要树立一个"合格公民"的形象，主动承担必要的社会责任和义务,像爱护自己的家业一样爱护社区,在社区的物质文明和精神文明建设方面发挥中坚作用,为社区造福,为社区公众多作贡献。

◆ 案例驿站 4.2

海信:做企业公民的根本是赢得社会的尊敬

企业是经济社会的主体,随着经济环境的变化,社会责任对企业来讲,已经发展成了一个内在的需求。海信集团董事长周厚健认为,经过十多年的市场激战,生存并发展起来的品牌企业到了理性梳理生存法则和发展战略的时候了,企业伦理和商业道德必须摆上桌面。

"我们的理解是,做企业公民的根本是赢得社会的尊敬。从经济利益来讲,赢得社会尊敬是为了更好地、更持续地获取利润汇报。"周厚健对此体会深刻,他认为企业追求受尊敬反过来有助于实现其利润追求。以美国为例,统计研究显示,每年进入前50名的美国最受尊敬企业的利润率、资产回报率等各项财务数据的平均值明显优于每年进入财富500强的企业。

在这种思维之下,海信连续荣获 2005 年、2006 年"最受尊敬企业奖",连续荣获 2005 年、2006 年、2007 年"最佳企业公众形象奖"。

这种社会责任,最根本的是对"所有人利益"的关注。企业必须在技术创新等方面做好自己的实力,必须做好企业与员工、企业与社会、企业与客户的共同发展,必须把自己的发展建立在社会的发展之上。

这种社会责任,不仅是理性上的"关注所有人的利益",更多的是感性上的与社会同呼吸、共命运的轨迹。

2008 年 5 月的汶川地震,让整个中国陷入了悲痛。震区的人民群众需要救援,全社会迅速被动员起来。海信集团在 13 日上午,立即与各方沟通,决定专门向震区学校首批捐款 600 万。随后,海信员工也纷纷自发的组织起来,捐款 200 多万元。在这个过程中,很多海信员工捐完款后,看到最新的震区消息,又流着泪再次过来捐款。

从海信的经营管理层,到海信的每一位普通员工,都能毫不困难地想到:我们是属于这个社会的,我们与社会一起发展。

这不是偶然的,而是受影响于海信长期以来所坚持的观点、长期以来所走过的路、长期以来所认同的企业价值观。这种价值观已经让海信的员工们形成了习惯——重视技术,重视文化,重视教育。

资料来源:http://www.china.com.cn/news/gongyi

◆ **本章相关知识链接**

1. http：//www. fjtu. com. cn/

2. http：//www. chinapr. com. cn/

3. http：//www. hbhz. com/

◆ **本章练习题**

1.什么是旅游公共关系的客体？

2.公众的特点有哪些？

3.旅游业组织内部公众与外部公众分别包含哪些内容？

◆ **本章小结**

1. 本章结语

本章主要介绍了旅游公共关系的客体——公众的概念与基本特征。公众是公共关系的对象，它是客观存在的，不以人的主观意志而转移；它具有某种集合体性质，代表了由于共同利益而相互联系在一起的具有共同意志的多个个体的总和：可以是一个大群体，也可以是一个小群体；可以是多数群体，也可以是少数群体；可以是个人，也可以是组织。

深入研究公众的不同类型及各自的特点，科学地确定组织的目标公众是公共关系顺利构建的基础和起点。唯有如此，旅游业组织才可能将各种信息有效地传播给自己的公众，才能够协调好组织与公众之间的关系，也才能够在公众中树立自己的良好形象和声望。

2. 本章知识结构图

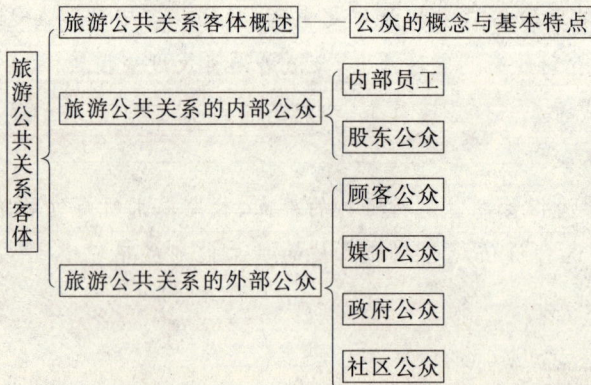

```
                旅游公共关系客体概述 —— 公众的概念与基本特点
旅
游                                    ┌ 内部员工
公   旅游公共关系的内部公众 ┤
共                                    └ 股东公众
关
系                                    ┌ 顾客公众
客                                    │ 媒介公众
体   旅游公共关系的外部公众 ┤
                                      │ 政府公众
                                      └ 社区公众
```

3. 本章核心概念

公众　　外部公众　　内部公众

◆ 实训练习

列举一个你熟悉的旅游业组织的基本目标公众,并对这些公众进行分析。

◆ 本章推荐阅读

关培兰.组织行为学.北京:中国人民大学出版社,2003

居延安.公共关系学.上海:复旦大学出版社,2001

◆ 本章练习题答案

1. 公共关系学中的公众,并不是广泛意义上的公众、民众,而是针对公共关系主体社会组织而言的公众,即与社会组织的运行发生一定关系的社会群体。就某一社会组织来说,它的公众既包括与它有关系(涵盖组织内部和组织外部)的个人,也包括与它有关系的其他社会组织。

2. 群体性、同质性、变化性、相关性。

3. 内部公众包括内部员工、股东公众;外部公众包括顾客公众、媒介公众、政府公众、社区公众。

第 五 章

旅游公共关系的媒介

学习目标

知识要点：了解传播的基本要素、模式和效果理论；理解旅游公共关系传播的方式、媒介和层次，掌握旅游公共关系有效传播的方法和技巧；掌握新闻策划的原则和方法；了解公共关系广告的类型，掌握公共关系广告策划的方法和技巧。

技能训练：选择某旅游组织，策划一次能够产生较大轰动效应的新闻事件，通过策划了解和掌握新闻传播的原则和方法。

能力拓展：应用所学理论和知识，为旅游城市或者景区策划创意旅游形象广告；要求以小组讨论形式进行头脑风暴，最后形成一份策划方案。

引 例

浴火重生——香港旅游业 V 型复苏

根据香港经济日报的统计，香港的国民收入中有 85% 来自服务业，而旅游业占了相当大的比例，与香港经济息息相关。2001 年的旅游业收益达 643 亿港元，访港旅客达 1375 万人次。2003 年初"非典"的爆发，对香港旅游业的打击最大。根据香港旅游发展局的资料，2003 年 5 月份，赴港旅客同比下跌 68% 至谷底，香港旅游收入减少了 123 亿港元。美国三大投资银行纷纷下调了对香港 2003 年 GDP 增长率预期，香港的失业率达到了空前的 8%。雪上加霜的是，香港旅游业受损波及了地区消费，从而打击了香港的零售业和消费服务业。

2003 年 6 月 23 日，世界卫生组织宣布香港从"非典"疫区名单中除名的当天，香港经济发展及劳工局局长联同旅发局主席举行记者招待会，正式公布激活"全球旅游推广计划"。

2003 年 6 月 23 日至 9 月 15 日,香港旅发局制作了 5 段新闻影带,分发到 69 个国家的 368 家电视台,并邀请了皇马球队、姚明等篮球巨星、奥运滑冰好手关颖珊等多位知名球队和人士,及 586 位国际传媒嘉宾访港宣传,接受传媒专访和出席演讲活动达 79 次。同时,香港旅发局组织了来自 17 个不同市场的 300 多家旅游代理商和 1930 位旅游业务代表赴香港考察。

2003 年 7 月 13 日起,旅发局推出为期两个月的"好客月"推广活动,联合旅游业界开展合作促销,并刺激旅游者和市民的消费金额。

2003 年 9 月起,为了确保旅游业持续复苏,巩固香港作为亚洲首屈一指旅游目的地的地位,旅发局策划了全球广告宣传活动。活动以"乐在此,爱在此!"为主题,由成龙担任全新电视宣传片的主角,在全球 16 个重点市场和 30 多个大城市播出。

旅发局配合郭富城主演的电视剧《动感豪情》开展大型的公关宣传活动,我国内地和台湾以及东南亚地区有 3 亿户家庭收看了此剧。旅发局与国家地理频道的《亚洲自我挑战赛》节目合作推广香港旅游。

2003 年 12 月,旅发局举办了"香港缤纷冬日节"大型活动。节目融合了西方节庆和中国传统特色,掀起了香港在圣诞和新年前后的旅游高潮。

2003 年 6 月开始,赴港旅客人数开始回升,2003 年 8、9 两个月的旅游业收入已分别同比增长了 9.6% 和 4.9%,酒店入住率由 5 月份的 18%,回升至 8 月份的 88%,香港旅游业成功地实现了"V"字型复苏。香港旅游业的快速复苏,使得香港经济摆脱了几年的负增长,通缩、高失业率、股市等都出现了止跌回升的实质增长。

案例引发的问题:旅游组织如何借助于新闻传播扩大影响,提高知名度和美誉度?

资料来源:笔者根据网络资料 http://www.edulife.com.cn 整理

第一节　传播的基本原理

一、传播的基本特征

"传播"(communication)一词来源于拉丁文 communicare,其本意为"共享",即信息传播者与受传者之间的交流与共享。《大英百科全书》则将其解释为"若干人或者一群人互相交换信息的行为"。我们认为,传播是指人与人之间进行的信息传递和分享,包括信息的制作、传递、接受、储存的全过程。这里所说的信息范围很广泛,是指人能感知和传达的一切,包括消息、意见、观念、知识、资料、数据等。传播作为信息交流的过程,主要具有以下特征。

(一)社会性

传播是人们维系社会活动而进行的一种社会行为,人们通过传播与他人交流,并建立社会联系。控制论的创始人诺伯特·维纳曾经说过:"传播是社会的黏合剂。"因此,任何传播行为都离不开社会,人类社会也离不开传播行为;没有了传播,也就没有社会。

(二)互动性

传播是双向互动性行为。传播者在向传播对象传播信息时,也随时接受来自对方的反馈信息,并不断地调整自己的传播行为,因此传播是一种双向的、互动的、循环的作用过程。

(三)工具性

信息传播是人们相互联系的工具和纽带,人们通过传播加强联系和沟通。因此从本质上讲,传播属于工具性行为,而不是目的性行为。公共关系必须研究和运用好这一重要工具来开展工作,而不能为传播而传播。

(四)共享性

传播的目的就是要与传播对象共同分享信息内容,从而在立场、观念、行为等方面达成共识。公共关系正是利用这一特性,有效地运用传播手段,与公众和社会形成相互了解、相互信任、共同发展的良好环境。

二、传播的要素

古希腊亚里士多德在其《修辞学》里就通过分析得出了传播的三个要素,即信源(传播者、信息),受信者(受众),信道。1926年美国政治和传播学家哈罗德·拉斯韦尔在他著名的论文《社会传播的结构与功能》中提出了关于传播的五要素公式,即有名的"拉斯韦尔公式":

Who,says what,in which channel,to whom,with what effects。

谁,说什么,通过什么渠道,对谁,取得了什么效果。

随着人们对传播学研究的不断深入,提出的传播要素也越来越多,归纳起来包括基本要素和隐含要素两个方面。

(一)基本要素

1. 信源

信源指信息的发布者或传播者,对于公共关系而言,一般是指社会组织。

2.信宿

信宿指信息的接受者,也叫做受传者或受众。受众可以是个人或群体,也可以是一个组织。

3.信息

从公共关系的角度看,信息是指人能感知和传达的一切,包括消息、意见、观念、知识、资料、数据等。

4.信道

信道指信息传播的媒介、途径、渠道,如报纸、电视、互联网等。

5.反馈

反馈指受传者对信息的反应。传者可以利用反馈来检验传播的效果,调整和改进下一步的工作。

(二)隐含要素

1.时空环境

时空环境即传播的时间和空间环境。"时"是指传播的时间、时机。公共关系传播必须选择适当的时间和时机,才能取得事半功倍的效果。而"空"则是指空间,包括视觉空间、听觉空间、心理空间等。同样的传播内容和方法,在不同的空间环境下,会产生不同的传播效果。

2.心理因素

心理因素指信息的受众的各种心理因素,包括认知、情感和体验等。在不同的心理状态下,人们接受信息的效果是不一样的。心理学原理揭示了这样一条规律:凡是在一定活动中伴随着使人"愉悦"的情绪体验都能使这种活动得到强化,而"不满意"的情绪体验都能使这种活动受到抑制。因此,传播行为的发生、延续和发展都是建立在双方心理相悦这一基础上的。正所谓"酒逢知己千杯少,话不投机半句多",所以公关人员在实施传播时,一定要了解和把握公众的心理动态和感受,引发公众的情感共鸣,才能取得良好的传播效果。

3.文化背景

传播是一种文化现象。在传播过程中,传、受双方的文化差异必然会对传播效果产生影响。不同的经济环境、风俗习惯、民族心理、效果特征、思维方式和价值观念等,使人们对同一信息内容可能产生不同的主观感受。

4.信息质量

信息质量包括信息本身的价值、加工质量、传播质量等。衡量信息质量的指标有三个。一是信息的相关性。对于受众而言,面临着大量的信息,与受众的相关性越大,越有价值的信息,也最容易被接受。二是信息的可靠性。真实的、可靠的信息更容易被受众接受。三是信息的精确性。精确的、有针对性的信息容易被受众认知、理解和接受,而模糊的、隐含的信息常常被受众忽视。

三、传播的基本模式

(一)单向传播模式

1948 年美国政治和传播学家哈罗德·拉斯韦尔在他著名的论文《社会传播的结构与功能》中提出经典的"5W 模式"(图 5-1)。

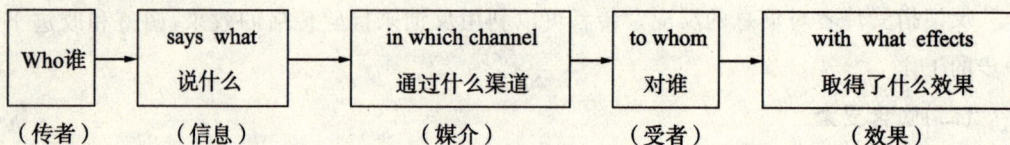

Who谁	→	says what 说什么	→	in which channel 通过什么渠道	→	to whom 对谁	→	with what effects 取得了什么效果
(传者)		(信息)		(媒介)		(受者)		(效果)

图 5-1　拉斯韦尔的"5W 模式"

(二)线性传播模式

1949 年,美国工程师香农和韦弗从信息论的角度提出了线性传播模式,又称"香农—韦弗"模式(图 5-2)。

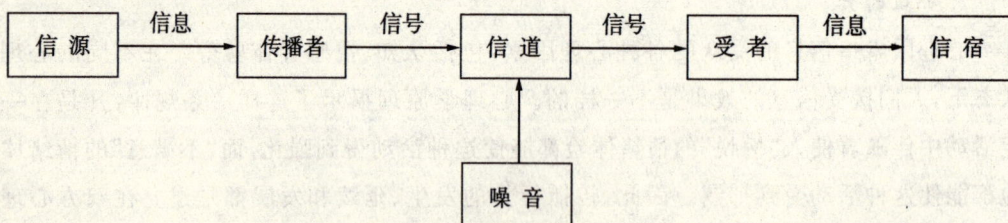

```
信  源 ──信息──→ 传播者 ──信号──→ 信  道 ──信号──→ 受  者 ──信息──→ 信  宿
                                      ↑
                                    噪  音
```

图 5-2　"香农—韦弗"模式

优点:

①揭示了传播的基本要素;

②提出了噪音干扰。

缺点:

①将传播看成单向过程,忽视了信息的反馈;

②忽视了传播过程中社会因素,传者和受者的主观因素的作用。

在信息传播过程中,由于受到各种干扰,使得信息无法准确地传递到受众那里。一是编码干扰,二是噪音干扰,三是译码干扰。为了检验传播效果,公共关系传播必须运用反馈的原理和手段。

(三)双向循环传播模式

1954 年,美国学者施拉姆在"香农—韦弗"模式的基础上,针对人际传播提出了双向循环传播模式(图 5-3)。

优点:

①将传播理解为双向运动过程,传者与受者双向互动;

②引进反馈机制,传播双方根据反馈信息调节与控制自身的行为,从而使整个传播系统处于良性循环的可控状态。

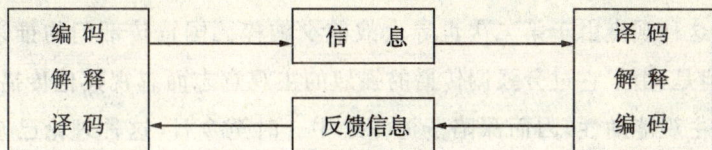

```
┌──────┐      ┌──────┐      ┌──────┐
│ 编 码 │ ───→ │ 信 息 │ ───→ │ 译 码 │
│ 解 释 │      ├──────┤      │ 解 释 │
│ 译 码 │ ←─── │ 反馈信息 │ ←─── │ 编 码 │
└──────┘      └──────┘      └──────┘
```

图 5-3　双向循环传播模式

(四)公共关系的传播模式

根据各种传播模式的优、缺点以及公共关系工作的特点,公共关系传播既要强调社会组织与公众之间的双向传播与交流,又要注重信息反馈,社会组织根据反馈信息,调整和控制自身的行为,使公共关系传播更加行之有效(图 5-4)。

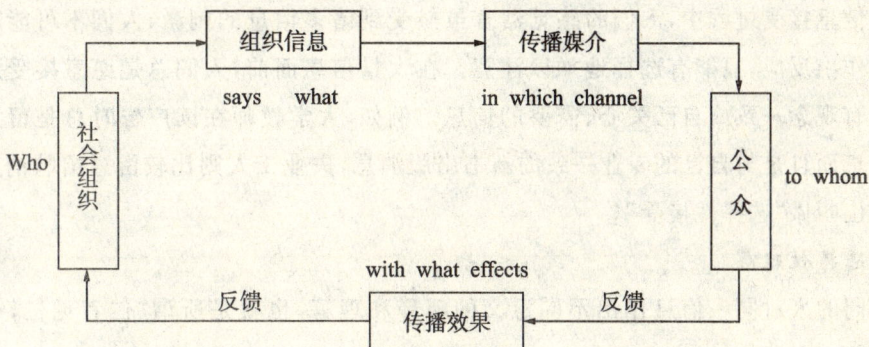

```
                    组织信息              传播媒介
                    says  what          in which channel
   ┌────┐                                              ┌────┐
Who│社会│                                              │公  │ to whom
   │组织│                                              │众  │
   └────┘           with what effects                 └────┘
      ↑        反馈    传播效果    反馈
```

图 5-4　公共关系传播模式

四、传播效果理论

传播效果是传播活动对受传者的心理和行为所产生的影响,它是一个比传播过程更为复杂的问题。因为公共关系的传播,无论是从内容渠道、受传者和传播者分析,还是从其他影响因素上分析,最终都落实到传播效果问题上来。下面简要介绍几种传播效果理论。

(一)枪弹论

"枪弹论"是 20 世纪 20~30 年代风行一时的传播效果理论,又被称为"皮下注射理论"。该理论认为:传播具有极其强大的威力,受传者就像是射击手面对的固定不变的靶子或是躺在病床上接受治疗的病人一样,只要枪口瞄准靶子,或者针头准确扎入病人身体的某部位,子弹或药水就会产生种种强大而神奇的效果。传播者只要使信息对准受传者,就可以把自己的思想、情感和动机灌注到受传者的脑海中,迅速使受传者的态度和行为发生改变。这种观点由于第二次世界大战前夕纳粹德国宣传部门的推崇和鼓吹运用而影响甚广,但是,由于它过分强调传播的强烈的主观意志而忽视其他传播要素,尤其是蔑视受传者的主观能动性,因而深陷于泥潭之中。时至今日,这种理论已基本被人们抛弃。

(二)"3S"理论

"3S"理论是 20 世纪 40 年代由美国传播学者克拉伯夫妇经过长期研究后提出的。这种理论认为,传播效果是有限的,受传者在接触媒介和接收信息时有很大的选择性,这个选择过程表现为三种现象,简称"3S"。

1. 选择性注意

在信息接受过程中,人们的感觉器官虽然受到诸多信息的刺激,人们不可能对所有的信息作出反应,只能有选择地加以注意。在大量信息面前,人们总是愿意接受那些与自己固有观念一致或自己关心、需要的信息。例如,大学教师在读广告时总是留意新书出版消息而且是与自己的专业一致的新书出版消息,失业工人则比较留意招聘消息。这种现象也叫做"选择性接受"。

2. 选择性理解

不同的人对同一信息作出不同意义的解释和理解,也就是所谓"仁者见仁,智者见智"。

3. 选择性记忆

人们只记忆对自己有利的信息,或只记自己愿意记忆的信息,而其余信息却被忘却。这种记忆上的取舍,称为选择性记忆。

传播效果有限论并不表明公共关系的传播只是提供大量信息去迎合受传者需要,对改变受传者的固有观念和引导受传者完全无能为力。研究发现,在那些与受传者尚无重大心理冲突的信息,通过公共关系人员的反复传播,可以培养受传者的兴趣,或在不知不觉中把某种新见解灌输给受传者;传播媒介重点突出某些事物,从而形成公众对它们相同的印象或看法,形成从众心理;在传播过程中,注重周围环境的可适性。上述三方面有机结合,就能有效克服受传者固有的一些传播障碍,如上述的选择性注意与理解或某些心理倾向。组织有一定的能力让他同多数人一样,按照传播媒介所指引的方向或做出的规范去形成或改变态度,采取行动。

(三)把关人理论

把关人又称守门人(gate keeper),是指在信息传播过程中对信息的提供、制作、编辑和报道能够采取"疏导"与"抑制"行为的关键人物。把关人理论出自于德国社会心理学家库尔特·卢因在 1947 年所写的《群体生活的渠道》。把关人的传播行为,包括"疏导"和"抑制"两个方面,主要取决于自己的预存立场,包括自己原有的意见、经验、兴趣和精神状态等。

(四)两级传播论

两级传播论是美国著名社会学家拉扎斯菲尔德提出的。他指出,信息的传递是按照"媒介—意见领袖—受众"这种两级传播模式进行的。意见领袖又称"舆论指导者",是指社会活动中能有较多机会接触来自各种渠道的信息的人,即"消息灵通人士";或对某一领域有丰富知识与经验的"权威专家",其态度和意见对广大公众影响较大的那一部分人。

(五)议题设置理论

议题设置是指大众传播对某些议题的着重强调和这些议题在公众中受重视的程度构成强烈的正比关系,即在大众传播中越突出某一事件,多次、大量地报道某一事件,就会使社会中的公众突出地议论这一话题。这一理论是 20 世纪 70 年代传播理论研究中最热门的课题之一,麦库姆斯是其中最杰出的研究者。议题设置理论基于两个观点:一是各种传播媒介对传播信息的"过滤作用";二是面对传播过多的信息环境公众常常感到无所适从。

第二节　旅游公共关系传播

旅游公共关系传播是指旅游组织与公众之间,利用一定的载体和途径有目的地交流信息,试图建立共同的意识和行为的活动。

信息传播是公共关系主体与客体联系的纽带和媒介,也是开展公共关系的基本手段。离开了传播,也就不会有公共关系活动存在。同时,公共关系极大地丰富了传播的理论、方法和手段,可以说,公共关系和传播之间相辅相成、共同发展。

一、旅游公共关系传播的方式

(一)人际传播

人际传播是人与人直接交流、传播信息的行为。人际传播包括面对面的人际传播和非面对面的人际传播两种情况;前者如交谈、讲课、举行报告会等,后者如打电话、写信等。

人际传播具有以下特征。

1. 针对性

人际传播因为是针对具体对象的,所以往往目标明确,传播时可以根据不同的公众和具体环境进行,因此双方容易理解和沟通。与其他传播方式相比,由于传播双方直接交流,因此人们对传播内容无法加以选择或置之不理。

2. 灵活性

人际传播无论在时间和空间上都有很大的自由度,传播的手段和方法也有很大的灵活性。另外,人际传播的信息反馈及时,传播者能够及时了解传播效果,见机行事,根据受传者的反应调整传播的内容、态度和方式。

3. 情感性

人际传播是一种面对面的交流。它能够调动和刺激人的全部感官(视觉、听觉、嗅觉、触觉、味觉)要素,更完整也更有效地传递信息,能够给受传者留下更深刻的印象。同时,人际传播具有强烈的感情色彩,使受传者受到情的感染、理的引导,很容易被感化、被激发,能够产生以情动人的传播效果。

4. 局限性

人际传播内容的容量小,传播范围受到限制,传播的影响力有限,不能满足大规模的传播要求。

(二)大众传播

所谓大众传播,是指职业传播机构或传播者,通过现代化的大众传播媒介,将大量的复制的信息传播给广泛而分散的公众的活动。

大众传播具有以下特征。

1. 广泛性

广泛性指大众传播的信息具有广泛性。无论是报纸杂志,还是电视广播,都希望有更多的受众,因此传播的内容要满足广大对象的各种要求,引起他们广泛的兴趣,所以信息量大是可想而知的。另外,传播的受众范围广泛。大众传播拥有大量的受众,涉及不同的地域和不同的阶层。

2.间接性

间接性指一方面,大众传播的信息复制和传播容易受到干扰而失真;另一方面,信息反馈迟缓,难以快速检验传播效果。

3.专业性

专业性指传播机构的高度专业化和传播手段的技术化。现代大众传播是个专业化很强的行业。它由专业机构和专门人员从事,如报社、杂志社、电台、电视台和其中的记者、编辑们。同时,大众传播借助于现代印刷、摄影、电话、电传、无线电、激光等技术手段,机器复杂,操作难度和技术含量很高。

4.高效性

高效性指信息量大,传播速度快。大众传播使用现代传媒,大量高速地复制和传递信息。网络和其他电子媒介同步传播已使所有信息瞬间即至,具有强大的公众舆论影响力。所以,大众传播成为公共关系工作最有效的手段。

随着科技的进步和经济的发展,大众传播手段迅速发展。从报纸、杂志到广播、电视,再到互联网……有人说,今天的社会是"大众传播社会",今天的时代是"大众传播时代",要想获得成功,必须认识和掌握大众传播。

(三)组织传播

组织传播是社会组织通过各种传播媒介和形式与公众进行的信息传播活动。组织传播既可以利用人际传播来进行,又可以借助大众传播媒介进行,还可以利用自控媒介进行。

组织传播具有以下特征。

1.传播活动的可控性

组织传播的主体是组织,传播活动受组织目标、利益的制约,因此在传播信息、传播渠道、传播对象、传播手段方面受到组织的控制。

2.传播对象的特定性

组织传播的目的明确,每一次传播都是针对特定的公众对象进行的。例如,针对内部员工的传播,可以通过内部会议、文件、简报等方式传播;如果是外部公众,可以通过广告等方式进行大众传播。

3.传播方法的多样性

组织面对外部公众对象的多样性,在传播活动中必须综合运用人际传播、小团体传播、公众传播和大众传播等方式,集各种媒介的优势,广泛开展传播。

组织传播是公共关系加强内外沟通、密切公众联系、改善组织形象的重要方式。

二、旅游公共关系的传播媒介

传播媒介是信息传播和交流的途径、方式和手段,是信息传播的载体。没有传播媒介,信息就无法实现传播。

(一)旅游公共关系传播媒介的分类和特点

1. 按传播媒介的物质形式划分

(1)符号媒介

语言、文字、图像、声音等在传播学中被称为符号,将它们组成特定的编码系统,则是符号媒介,它包括语言媒介、文字媒介和技术媒介三种。符号媒介是现代社会运用最广泛的传播媒介,也是公共关系工作最重要的媒介,因此,公共关系人员必须具备一定的符号编码技术如写作、设计等。

(2)实物媒介

实物媒介指运用实物传播信息,主要包括产品、礼品、象征物(吉祥物)等。俗话说:眼见为实,耳听为虚。实物媒介具有较强的可视性、可信性,但传播范围较小。

(3)人体媒介。人的谈吐、行为、服饰等都可传递一定的信息。人体媒介是一种特殊的传播媒介,易于建立双方情感,树立组织形象。

2. 按传播媒介的社会属性划分

(1)大众传播媒介

大众传播媒介指在社会分工中,专门负责向社会传播公共信息的各种媒介,如新闻媒介、政府有关统计、公报等。

(2)自控传播媒介

自控传播媒介指社会组织自己控制和掌握的媒介,如内部报刊、电视、广播、黑板报、宣传栏等。

(3)人体传播媒介

人体传播媒介是指借助于人的语言、行为、外在形象(表情、服饰、举止)、内在素质和社会影响作为信息传递的载体,如旅游形象大使、形象代言人、酒店金钥匙代表等。

(二)大众传播媒介以及特征

大众传播媒介是现代科技发展的产物,与其他传播媒介相比,其传播范围广、速度快、影响大,因此在旅游公共关系中发挥着巨大作用。

1. 报纸

报纸作为一种大众传播媒介,是以客观事实报道和评论为主要内容,利用印刷文

字,以比较短的间隔定期发行的媒体。报纸作为旅游公共关系的传播媒介具有以下优点:

(1)信息容量大

报纸可以及时刊载国内外各种消息、报道、评论、新闻图片和理论文章,而且还可以根据信息量的多少,随时增加版面,扩大信息的总容量,而广播、电视等媒介,由于受时间限制,在增加新节目的同时必须挤掉或者压缩原来的节目。

(2)读者获取信息的主动权大

读者可根据自身的习惯、兴趣、能力来选择阅读速度、时间、地点和内容,可以一目十行,也可以逐字推敲;可以在办公地点阅读,也可以在交通工具上阅读;可以有选择性地阅读自己感兴趣的内容。

(3)信息便于保存和检索

面对面的人际传播,稍纵即逝;电视媒介传播若不专门录制,很快也会消失,唯有报纸能把各种事实、数字信息有效保存起来。

(4)报纸成本低廉,制作简便

这是电影、电视、广播等无法相比的,而且随着现代科技的发展,计算机排版技术的广泛应用,使其在出版速度和质量上都有了飞速发展。

报纸也有不足之处:

①报纸要求读者具有一定的文化水平和理解能力,这在客观上限制了读者数量和传播范围。

②报纸由于受地域、交通、气候、灾难、战争等因素的影响和制约,传播的范围和速度不如广播、电视等媒介。

③报纸主要依靠文字传播,不像广播和电视那样,有亲切的声音、生动的画面,因而感染力相对较差。

2. 杂志

杂志又称期刊、刊物,包括定期和不定期两种。杂志是报纸向深度和广度延伸的产物,与报纸相比具有以下优点:

(1)杂志内容以"深"和"广"取胜

相对于报纸而言,杂志的内容更深入细致,报道更详尽、完整、系统。

(2)专业性强,有稳定的读者群

杂志大多是专业性的,其读者对该专业感兴趣,更愿意深度阅读和领悟,因此对传播的信息印象更加深刻。

（3）印刷精美，感染力强

随着现代印刷技术的飞跃发展，杂志印刷越来越精美，图文并茂，能够产生强烈的视觉冲击力和内心的感染力。

杂志也具有一些本身无法克服的缺点：

（1）出版周期长，信息传播的即时性差

杂志有半月刊、月刊、双月刊、季刊等，由于出版发行周期的原因，很多信息不能及时传播。

（2）受众面较窄，传播范围受到限制

杂志因专业性太强，无法照顾一般读者的阅读水平，读者群不如报纸广泛。受发行因素的影响，杂志的传播范围也不如广播、电视覆盖面大，无法形成强大的宣传效应。因此，公共关系传播在选择杂志作传播媒介时，必须十分慎重。

3. 广播

广播是利用有线和无线电波传播信息的一种传播媒介。广播技术最早出现在西方，是作为娱乐工具来到世界上的，如今已遍及世界的每一个角落，成为一种多功能的大众传播媒介。广播的主要优点有：

（1）传播速度快，范围广，影响大

广播具有极快的传递信息速度，可以超越时间、地域上的局限，其传播之迅速、覆盖面之广是任何大众媒介所无法比拟的。

（2）收听方便，受众面广

收听广播可不受时空限制，随时随地收听，因此机动灵活。广播以声音传递信息，适合不同文化程度的广大受众。在传播内容方面，广播既能够报道各种新闻，又能够普及科学知识，还能够提供各种娱乐，因而能够满足不同阶层、不同年龄、不同文化、不同职业的听众的多方面需要。

（3）与受众交流直接，感染力强

广播对广大受传播者来说有较强的接近性，因为传播者的传播与受传者的收听同步进行，使受传者获得了相当程度的参与感，双方就好像在进行面对面的交流，更接近面对面的人际传播。广播以口语化的语言和音响作为传播的主要手段，且辅之以抑扬顿挫的音调来打动听众，表达亲切感人，较报纸、杂志具有更强的感染力。

（4）制作方便，费用较低

与电视节目制作相比，广播设备简单。节目制作方面，如现场直播节目，电视要携带各种录像、录音设备，还要考虑灯光、音响等条件，而广播直播却要简便得多。另外，受众收听广播的费用低廉,只需花几十元购买一台收音机就可以长时间免费收听很多频道的广播节目。

广播存在的缺点主要有:

(1)信息难以贮存

广播传播信息,稍纵即逝,如不及时录音,信息即无法留存。

(2)形象感不强

广播通过语言、音响影响受传者,没有图像,也不能展现图片、图表。因此,在形象感方面比不上电视、电影,甚至比不上报纸。

(3)听众不能主动地选择信息

听众自由选择节目的范围有限,一次只能收听一个频道,收听某一节目又受节目播出时间的限制,一旦错过就再难收到;收听广播必须按播音顺序来听,不能加速、减速或更换。总之,听众完全受广播预先排定的节目顺序、时间、速度的支配,处于被动接受的地位。

4.电视

电视是以声音和图像为主的大众传播媒介。电视的产生虽晚于广播,但其发展十分迅速,到目前为止已遍及世界各地。现代生活中,人们越来越离不开电视,电视成为旅游公共关系最重要的传播媒介之一。其优点表现在:

(1)声像结合,信息的可靠性强

电视将文字、声音、图像信息三者有机地结合起来,使信息更加真实,更加直观。电视节目特别是直播节目,能够使电视观众产生亲临其境的感觉,增加信息的可靠性。

(2)形象生动,感染力强

电视节目融多种艺术手段为一体,声像并茂,内容更加生动,容易使观众的情绪受到感染,产生强烈的刺激和共鸣,传播效果深入而持久。

(3)观众普及,传播范围广泛

如今电视频道众多,节目丰富多彩,能够适合各种观众的需要。电视观众也不受年龄、职业和文化层次的限制,老少皆宜。

电视也有自身的缺点:

(1)传播的声像信息瞬间即逝,不便记录和保存。

(2)受经济、场所和技术等因素的制约,传播的范围受限。电视不能像报纸、广播那样随时随地看或听,必须有电视机才能观看。在许多偏远贫困的乡村,由于技术的原因,有线电视尚未开通,收看的电视频道也很少,甚至有人因贫困买不起电视,因此传播的范围和对象受到限制。

5.互联网

互联网（Internet）出现于 20 世纪 60 年代，是伴随着电子计算机的出现而诞生的，是目前全球信息量最大的、最开放的计算机网络。互联网的出现，极大地改变了人们的生活，也使信息传播产生了重大的变革。

与其他媒介相比，互联网有以下优点：

（1）超越时空，范围广泛

互联网的传播是在电子空间进行的，能够突破现实空间的许多障碍和限制，只要连接网络，就可以随时随地接受和传递信息，而不受时间和距离的限制，被称为"无边界的媒介"。

（2）高度开放，彰显个性

互联网是一个高度开放的系统，在这个虚拟的空间里，只要不违反相关法律，任何人都可以利用网络自由平等地传播和获取信息。互联网传播还实现了一系列个性化的服务，包括信息内容的制作、媒体的运用和控制、信息的传播和接受方式等，都具有鲜明的个性特征。

（3）多媒体传播，实现双向沟通与互动

互联网以超文本的形式使文字、数据、声音、图像等信息转化为计算机语言进行传递，它综合了报纸、杂志、广播、电视、电话、传真等各种媒介的优势和特点，使信息以各种形式在网上高速传递。网络还融合了人际传播和大众传播的优势，实现了大范围和远距离的双向沟通和互动交流，大大增强了受众在信息传播时的主动性和参与性。

（4）功能强大，成本低廉

与其他电子媒介相比，互联网提供了很多功能和服务，既可以浏览新闻资讯，又可以发送电子邮件；既可以查询各种信息资料，又可以进行网络聊天和游戏，而且很多功能都免费提供，如 QQ 聊天、电子邮箱等，大大降低了受众的消费成本。

互联网也存在不足之处，主要表现在：

（1）信息传播的不可控性

互联网作为高度开放的信息空间，任何人都可以自由地上传各种信息，从而影响了信息的真实性、可靠性，网上的各种信息鱼目混杂、真假难辨，受众需要去伪存真，才能获得有用的、可靠的信息。

（2）安全性差

互联网目前在技术、管理等方面还存在着诸多缺陷，导致个人信息的安全性差。黑客和网络病毒的侵袭往往会导致计算机系统瘫痪和个人信息资料的丢失；不法分子还利用电脑病毒盗取用户的各种资料信息,使用户蒙受经济损失;网上人肉搜索使用户的个人隐私受到严重侵害,等等。

互联网从诞生至今只有40多年的历史,但无论是网络技术,还是普及率都得到了迅猛发展,其应用领域也不断扩大,上网方式已从最初拨号上网为主发展到以宽带和手机上网为主,上网人数也迅速增长。据统计,到2009年底,世界网民数量已超过15亿人,占世界人口的25%以上;我国网民人数达4亿多,普及率达到28.9%,超过美国成为世界上网民数量最多的国家。互联网与经济不断融合,2009年我国电子商务交易总额突破4万亿元。互联网成为当今社会最强大的信息平台和传播媒介,它影响和改变着整个世界。因此,公关人员一定要善于运用网络技术传播组织信息,实现旅游组织的公关目标。

三、旅游公共关系传播的层次

公共关系传播的目的在于向公众传播信息,沟通感情,影响公众的态度和行为。要实现这一目的,必须根据不同的公众,采取不同的传播方式和手段。

(一)信息层次——传播信息

信息层次是公共关系传播最基本的层次。旅游组织通过各种传播媒介,将组织的信息传播给公众,让公众更多地了解组织,成为组织的知晓公众。

信息层次传播的首要任务就是提高旅游组织的知名度和美誉度。因此,在信息传播时必须客观真实,只有客观真实的信息,才能使公众更准确地了解和认识旅游组织,并对组织产生信任和好感。其次,要尽量加大信息传播的频率和强度,让更多的公众接受到组织的信息,让接收者受到强烈的信息刺激,形成深刻印象。例如,河南焦作的云台山景区通过赞助我国的青少年乒乓球事业而名声大振,吸引了全国的公众关注并前往旅游观光。

(二)情感层次——联络情感

情感层次主要是针对知晓公众进行传播。通过组织与公众之间的情感交流和沟通,使公众对组织不仅要了解,还要产生依赖感和信任感,对内部公众产生向心力和凝聚力,对外部公众产生吸引力和感召力。

情感层次是传播的中间层次,也是最为复杂的传播层次。首先,要善于借助新闻媒介的作用。作为大众传播媒介,新闻媒介容易使公众对旅游组织产生信任,影响力和感染力大。其次,要加强即时沟通和情感交流。例如,一封感人肺腑的信函、一段情真意切的欢迎词、一场热烈非凡的联欢会、一次盛情难却的答谢宴会都能够与公众更好地联络感情,达到以情动人、以诚动人的良好效果。第三,要掌握高超的传播技巧,运用专业的传播手段,以提高传播的效率,达到良好的传播效果。

(三)态度层次——改变态度

态度决定一切。公众是旅游组织的支持者还是反对者,主要取决于公众对组织所持的态度。公众在了解组织的信息后,便形成了对组织的态度或看法,这种态度或看法可能具有两种相反的趋向(图5-5)。人的态度一旦形成就具有相对稳定性,从而转化为心理定式,难以改变。因此,公共关系工作的任务就是要通过传播,使公众对组织的态度产生正态趋向。

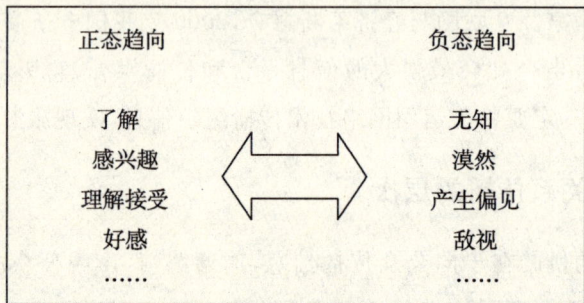

```
正态趋向              负态趋向

了解                  无知
感兴趣       <==>      漠然
理解接受              产生偏见
好感                  敌视
……                  ……
```

图 5-5　人的情感态度趋向

(四)行为层次

行为层次是传播的最高层次,公众对组织形成了态度后必定产生相应的行为。当旅游组织形象良好、公众对组织的态度积极友善时,要通过传播使公众对组织产生积极的行为,如拥护旅游组织决定、购买旅游企业产品等。当旅游组织形象不佳、公众对组织的态度消极抵触时,要通过传播改善公众对组织的态度,抑制消极的行为发生,如员工消极怠工、旅游者向新闻媒介投诉等。

行为层次的传播要求目的性强,信息明确,便于公众采取行动。同时,要加强信息传播的即时性,要在公众行动前传播相关信息。

以上四个层次相互联系。信息层次是其他层次的基础,公众只有了解了组织的信息后才能产生情感,进而形成态度,而态度又是行动的先导,不同的态度会引发不同的行动,因此必须做好每一个层次的传播。

四、旅游公共关系有效传播的因素

公共关系传播的媒介、手段、方式都不是公关传播的最终目的。公共关系传播是围绕公关效果展开的,取得良好的公关效果、带来具体的公关利益是公共关系实务的最高目标。那么,如何才能做到有效传播呢?

(一)传播者

传播者是信息传播的起点,是实现有效传播的首要因素。

1.传播者的权威性

传播者的权威性取决于其专业性和社会影响力。专业的机构和专业人士传播的信息更容易被接受，也更容易改变人们的态度和看法。因此，在公共关系传播时，尽量请权威机构和专家学者发表意见或者代言，增加公众的信任度。另外，传播者的知名度和社会影响力也会对传播产生重要影响，社会知名人士如体育明星、影视明星、社会名流等，对传播都会产生巨大的影响力。

2.传播者的客观性

传播者的立场、观点越客观、公正，越能够受到受众的认可。因此，公共关系传播尽量选择持客观立场和观点、公信力强的传播者，如新闻媒体、公证机构等。

3.传播者的亲和力

传播者的亲和力强，受公众欢迎程度高，其传播效果就好；相反，传播者亲和力差，不受公众欢迎，则传播效果也不佳。因此，在选择传播者时，一定要考虑其亲和力和受公众欢迎的程度，尽量选择品德优秀、公众形象好的传播者。旅游组织的公关人员也要培养良好的道德品质，塑造良好的个人形象，提高自身的亲和力。

(二)传播的信息

1.信息的客观真实性

从公众的认可和接受的角度看，越是客观真实的信息越容易被公众接受。而从公共关系的角度看，信息的真实性是公共关系的根本，因此，旅游公共关系传播必须强调信息的真实性，只有将事实真相告知公众，才能赢得观众的信赖，树立良好的组织形象。

2.信息内容的相关性

根据受众的"3S"传播理论，传播对象存在着选择性接受、理解和记忆，越是与公众相关的信息，越容易被他们所接受。因此，公共关系传播必须考虑信息与公众的相关程度，传播内容与公众的观念、兴趣、需要等结合起来才能达到良好的传播效果。

3.信息加工的准确性

只有信息的准确加工，才能保证公众接收到准确的信息，因此，公关人员要掌握信息加工的各种能力，如写作能力、平面设计能力、编印校对能力等。

4.信息传播的显著性

首先是信息的新鲜性。人们总是对新鲜的事物和信息更感兴趣，因此，传播的信息要新颖奇特、富有吸引力。其次是信息的即时性。及时地将组织的最新的信息传播给公众，让他们在第一时间掌握组织的状况信息。最后是在信息传播过程中，要通过不断的重复和强化，使公众受到强烈的刺激，加深印象。

(三)传播媒介

传播媒介是信息的载体,也是影响传播有效性的重要因素。因此,旅游公关人员首先要了解和掌握各种媒介的特征,如媒介的性质、传播范围、公众的认可度等,并根据公共关系传播的需要选择恰当的媒介。

(四)受众

1. 了解公众

对于公共关系而言,信息的受众就是公众,不同的公众在信息的识别、选择和译码等方面也存在着差异,因此,必须了解公众,包括他们的心理特征、文化背景、接受能力等,做到有的放矢,有针对性地将组织的信息传播给公众。

2. 顺从公众

公共关系传播必须投公众所好,适应公众的心理、行为和价值观等。传播者必须牢记:"改变公众要比改变自己困难得多。"尤其是当传播效果不好时,要改变的不是公众,而是传播者自己。要根据公众的特征,调整传播者的自身行为和传播方式。

(五)时空环境

1. 时间因素

从时间的角度分析,是用单位时间所传播的有效信息量来衡量传播效果的。要想实现有效传播,传播者首先要遵时守信,尤其是在人际传播时,姗姗来迟或者无故失约都会给公众在心理和情感上产生负面影响,影响传播效果。其次,要在有限的时间内把更多的信息传播给公众,要求传播者具有较强的信息加工能力和表达能力。第三,要掌握传播的时机。从公众的角度分析,人在不同的情况下接受信息的效果不一样,在情绪低落、体力不佳时就会因为精力不集中影响接受信息的效果,因此,要尽量避免在这种情况下传播信息。

2. 空间环境

传播是在一定的空间环境中进行的。从宏观方面分析,组织的外部环境对公共关系传播有着重要影响。例如,国内外发生重大事件时,公众的注意力都集中在这些重大事件上,与此相关的信息就受到关注;相反,其他信息往往被忽视。从微观方面分析,传播双方的距离、空间、氛围等都会影响传播的效果,如人际交流双方要保持一定的距离、要创造良好的交流氛围等。

五、旅游公共关系有效传播的方法

根据我国学者邵培仁、唐克西等人的研究,改善传播效果的方法和技巧主要有以下几种。

（一）美化

美化就是给人物或事物加上一些美好的评价或修饰，从而使人产生一个美好的印象，因而无须验证就予以接受或赞赏。在政治宣传、文艺广告和商业广告中，我们常常可体会到这种手法。

运用美化的基本条件有：

①美化对象要可信，即具有被美化的条件。

②美化要适度，用词要慎重。过分美化或远离实际的胡乱吹捧是对受传者的欺骗和愚弄，将导致传播的最终失败，使受传者对传播者及其传播内容产生不信任感和逆反心理。

（二）典型示范

典型示范是指请具有一定声望、名誉或经验丰富的人对受传者现身说法，来证明和评价人物、事物和观点。在各种广告中，我们常可以看到一些名人、歌星、影星、运动员在使用某种食品、药品及其他生活用品后，用自己的感受来证明这些物品"味道（效果）好极了"，目的在于利用"名人效应"来吸引和说服受传者。例如，力士洗浴用品自进入中国以来，就曾先后邀请国际影星娜塔莎·金斯基、张曼玉、刘嘉玲、舒淇等人在电视屏幕上反复亮相，名人身上的光环效应以及她们所具有的美的特质，激起公众对美的向往和追求，使力士洗浴用品成为最受消费者欢迎的产品之一。

（三）引证

有选择、有针对性地引用名人、名家、名言、名句，或是列举已有公论的经典事例和理论，也是在公关传播中说服对方、增强传播力量的一种有效方法。这种方法有目的、有倾向性地引用一些对自己有利的事实、论点来证明自己的观点、方案或产品，无疑会产生一定的引导效应，让公众相信和接受传播信息。例如，在广告传播中大量引用权威部门或权威人士的鉴定意见，或引用大量数据，抛弃那些于己不利的意见和数据，这是引证的具体运用。广州宝洁公司生产的佳洁士牙膏反复表明自己通过了世界牙防组织的健康认证，我们在电视广告中看到的全国消费者协会推荐产品、国家中药保护品种等，都是引证的具体运用。

（四）重复与强调

重复就是让传播信息多次反复地出现，从而让公众记忆和接受。当一个观念被传播者不厌其烦地向传播对象多次灌输后，就会使对方产生条件反射，就会产生"不用想起、不会忘记"的效应。但要注意在一定时间段内，重复的次数不能太多、频率不能太高；否则，可能招致受传者的反感甚至厌烦。

强调则是从加强信息的强度、对比度、新鲜度的角度入手，增加信息刺激的强度，以引起人们的选择性注意。如报纸上粗大的套红标题、高层建筑物上树起的巨幅广告等。

(五)角色扮演

角色扮演是指传播者为了使特定的受传者相信并接受自己的观点,而以与受传者相同或相近的身份、地位出现。这种方法往往可以使受传者对传播者产生"自己人"的感觉,缩小双方的心理距离和社会距离,从而接受传播者的观点。例如,法国一家保险公司为其开办的老人保险业务做广告,先是采取了很多劝说方式,但对老人们吸引力不大。后来,这家保险公司从巴黎郊区请来一位老太太,让她在屏幕上同观众交谈保险的益处,结果引起大批同她类似的老年人的注意。这种"自己"传播,减小了商业色彩,收到了良好的效果。

(六)号召随从

号召随从要求传播者了解团体背景对个人的影响,具体地讲,是让某一团体提出或支持某观点,并说明它已广为接受,唤起诸多受传者随大流的从众心理。团体对个人的影响可以从一些实验中得知。例如,受试者坐在一群朋友当中,请他与朋友们辨认摆在面前的三根木棍哪根最长。坐在受试者周围的朋友遵守实验者的约定,纷纷提出木棍 B 最长。事实上并不是木棍 B 最长,但因为大家都这么说,受试者会显得犹豫不决,进而怀疑自己的既定判断。实验表明,30%的受试者会附和周围人的错误结论。在商业广告中,让某些权威团体来预告未来某个时期某种产品将流行畅销就是运用了号召随从的方法。

(七)唤起情感

社会心理学实验证明,情感具有推动和促成人行为的力量。在公共关系传播中,"动之以情,晓之以理",从而在感情的驱动下运用逻辑的力量使受传者接受传播者观点和态度,这就是唤起情感。情感的煽动往往能产生别的方法所不及的效果。

威力洗衣机的一则广告就巧妙地运用了这种方法。电视里一个青年女子柔柔的声音"妈妈,我又梦见了村边的小溪,梦见妈妈,梦见了你。妈妈,我送给你一件好东西!""威力洗衣机,献给母亲的爱!"这则广告唤起了公众对母亲的拳拳深情,当然就取得了很好的效果。

(八)演示

通过实验或演示的方法向公众解释组织的信息(观点、论据、事实等)。

例如,江苏某席梦思厂为打开市场,精心策划了一次现场实验,用压路机碾压席梦思床垫,在场的数千观众看后赞不绝口,该厂研制的席梦思床垫由此声誉大振,销量一路上升。

(九)经验说明

事物的发展前车之辙总是后车之鉴。经验说明的方法就是让事实说话。在公关传播中,采用历史法、经验法、教训法、事实法和现身说法等方法,是效果最直接、可信度最强的一种方法。一般来说,有事实印证就要让其他方法放在次要位置,因为事实说话最有力。这也是最受传播对象欢迎的一种方法。

（十）分析归纳

分析是通过对事物的分解，让对方看清事物内部的构成和运动规律，从而从本质上相信和接受传播者的主张和观点，但分解后的事物是片面的、局部的，所以在分析阶段产生清晰的认识后，要通过对各个部分的归纳让传播对象认识到事物的全貌。

总之，恰当地运用一定的传播方法，能帮助我们克服各种传播障碍，准确、顺利地完成信息传递，获得理想的传播效果，实现公共关系计划，达到组织的目标。

公共关系工作人员要注意研究各种传播媒介的特点，根据不同的公众对象、不同的时间条件、不同的工作目标和传播内容来选用不同的传播媒介，这样才能使所传送的内容达到有效传输，从而顺利达到信息传播的目的。

◆ 案例驿站 5.1

小燕子的一封信

日本古都奈良处于青山环抱之中，既有金碧辉煌的名胜古迹，又有美丽摇曳的樱花。每到春夏季节，旅游的人们纷至沓来、摩肩接踵。

在这里有一家旅馆，环境优美，设施一流，服务殷勤周到，每年都吸引众多的客人来此度假、消费，但美中不足的是，每年的四月份，大批的燕子从南方飞来，在旅馆的房檐下"安营扎寨"，繁衍后代。刚刚孵出的小燕子随意排泄粪便，尽管服务员不停地擦洗，但窗户上的玻璃和走廊里到处是斑斑的粪便。客人感到十分扫兴和不快，服务员也常常向经理抱怨。旅馆经理爱屋及乌，不忍心将这些小燕子赶走，但又无法解决这一难题，十分苦恼。

一天，旅馆经理终于想出一条妙计。于是，旅馆中客人都接到了这样一封信：

女士们、先生们：

你们好！我们是刚从南方赶来过春天的小燕子，没有征得主人的同意，就在这儿安了家，还生儿育女。我们的小宝宝年幼无知，很不懂事，常常随地大小便，弄脏了你们的玻璃和走廊，致使您很不愉快，我们很过意不去，请女士们、先生们多多原谅。

还有一事恳求女士们、先生们，请您千万不要埋怨服务员小姐，她们是经常打扫的，只是擦不胜擦，这完全是我们的过错。请您稍等一会儿，她们就来打扫了。

您的朋友　小燕子

显然，这是旅馆经理以小燕子的名义，写信向客人解释和道歉。看了这封信后，客人不但不再责怪旅馆和服务员，而且每年春天还有很多人赶到这里来看望可爱的小燕子。

案例引发的问题：如何评价旅馆经理的公关策略和技巧？

案例来源：张岩松等.公共关系案例精选精析[M].中国社会科学出版社,2006

第三节　旅游公共关系与新闻传播

新闻传播作为大众传播方式,主要是利用报纸、杂志、广播、电视、网络等大众传播媒介进行传播。运用新闻传播,将旅游组织的信息准确、及时、高效地传递给公众,树立良好的组织形象和声誉,实现组织目标,已成为旅游公共关系传播中最重要的途径。

一、新闻传播的优势

(一)可信度高

首先,在传播内容方面,新闻报道强调客观、真实,传播的信息更容易得到公众的认可、接受。其次,在媒体属性方面,新闻媒体大多为政府部门或独立社团主办,与旅游组织不存在任何利益关联,能够保持传播的独立性和公正性。第三,在传播主体方面,新闻工作者扮演"第三人"角色,传播的信息具有较高的可信度。

(二)社会影响大

新闻报道要求内容具有典型性、重要性,与公众利益密切相关,更容易受到公众的关注。旅游组织的信息能够通过新闻媒介进行报道,这足以表明信息的重要性和典型性,必定引发公众的关注和认可。另外,新闻媒介凭借着传播速度快、覆盖面广的特点,能够迅速把旅游组织信息传播出去,形成较大影响。

(三)传播成本低

新闻传播旨在传播社会新闻,服务社会和大众。对于旅游组织而言,是一种"免费宣传",只要旅游组织的信息具有新闻价值,新闻媒介都会及时、免费地宣传报道。因此,与广告传播等方式相比,传播成本低廉。

二、新闻传播的特点

(一)新近性

新闻贵在"新"。因此新闻传播的新近性非常重要。首先,新闻内容要新颖,报道的新闻事件或者信息是公众不知道的事情。其次,在时间上要"近",要在第一时间把新闻事件或者信息传递给公众。一般来说,离新闻事件发生的时间越近、内容越新,新闻价值越大,越能引发公众的兴趣和关注。

(二)重要性

作为新闻一定要引起公众的关注和重视。在公众身边每天都发生着大量的事件,只有重要的事件和信息,才能引起公众的关注和重视,才具有新闻价值。另外,新闻事件的重要与否,还取决于它与公众的相关程度。对公众而言,与之密切相关的新闻事件,重要性强,公众更加关注和重视。

(三)趣味性

新闻要引起公众的关注,紧紧靠重要性是不够的,还要靠它的奇特性、趣味性。新闻界有一句行话:"狗咬人不是新闻,人咬狗才是新闻。"奇特性在于新闻事件不同寻常,或者很少发生,公众才更加关注。趣味性体现在新闻生动活泼、富有情趣,能够引发公众的休闲娱乐需要。

(四)情感性

新闻要引发公众的参与和讨论、唤起公众的情感,不仅要求新闻事件本身跌宕起伏、荡气回肠,还要求传播者善于发现公众的价值情感倾向,运用一定的传播技巧因势利导,调动公众的情感。

三、旅游组织的新闻素材

旅游组织的信息能否通过新闻媒介传播,主要取决于信息是否具备新闻价值,因此公关人员要善于发现组织的信息的新闻价值,主动向新闻媒介提供新闻素材。

旅游组织的新闻素材主要包括以下几个方面。

(一)旅游组织的运行与管理

①旅游组织的新设备、新产品、新服务等。

②旅游组织的重大活动和举措,如开业庆典、股票上市、资产重组、重要的人事变动等。

③旅游组织的特定文化、理念精神、经营风格、管理哲学、组织形象等。

④旅游组织有利于公众及社会的重大举措。

⑤旅游组织对突发事件的处置与效果。

(二)旅游组织取得的重大成就

①接待的重要人物、知名人士,组织的重大活动等。

②旅游组织的优质服务、优秀员工以及感人事迹。

③旅游组织获得的特殊荣誉以及资格认证等。

④旅游组织以及成员参加的各种社会活动。

⑤旅游企业在利润、创汇等方面的重要成就,对国家和地方财政的重要贡献等。

(三)社会公益活动

①旅游组织各种赞助活动。

②旅游组织对慈善事业的捐赠。

③旅游组织开展的赈灾、捐助希望工程等爱心捐助活动。

四、新闻稿件的撰写

(一)新闻稿件的结构与要素

一般而言,公关新闻的体裁包括简讯、消息、典型专题、综合报道和新闻评述,最常用的则是消息。下面简单介绍一下"新闻稿"的基本写法。

新闻稿的结构最常见的有"金字塔式"和"倒金字塔式"两种。"金字塔式"是按照事件发生的时间顺序来写,常用于客观叙述一些故事性较强的事实,所以亦称"新闻故事"。"倒金字塔式"则与之相反,按照事件的重要程度和新鲜性的排列,把最重要的、最能吸引公众的材料作为导语,放在新闻的开头。公共关系新闻稿件大多采用这种结构形式。

公关新闻稿一般包括以下五个部分。

1.标题

标题概括和提示新闻内容,能够产生吸引公众、先声夺人的作用,因此一定要简短、有力,突出主题。

标题有三种形式:第一种是三行标题,即前有引题、后有副题、居中有正题的标题;第二种是引题和正题,或者是正题和副题构成的双行标题;第三种是只有正题的标题。

2.导语

导语往往是新闻开篇的第一段,它将最重要的、最吸引人的事实或片断提取概括出来阐释标题、统领全篇、承上启下、引导正文。

3.主体

主体是新闻的主要部分,是紧承导语并阐释、说明导语,具体、详尽地表述新闻内容的部分。

4.背景

背景用于说明与新闻事实的产生相联系的历史背景、现实环境及客观条件,交代新闻事件的来龙去脉。背景往往穿插在其他部分当中。

5.结尾

结尾是新闻的最后一部分,是对新闻事件结果和影响的陈述。结尾应简短有力,同导语首尾呼应,生动自然,要营造一种能发人深省的意境。

完整的新闻稿件必须具备六大要素,即 5W1H:何人(Who)、何事(What)、何地(Where)、何故(Why)、如何(How)。

(二)公关新闻稿件的撰写要求

公关人员在撰写新闻稿件时,要注意以下几个方面。

1. 明确写作目标

撰写新闻稿要始终围绕着确定的目标来撰写,以发挥新闻稿的公关价值。

2. 坚持客观性

坚持客观的立场,对新闻事实进行客观描述,将更多的评价和感受留给读者。

3. 强调真实性

公关人员要牢记,真实性永远高于新闻性,不能为了稿件的新闻性而夸大事实,更不能无中生有、捏造事实。

4. 注重特色

新闻稿件只有与众不同、特色鲜明才能够更好地吸引媒体和读者关注。

◆ **案例驿站 5.2**

御座宾馆以培训促发展,积极落实开展
"优质服务争先锋,我为创城作贡献"活动

近日,御座宾馆为了落实全市"优质服务争先锋,我为创城作贡献"活动的要求,组织开展了以提升员工素质为基础,以提高优质服务水平为宗旨的全员培训工作。

整个培训工作从3月份开始到12月底结束,持续9个月。培训内容包括四大板块。第一版块是军训,时间为3月8~18日,邀请武警战士对员工进行为期10天的军训,以提高员工的精神面貌和综合素质,培养员工的团队精神和执行力。第二板块是宾馆管理与服务专题培训,时间为4月12日至12月10日,邀请泰山学院旅游与资源环境学院饭店管理专家教授作专题讲座,系统学习宾馆经营管理和优质服务的理论与实务。第三板块为技能培训,宾馆各部门根据业务特点和需要,按照干什么学什么,缺什么补什么的要求,进行各项服务技能培训,强化员工的工作能力和服务技能,更好地为客人提供服务。第四板块为专项业务培训,主要请食品安全监督部门的专家进行食品质量方面的培训,请消防部门的专家举办防火安全讲座,制定宾馆安全应急预案,组织员工进行各种安全演练,确保为广大宾客创造安全舒适的旅居环境。

目前,军训工作已经结束,通过军训,宾馆员工的精神面貌有了明显的提高,大家参与"优质服务争先锋,我为创城作贡献"活动的积极性空前高涨,决心以最佳的服务迎接广大中外宾客,塑造御座宾馆良好的品牌形象,以实际行动为我市创建国际旅游名城作出应有的贡献。

资料来源:笔者根据《泰安日报》2010,04 报道整理

五、旅游组织"新闻策划"

新闻策划又称制造新闻,是指旅游组织在坚持真实性、不损害公众利益的前提下,有计划地策划、组织、举办具有新闻价值的活动,以制造新闻热点,吸引新闻媒介的报道,并产生轰动效应,以提高组织的知名度,扩大社会影响。

新闻策划与广告不同。广告是通过直接购买报刊版面和广播、电视播出时间来传递组织相关信息,以达到宣传组织的目的;而新闻策划是通过构思、举办有新闻价值的活动吸引新闻界注意,然后以新闻报道的方式出现在新闻媒体中,以达到宣传组织、传播组织形象之目的。

(一)新闻策划的基本要求

1. 新闻策划必须以客观事实为基础

新闻策划虽然由公关人员精心策划,带有强烈的人为色彩,但制造新闻不是捏造新闻,必须建立在一定的事实基础之上。旅游组织首先要制造新闻事件,然后从中挖掘新闻价值,吸引媒介和公众的关注。

2. 新闻策划必须引起公众的高度关注

制造新闻必须强调新闻的新颖、独特,具有悬念和戏剧效果,能够引起公众的高度关注,产生轰动效应。

3. 新闻策划必须有利于树立良好的组织形象

策划的新闻事件,要有积极的社会影响,符合公众的审美心理,得到公众和社会认可。

(二)新闻策划的技巧

1. 利用公众关注的热点制造新闻

每一时期都会有每一时期的热点问题。例如,2008 年,汶川大地震、北京奥运会成为全球关注的焦点;2010 年 3 月全国"两会"期间,我国的房价、教育改革、海南建设国际旅游岛等,成为百姓的热点话题;在春节、端午节、中秋节等传统节日,与家人、朋友团聚,叙亲情、话友谊又成为人们的期盼。因此,旅游组织如果能把自己的活动与这些热点有机地结合起来,就会对一大批公众产生影响,从而引起新闻媒介的关注。

2. 抓住"新、奇、特、好"的事件

"新"是指创意新颖,不是重复和模仿别人。第一次有人吃螃蟹是新闻,第二次、第三次吃就是普通事件了。因此,在策划新闻时,一定要注意想人所未想、做人所未做,这样才能真正带来新闻效应。

"奇"就是指策划的新闻事件必须超越常规,特别是在媒体泛滥、信息爆炸的今天,平平淡淡的事件、普普通通的行为是入不了新闻记者们的"法眼"的。

"特"就是特色，人无我有，人有我特。

"好"是指策划的新闻事件必须具有正面的、积极的意义，符合社会文明和进步的要求，能产生良好的社会效应。

制造新闻要做到主题"新"、形式"奇"、内容"特"、方法"巧"、效果"妙"。

3. 巧借名人效应

要有意识地把旅游组织与社会名流、明星或权威联系起来。社会名流、明星、权威人士往往是媒体的宠儿，他们的一举一动都会成为媒体追逐的对象。因此，如果能把组织策划的新闻事件和名流、明星、权威联系起来，被报道的机会就会大增。例如，长城饭店借里根总统而名扬世界，天津的飞鸽牌自行车在被作为礼物送给美国总统老布什后而名声大振，自从乔丹成为耐克的签约明星后耐克公司的财源就滚滚而来。

4. 制造悬念，吸引公众眼球

在媒体高度竞争、"眼球稀缺"的今天，要想成为新闻并不容易，因此，很多组织在制造新闻时，会有意识地制造一些悬念以吸引公众和媒体的注意力，或者事先就制造一些热烈气氛，使公众有一种先入为主的感觉，如广西乐业天坑群科学考察、杭州的雷峰塔重建等。

5. 审时度势，寻找最佳的新闻制造时机

制造新闻必须巧妙选择时机，同样的新闻事件在不同的时机，受到的关注和重视程度不同，如同样是赞助活动，赞助的对象和时机不同效果就不一样。例如，2010年我国青海省玉树地区发生了大地震，如果能够在第一时间赞助，即使是赞助的金额不很多，也一定会被新闻媒体关注和宣传，产生良好的社会效益。

第四节　旅游公共关系与广告传播

对旅游组织来说，仅仅通过新闻宣传来扩大知名度、提高组织美誉度、塑造组织良好形象是远远不够的。因为，一方面，新闻宣传的内容受到一定的限制；另一方面，新闻宣传的机会不会很多，新闻媒体不会把关注的目光长期锁定在一个或少数几个组织上。因此，旅游组织还必须通过广告宣传来实现上述目标。

广告意为广而告之，是向大众告知的某件事情或某些信息。广告包括商品广告和公共关系广告两类。公共关系广告简称公关广告，是社会组织利用大众传播媒介传播有关组织的特定信息来提高组织的知名度和美誉度从而赢得公众信任和合作的广告。运用公关广告，可以起到塑造组织形象、强化品牌形象、宣传组织宗旨、引导公众观念等作用。

一、公关广告与商品广告的区别

我们日常生活中见得最多的是商品广告,这是一种宣传某种具体商品或服务,以促进销售的广告。公关广告和商品广告尽管都是广告,但它们实际上是有区别的。

(一)宣传内容不同

商品广告是直接宣传产品及服务,如"雀巢咖啡,味道好极了""威力洗衣机,献给母亲的爱"等。而公关广告则不直接宣传产品,而是宣传各种与组织形象相关的信息。如上海市旅游宣传口号"上海——精彩每一天"、香港的广告宣传"魅力之都,购物天堂"等。

(二)宣传目的不同

商品广告的目的就是诱发消费者的购买动机,促进商品销售,提高市场占有率。而公关广告的目的在于通过广告树立旅游组织的良好形象,使公众对旅游组织产生好感和信任。

形象地说,商品广告是要公众买我,而公关广告则是要公众爱我。当然,对于旅游企业而言,两者的最终目的是一致的,就是扩大产品销售,获得更多的经济利益,促进企业发展。

(三)宣传模式不同

虽然两者都是通过传递信息去影响公众,但两者的模式有着明显区别。商品广告遵循"公众—产品—组织"的宣传模式,是让公众先认识产品,购买企业产品,然后再认识企业组织。而公关广告则遵循"公众—组织—产品"的模式,它首先让公众了解旅游组织,在情感和价值观等方面认同旅游组织,继而接受和购买旅游组织的产品。

(四)宣传效果不同

商品广告的商业色彩较浓,主要是针对商品进行宣传促销,因此在商品销售方面往往能够起到立竿见影的效果,旅游组织的经济效益在短期内也能够明显提高。而公关广告的主题是宣传旅游组织的理念、实力、整体形象等,商业色彩和功利性较小,在短期内可能无法产生明显的经济效益,但可以提升旅游组织形象,获得公众的理解支持,从而产生良好的社会效益,给企业组织带来长远的经济效益。

二、公关广告的类型

(一)实力广告

宣传旅游组织的自身实力,包括规模、资产、设备、人员、技术等,使公众了解旅游组织的整体情况、运行和管理、发展前景等,对旅游组织以及产品产生信赖。例如,很多旅游景区通过各种渠道向公众免费发放宣传册,目的在于让公众了解旅游景区的信息,吸引他们旅游观光。

(二)观念广告

传播旅游组织的宗旨、经营理念、价值观等,如"好客山东""不到长城非好汉""登泰山,保平安"等。

(三)信誉广告

旅游组织宣传自身获得的荣誉,如权威机构的认证、获奖以及公众的评价和认可等,如旅游景区成为国家五A级景区、被评为最受欧洲人欢迎的十大景区,旅行社被评为国家百强旅行社,饭店被评为白金五星级饭店、金叶级绿色饭店,等等。

(四)答谢广告

旅游组织取得成就或成功举办某项活动后向公众表示谢意,如某城市成功举办全国旅游交易会后,通过广告的形式向参加旅游交易会的国内外的组织和来宾表示感谢。

(五)响应广告

旅游组织积极响应政府号召、倡议,热情投入具有社会意义和影响的活动,表达其关心、参与公众生活的意愿,并借此社会主题活动,表现与社会公众的关联性,表明其为社会担责任、尽义务、作贡献的意愿,扩大影响,如旅游景区响应政府倡议,向军人、学生、残疾人免费开放,向灾区或希望工程捐款;旅游饭店响应政府及有关组织的号召,积极参与诚信经营、绿色消费等活动,等等。

(六)祝贺广告

节日、纪念日之际,旅游组织向公众贺喜,可以增加公众对组织的亲情感和认同感。另外,在同行或其他单位开业庆典、取得成就时表示祝贺,表达携手合作、相互支持、共同繁荣的诚意,可以广结良缘。

(七)公益广告

为社会公益活动进行广告宣传,如保护环境、关爱生命、防止艾滋病传播等;或者向社会或公众发出各种倡议,如倡导新的观念、行为,倡导公平竞争、便民利民服务等,以显示组织的社会责任感、伦理道德观或创新精神。

(八)致歉广告

旅游组织就自身工作不足之处或自身过错向公众致歉,表示诚意,以取得公众的谅解;也可以向公众表达旅游组织所采取的补救措施和事态的进展情况,以退为进,出奇制胜。

(九)解释广告

在旅游组织形象被歪曲、造成公众误解时,及时向公众解释事实真相,阐明态度,消除误解,矫正组织形象,维护组织声誉。

三、旅游组织的广告策划

(一)公众调查与形象定位

公关广告传播的对象是公众,要想使广告达到预期的目的,必须首先通过调查了解公众,对旅游组织的形象进行准确定位,为公关广告的创意设计、制作和传播打下良好的基础。

(二)确定广告类型和主题

要根据公关广告的目标、内容确定公关广告的类型和主题。公关广告的主题一般包括以下四个方面:

(1)以建立旅游组织信誉为主题的公关广告,其目的在于追求组织的整体形象更好、更美。

(2)以公共服务为主题的公关广告,其目的在于扩大旅游组织的知名度,让社会公众相信组织的经济实力和高尚的社会风格。

(3)以经济贡献为主题的公关广告,其目的在于加深社会公众对目前经济情况的了解,说明旅游组织经济活动的成就以及对国家、对社会的贡献。

(4)以追求特殊事项为主题的公关广告,其目的在于引起广大公众、社会有关人士和新闻机构的兴趣与好感。

(三)确定广告的对象和范围

和商业广告相同,在制作和传播之前必须确定广告对象和范围,了解广告对象的特征与认知能力,在策划制作广告时做到有的放矢。

(四)广告的创意构思

根据广告的主题及公众对象,进行创意、构思、推敲,形成策划方案。公共关系广告的目标、主题和内容不同,广告创意构思也不尽相同,一般应遵循以下原则:

1. 实事求是原则

实事求是的原则,即公关广告应避免弄虚作假,要真实地、客观地进行公关广告设计、编写与制作,以争取得到更多的社会公众的信赖。

2. 富于创新原则

富于创新的原则,即要求公关广告在具体内容、分析角度、运用手法等方面,新颖别致,富于创新意识,以给予社会公众一种清新的活力和奇特的美感。

3. 避免商迹的原则

避免商迹的原则,即公关广告必须避免与商业广告雷同,应体现出公关活动的特点,应从维护社会公众利益的角度出发,树立组织或企业的形象,以给组织或企业发展带来长期的社会效益。

4. 注重效果原则

注重效果的原则,即公关广告必须注重效果。这里的效果是指商誉目标的实现、旅游组织自身的发展和社会整体效益的扩大。

(五)选择媒体

公关广告应用的主要媒体是报纸、杂志、广播、电视。选择广告媒体的目的在于,求得最大的经济效益和最好的社会效益,即依据媒体的量与质的价值与广告费用之比,力争少花钱多办事、办大事,并求得传播信息的最大量和传播效果的最大范围。正确地选择媒体,一般要考虑以下因素:

(1)媒体的性质

不同的广告媒体,有不同的性质与特点。公关广告媒体选择得当,公共关系活动效果就会显著;反之,会弱化公关活动的效果。

(2)广告的内容

公关广告应依据不同公关广告内容选择不同的广告媒体,以保证特定的社会公众能够看到、听到、读到。

(3)广告的公众对象

不同的公众在工作职业、兴趣爱好、文化程度、知识结构及生活习惯等方面各具特点,从而形成了对媒体的不同接触习惯。企业在选择公关广告媒体时,要根据特定目标公众对媒体的接触习惯,选择他们愿意接触和接受的广告媒体。

(4)组织自身的实力

各种广告媒体,其费用支出不尽一致,企业在选择公关广告媒体时,应量力而行。可行的办法是依据企业自身的财力来合理安排公关广告活动,选择适当的传播媒介、适当的刊播时间和空间。

(六)广告的设计与制作

根据广告的主题、创意、媒体选择等进行设计与制作,可以自行设计制作,也可以请专业公司设计制作。

四、公关广告的效果检测

公关广告通过媒介传播后,旅游组织要通过调查、测算等方法,以公众的接收、认知、记忆等因素为依据,对公关广告的效果进行检测和评估。

(一)检测的内容

1.公众的注意、认知、记忆程度

主要是通过抽样调查等方法,了解公关广告传播后受公众关注的程度。广告越能够吸引公众注意,被公众认知和记忆,旅游组织的知名度越高,广告效果也越好。

2.广告的创新性

广告创新性越强,越容易被公众关注,印象就越深刻。因此,广告的创新性是衡量广

告效果的重要因素。

3. 公众的认可度

公关广告不仅要吸引公众注意,更要让公众认可,获得赞誉。有些广告故意制造噱头,满足少数人的猎奇心理,虽然能够在短期内产生轰动效应,却得不到公众的认可,陷入"既不叫好,也不叫座"的尴尬境地。

◆ **案例驿站5.3**

雷人的广告语

2010年3月4日,江西省宜春市旅游政务网上,刊登了一条旅游广告语"宜春,一座叫春的城市"。该广告语引起了全国网友的强烈反响,被誉为虎年最"唬"广告语。在短短的一个月时间,在百度搜索引擎上,以"宜春,一座叫春的城市"为词条,搜到相关网页约50多万条。

宜春市旅游局表示,该广告语是在众多公开征集的口号中挑选出来的,寓意宜春的温暖,是一座四季如春的城市。宜春旅游资源丰富,环境优美,气候宜人,但在全国一直默默无闻,为了提高宜春的知名度,推出这一宣传口号,并无不妥之处。

部分网友也认为这是一个很有创意的广告语,引起人们的联想,达到了宣传效果。大部分网友对此表示了异议,认为该口号"有欠斟酌、太雷人了"。还有网友一针见血地指出,这是宜春哗众取宠,故意用低俗的语言来吸引大家的眼球。很快在宜春的旅游政务网上,一条新的广告宣传语"宜春归来不看月",代替了原来的广告语。

案例来源:根据网络资料:http://news.sohu.com/20100305/2010,6.整理

(二)评估检测的方法

1. 统计分析法

通过问卷调查、访谈调查等方法,对被调查对象的接收、认知和记忆程度进行调查,经过统计分析后,确定公关广告的效果。

2. 联想回忆

让公众对广告的内容、构思、传播媒介等进行联想回忆,了解广告的内容是否能够引起公众的强烈关注、创意是否新颖、传播是否具有刺激性、能否给观众留下深刻印象等。

3. 分类比较

将同类组织的同类广告放在一起,让公众进行比较,以确定旅游组织广告的优劣。

4. 销售测验

对于旅游企业而言,公关广告虽然不是直接针对商品促销推出的,但会提升旅游企

业的整体形象,使消费者信任并购买旅游企业的产品,对企业销售产生间接的影响。

◆ 本章练习题

第一节

1.何为传播? 传播有哪些基本特征?

2.传播的基本要素包括_____、_____、_____、_____、_____;隐含要素包括_____、_____、_____、_____。

3.传播的基本模式有哪几种? 它们各有哪些优点?

4."3S"理论包括_____、_____、_____三个方面。

第二节

1.何为旅游公共关系传播?

2.人际传播的特点包括_____、_____、_____、_____。

3.何谓大众传播? 大众传播的特点包括_____、_____、_____。

4.组织传播有哪些特点?

5.传播媒介按照物质形式划分,有_____、_____、_____三种。

6.传播媒介按照社会属性划分,有_____、_____、_____三种。

7.试分析大众传播媒介的特征。

8.公共关系传播有哪几个层次? 它们各有哪些要求?

9.影响公共关系有效传播的因素有哪些?

10.简述公共关系有效传播的方法和技巧。

第三节

1.新闻传播有哪些优势?

2.新闻传播的特点包括_____、_____、_____、_____。

3.新闻稿的内容一般包括_____、_____、_____、_____、_____五部分。

4.何为公共关系新闻策划? 新闻策划的技巧有哪些?

第四节

1.何为公共关系广告? 公共关系广告与商业广告有何区别?

2.公共关系广告有哪些类型?

3.简述公关广告策划的步骤方法。

4.公关广告如何选择媒体?

5.公关广告效果监测包括哪些内容？

6.公关广告检测的方法包括 _____、_____、_____、_____。

◆ 本章小结

1.本章结语

传播是公共关系主体与客体联系的纽带和媒介,也是开展公共关系的基本手段。离开了传播,也就不会有公共关系活动的存在。因此,旅游组织的公关人员要了解和掌握传播的基本原理,了解各种传播媒介的特点,掌握各种传播的方法和技巧,使旅游组织的信息得到有效传播,实现旅游组织的公共关系目标。

2.本章知识结构图

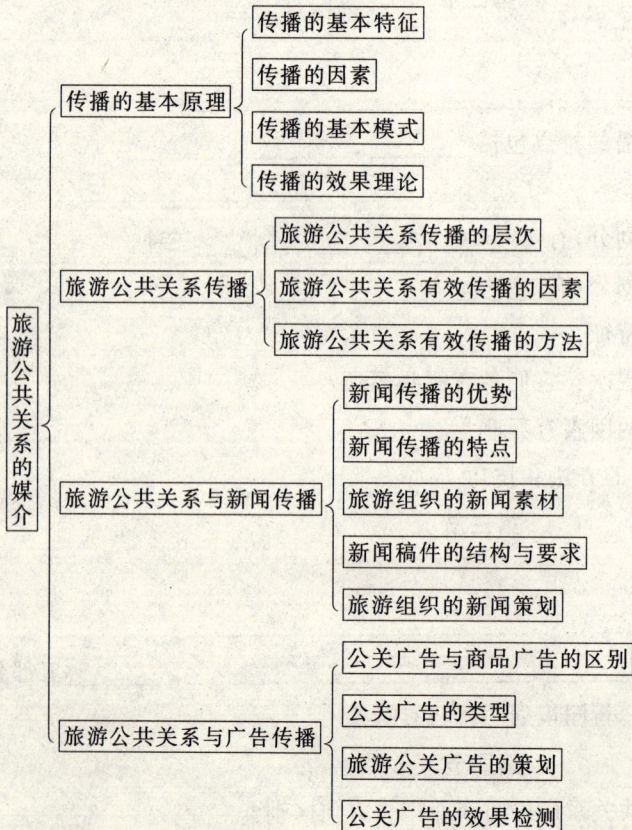

```
                                    ┌─ 传播的基本特征
                     传播的基本原理 ─┤  传播的因素
                                    │  传播的基本模式
                                    └─ 传播的效果理论

                                    ┌─ 旅游公共关系传播的层次
旅      旅游公共关系传播 ───────────┤  旅游公共关系有效传播的因素
游                                  └─ 旅游公共关系有效传播的方法
公
共                                  ┌─ 新闻传播的优势
关                                  │  新闻传播的特点
系   旅游公共关系与新闻传播 ────────┤  旅游组织的新闻素材
的                                  │  新闻稿件的结构与要求
媒                                  └─ 旅游组织的新闻策划
介
                                    ┌─ 公关广告与商品广告的区别
                                    │  公关广告的类型
     旅游公共关系与广告传播 ────────┤  旅游公关广告的策划
                                    └─ 公关广告的效果检测
```

3.本章核心概念

传播　旅游公共关系传播　大众传播　组织传播　传播媒介　新闻策划　公共关

系广告

◆ 实训练习

　　应用所学理论和知识,为某旅游城市或者景区,策划创意旅游形象广告,要求以小组讨论形式进行头脑风暴,最后形成一份策划方案。

◆ 延伸阅读

泰山景区惊现老虎

　　2005年6月8日,泰山东麓的一家养殖场的员工,发现养殖场的围墙外出现了一只大老虎,并将这一情况报告了警方。6月8~10日期间,泰山景区公安分局110指挥中心接到了不下20个"发现老虎"的报警电话。泰安市管委随即关闭了发现老虎的景区,劝阻市民和游客上山。

　　6月10日晚,泰安市委、市政府连夜召开会议,研究应对措施,及时向省和国家有关部门作了汇报,并立即成立了领导小组和专门工作机构,统一部署搜捕老虎的行动。6月11日,泰安市公安干警、武警官兵、消防队员、泰山景区管委会和林业部门的干部职工及当地群众1 000余人,在泰山景区实施了拉网式大搜寻。6月21日中午,由国家林业局安排的黑龙江省野生动物研究所研究员孙海义、助理研究员卢大明两位专家赶到泰安,指导整个搜虎行动。

　　自6月8日泰山东麓发现老虎以来,包括中央电视台在内的全国各大媒体都高度关注并连续报道,泰安市有关部门也多次发布信息。

　　6月11日,泰山管委张贴出千余张紧急公告:近日有三只老虎(一大二小)出现在泰山东麓,市民和游客不要上山。6月14日,泰安市委宣传部第一次对外发布信息,闯入泰山景区的老虎为一大一小两只,并排除了附近动物园老虎走失的可能性。6月16日,泰安市政府第二次公布了搜虎情况:连日来,公安干警、武警官兵、消防队员及泰山管委、林业局的干部职工和有关乡村的群众,在发现老虎的区域和老虎可能出没的附近山区,进行紧张的搜寻工作。目前,泰山景区没有发生老虎伤人的情况。6月18日,泰安市委宣传部组织了在泰安的各大媒体记者,进山采访,泰安市委宣传部及泰山风景区管委会称,泰山发现了猫科动物的粪便和毛发,目前尚不能确定是老虎。

　　6月25日,泰安市委市政府召开新闻发布会,介绍了有关专家的意见:泰山东麓确实发现了老虎,老虎为人工饲养的。目前,老虎可能有三个去向:一是人工饲养的老虎没有野外捕食能力,有可能已经回到其饲养地;第二种可能则是老虎已经饿死在泰山某个隐蔽的角落;第三是老虎可能已经离开泰山周边区域。因此,泰山景区是安全的。根据专家建议,宣布解除泰山景区的警戒,景区全面对游人开放,周边村民恢复上山劳动。

　　在整个时间事件中,对老虎的来源和去向有多种推测,但都没有落实查清。专家的结论也引起了广泛的质疑,甚至有人怀疑老虎事件是泰山景区搞的"自我炒作",泰山老虎事件也被评为"2005年中国十大科技骗局"之一。

　　自6月8日泰山发现老虎以来,泰山旅游受到很大影响,仅门票损失每天就高达上百万元。

　　案例引发的问题:如何策划新闻事件? 泰安市有关部门在这次事件中,存在哪些问题? 如何改进?

资料来源:根据报纸、电视和网络等媒体相关报道整理。

◆ **本章练习题答案**

第一节

1.传播是指人与人之间进行的信息传递和分享,包括信息的制作、传递、接受、储存的全过程。传播的特性包括社会性、互动性、工具性、共享性等。

2.信源　信宿　信息　信道　反馈　时空环境　心理因素　文化背景　信息质量

3.略

4.选择性注意、选择性理解、选择性记忆。

第二节

1.旅游公共关系传播是指旅游组织与公众之间,利用一定的载体和途径有目的地交流信息,试图建立共同的意识和行为的活动。

2.针对性　灵活性　情感性　局限性

3.所谓大众传播,是指职业传播机构或传播者,通过现代化的大众传播媒介,将大量的复制的信息传播给广大而分散的公众的活动。广泛性　间接性　专业性　高效性

4.①传播活动的可控性;②传播对象的特定性;③传播方法的多样性。

5.符号媒介　实物媒介　人体媒介

6.大众传播媒介　自控传播媒介　人体传播媒介

7.略。

8.①信息层次。信息层次是公共关系传播最基本的层次,在信息传播时必须客观真实;要尽量加大信息传播的频率和强度,让更多的公众接受到组织的信息,让接收者受到强烈的信息刺激,形成深刻印象。②情感层次。主要是针对知晓公众进行传播,要善于

借助于新闻媒介的作用;要加强即时沟通和情感交流;要掌握高超的传播技巧。③态度层次。要通过传播使公众对组织的态度产生正态趋向。④行为层次。行为层次的传播要求目的性强,信息明确,便于公众采取行动。同时,要加强信息传播的即时性,要在公众行动前传播相关信息。

9.略。

10 略。

第三节

1.①可信度高;②社会影响大;③传播成本低。

2.新近性　重要性　趣味性　情感性

3.标题　导语　主体　背景　结尾

4.新闻策划又称制造新闻,是指旅游组织在真实性、不损害公众利益的前提下,有计划地策划、组织、举办具有新闻价值的活动,以制造新闻热点,吸引新闻媒介的报道,并产生轰动效应,以提高组织的知名度,扩大社会影响。

新闻策划要做到:①利用公众关注的热点制造新闻;②抓住"新、奇、特、好"的事件;③巧借名人效应;④制造悬念,吸引公众眼球;⑤审时度势,寻找最佳的新闻制造时机。

第四节

1.公共关系广告简称公关广告,是社会组织利用大众传播媒介,传播有关组织的特定信息,提高组织的知名度和美誉度,从而赢得公众信任和合作的广告。

公共关系广告与商业广告的区别在于:①宣传的内容不同;②宣传的目的不同;③宣传的模式不同;④宣传的效果不同。

2.略。

3.①公众调查与形象定位;②确定广告类型和主题;③确定广告的对象和范围;④广告的创意构思;⑤选择媒体;⑥广告的设计与制作。

4.①根据媒体的性质选择;②根据广告的内容选择;③根据广告的公众对象选择;④根据组织自身的实力选择。

5.①公众的注意、认知、记忆程度;②广告的创新性;③公众的认可度。

6.统计分析　联想回忆　分类比较　销售测验

第 六 章

旅游公共关系工作的一般程序

学习目标

知识要点:了解旅游公共关系调研的内容和程序,掌握旅游公共关系调查的方法与技巧;掌握旅游公共关系策划的程序与方法;了解旅游公共关系的模式、旅游公共关系评估的内容和程序;掌握旅游公共关系评估的方法。

技能训练:掌握问卷调查的设计方法和技巧。

能力拓展:应用本章所学知识,为某旅游景区或项目策划一项旨在提高其知名度和旅游吸引力的公关活动。

引 例

"2002 年深圳人游深圳"主题活动策划

深圳是我国改革开发后新崛起的现代化工业和旅游城市,环境优美,素有"国际花园城市"的美誉。同时,深圳也是一座移民城市,大多数市民都是改革开放后来深圳的创业者。由于工作压力大、生活节奏快,很多深圳人整天忙忙碌碌,无暇顾及深圳的美景。对此,深圳市有关部门专门做了一项调查:87%的人没有登上地王大厦顶层鸟瞰城市全貌,68%的人没有去过世界之窗,91%的人没有参观过明斯克航母……调查得知,深圳人并不了解深圳。

为了让深圳人了解深圳,倡导深圳人健康的心态和生活方式,促进和带动深圳旅游的快速发展,深圳市旅游局联合深圳晚报、深圳中国国际旅行社、深圳市深度旅游策划管理公司以及各旅游景区景点,策划举办了"2002 年深圳人游深圳"旅游主题活动。活动从2002 年 8 月 31 日开始,到 2002 年 9 月 30 日结束,为期一个月。活动主题为"旅游、交流、融合",旨在通过旅游,促进交流和沟通,达到人与人、家与家、企业与企业的相互融合。本次活动提出了"深圳人游深圳,再一次呼吸'家'的气息"的口号,设计了专门的形象标识。为了搞好本次活动,深圳市旅游局推出了五条"一日游"旅游线路,组织了"万名青工深圳大联游"大型旅游活动。

这一策划方案经深圳多家媒体宣传报道后,受到了广大市民的热烈欢迎和积极响应,他们纷纷挤出时间,走出家门,投入到"深圳人游深圳"的活动中。最终,历时一个月的活动取得了巨大的成功。据调查,85%的人了解了市旅游局举办的这次活动,47%的人参与了活动并游览了深圳的旅游景点。不仅如此,这次活动对宣传深圳旅游,促进社会和谐发展还产生了积极的影响。

案例引发的问题:通过本次公关活动,我们可以分析出开展公关工作都有哪些步骤?如何策划一个好的公关活动?

资料来源:2002 年"深圳人游深圳"——深圳市旅游局主题好的案例评析.深度旅游营销网.http://www.deep-tour.com.

旅游组织公共关系人员在开展公共关系工作时,首先要考虑的问题是从何处入手、如何开展。要使公共关系工作卓有成效,就必须遵循一定的程序,分阶段、按步骤地开展公共关系工作。

1952 年,美国公关界权威人士卡特利普和森特在其《有效公共关系》一书中,提出了公共关系的"四步工作法"。"四步工作法"说明了公共关系运作的程序,它包括四个基本步骤:①公共关系调研;②公共关系策划;③公共关系实施;④公共关系效果评估。在公共关系工作的"四步工作法"中,公共关系调查研究是起点,是基础。公共关系策划是关键,是公共关系实施的指南和效果评估的标准;离开了公共关系策划,公共关系工作就会漫无目标,不得要领,难以协调统一,成效甚微。公共关系实施是核心,是执行公共关系策划、取得公共关系成效的具体行动;离开了公共关系实施,再好的策划也只是纸上谈兵。效果评估是重要的反馈环节,也是下一轮公共关系活动的起点。四个步骤做到相互协调、相互配合、相互衔接,才能保证公共关系工作取得良好效果。

第一节　旅游公共关系调研

旅游公共关系调研是旅游组织运用科学的方法,有目的、有计划地收集各种信息,综合分析相关因素和相互关系,为开展公共关系工作提供依据的活动。公共关系调查研究是公共关系"四步工作法"的第一步,是旅游组织开展卓有成效的公共关系工作的前提和基础。同时,旅游公共关系的重要职能就是采集信息,这也需要通过公共关系调研来实现。因此,调研是公共关系的一项主要的基础性工作。要搞好公共关系调研工作并取得最佳效果,则需要较高的公共关系调查技巧并按照科学的原则、程序和方法开展工作。

一、旅游公共关系调研的意义

(一)有助于旅游组织确定公共关系工作的方向和重点

通过旅游公共关系调研,一方面能够了解旅游组织的公共关系状态、形象以及存在的问题等信息,另一方面能够了解目标公众对旅游组织的认知、观点、态度和行为等信息。只有全面了解和掌握这些信息,公共关系工作才能明确重点和方向,从而提高公共关系工作的成效。

另外,在解决组织面临的各种问题时,首先要通过调查掌握事实真相,本着"先有事实,后有公共关系"的原则,有的放矢地开展工作,才能有效地化解各种矛盾,取得公众的理解、信任和支持。

(二)有助于为旅游组织决策提供科学依据

旅游组织的任何决策都要以信息为基础。公共关系调研可以获得旅游组织自身、公众以及旅游组织的环境的大量信息,为组织决策提供咨询和建议。

(三)有助于加强旅游组织与公众的联系与沟通

旅游公共关系调研本身就是一个信息交流与沟通的过程。一方面可以调查、了解公众的意见、希望和要求,另一方面公共关系人员可以向公众介绍组织情况,使公众进一步了解组织。另外,旅游组织在传播、沟通时,还必须通过调查掌握的反馈信息提高传播与沟通的有效性。

国外成功的大企业,一般都十分重视公共关系调查研究。例如,美国《幸福》杂志排名前 1 000 名的大公司中,50％以上的公司都利用公共关系调查研究为其形象建设服务。

◆ 案例驿站 6.1

长城饭店的公关调查

一提到北京长城饭店的公关活动,人们就会想到 1984 年里根总统访华的答谢宴会、由北京市副市长证婚的 95 对新人的集体婚礼、颐和园中秋赏月、十三陵的野外烧烤等一系列使长城饭店声名鹊起的公关活动。长城饭店公关工作的成功首先源于它周密、系统的调查研究。长城饭店日常的调查研究通常由以下三个方面组成。

一、日调查

1.问卷调查。每天将表放在客房内,表中的 32 项内容涉及客人对饭店的总体评价,故地重游再来北京时再住长城饭店的可能性有多大,对十几个类别的服务质量评价如何,对服务员服务态度评价如何,以及是否加入喜来登俱乐部和客人的游历情况,等等。

2.接待投诉。几位业务经理 24 小时轮班在大厅内接待客人反映情况,随时随地帮助客人处理困难,受理投诉,解答各种问题。调查表和投诉意见,每天集中收回,由客房部与公关部进行统计整理,并将结果当晚交给饭店总经理,次日早晨总经理在各部门经理例会上通报情况。

二、月调查

1.顾客态度调查。每天按等距抽样向客人发送喜来登集团在全球统一使用的调查问卷。每日收回,月底集中寄到喜来登集团总部,进行全球性综合分析,并在全球范围内进行季度评比。根据量化分析对全球最好的喜来登饭店和进步最快的饭店给以奖励。

2.市场调查。前台经理与在京大饭店的前台经理每月交流一次游客情况,互通情报,共同分析本地区的形象。

三、半年调查

喜来登总部每半年召开一次世界范围内的全球旅游情形调研会,其所属的各饭店的销售经理从世界各地带来大量的信息,相互交流、研究,使每个饭店都能了解世界旅游形势,站在全球的角度商议经营方针。

案例来源:张岩松,等.公共关系案例精选精析[M].北京:中国社会科学出版社,2006.

二、旅游公共关系调查的内容

(一)旅游组织自身状况

旅游组织自身的状况是公共关系人员的案头必备资料,无论是撰写新闻报道、解答公众提问、编写组织通讯、制作宣传材料,还是举办展览会、记者招待会,都需要随时查阅和引用这些调查资料。

旅游组织的自身状况包括:旅游组织的基本情况,如名称、性质、规模、机构设置、法人代表、资产规模、发展历史等;旅游组织的成员状况,如文化程度、年龄、性别、职务、职称结构等;旅游组织的运行状况,如业务和产品、经营目标、经营方针、管理模式、组织文化、市场状况、企业效益等;旅游组织的现状与发展趋势,如市场状况、市场优势与潜在危机、长远目标与规划等；旅游组织的形象，如形象状态、形象定位等。

(二)旅游组织的目标公众信息

旅游组织目标公众的信息包括：公众本身的信息，如公众的范围、类型、特征，公众的需求、动机以及行为特征等。公众对组织的态度与评价，如对旅游组织及工作的评价、组织的管理水准的评价、领导行为评价等。

(三)旅游组织的社会环境

任何旅游组织的生存和发展都要受到社会环境的影响和制约，所以旅游组织必须对自己所处的社会环境进行调查分析，使组织能够适应环境的发展变化获得更好的发展。

社会环境调查包括本组织所处的自然与人文环境、国家及有关部门的政策法规环境、组织的市场状况及发展趋势、本组织所在的社区环境及当前所面临的社会问题等。

三、旅游公共关系调查的一般程序

旅游公共关系调查的程序是指，旅游组织在开展具有一定规模的公共关系调查时，从调查准备到调查结束全过程的先后次序和具体步骤。在公共关系调查中建立一套系统的科学程序，有助于提高调查工作的效率和调查质量。

(一)确定调查课题

确定调查课题是整个调查的第一步。这一步的主要任务是明确调查目的，解决"调查什么"的问题。为了有针对性、有目的地进行公共关系调查，避免盲目行动导致的工作失误，必须切实做好调查的第一步工作。

按照课题的性质来划分，旅游公共关系调查课题可分以下三种。

1. 状态性选题

以了解社会组织所面临的公共关系状态（如知名度、美誉度等）为宗旨的选题，需要回答的是"怎么样"之类的描述性的问题。

2. 开发性选题

以寻找开发方向为主题的选题，需要回答的是"怎么办"之类的措施性问题，调查成果往往是形成一套相关的措施。

3. 研究性选题

以研究、分析公关现象之间的本质联系为主旨的选题，目的是通过资料的收集与分析，建立关于某种公关现象的理论模型和体系。

(二)制定调查计划

为了使整个调查工作有计划、有步骤地进行，保证整个活动的科学性，在确定了调查课题以后,调查者必须根据调查的课题制定调查计划。

调查计划的内容一般包括两部分:第一部分是对调查本身的设计,包括调查的目的和内容、调查的具体对象和范围、取得资料的方法及调查表格等;第二部分是对调查工作的具体安排,包括调查的组织、领导和人员配备、经费估算、调查日程安排等。调查计划是调查安排的依据,调查安排是调查计划的具体化。

(三)收集调查资料

收集资料是整个旅游公共关系调查工作的重点,它的主要任务就是按计划的要求与安排,系统地收集各种资料(包括数据和被调查者意见)。

调查资料一般分为两类:一类是原始资料,也称第一手资料,这是调查人员通过各种调查方法进行实地调查所取得的资料;另一类是现成资料,也称第二手资料,这是由他人收集的现有的资料。

(四)整理分析资料

整理分析资料是旅游公共关系调查过程中极为重要的一环。一般来说,通过调查所得到的资料还比较零乱、分散,并不能系统而集中地说明问题;某些资料还可能有片面性与谬误等。因而,在取得资料后,必须对资料进行系统科学的整理和分析,去粗取精,去伪存真,分析综合,严加筛选,并合乎理性地推理。只有这样,才可能客观地揭示事物的内在联系,得出正确的调查结果。

资料的整理分析,主要包括以下工作。

1. 检查核实

检查资料是否齐全而无遗漏,是否有重复与矛盾,甚至有与事实不相符合的情况。一旦发现上述情况,要及时复查核实,并予以剔除、删改、订正和补充,即剔除错误的资料、删除重复的资料、修改订正差错的资料、补充遗漏的资料。调查中检查核实的部分工作是在收集资料时就要完成的。一边收集,一边检查核实,这样便于及时进行订正和补充。

2. 分类汇编

资料经过检查核实后,为了便于归档查找和统计方便,还应按照调查的要求进行分类汇编,即进行分类登录,然后按类摘抄、剪贴、装订、归档,以备查阅;还可将整理后的信息输入电脑。整理资料数据要做到准确、清楚、及时,这是衡量信息资料价值的重要标准。

3. 分析论证

对分类汇编的资料进行分析,作出结论,并依据资料所得出的结论进行论证。分析一般包括定性分析和定量分析。所谓定性分析,是以资料或经验为依据,运用演绎、归纳、比较、分类和矛盾分析的方法找出事物的本质特征或属性的过程。所谓定量分析,是运用概率论和数理统计的测量、计算及分析技术,对社会现象的数量、特征、数学关系和事物发展过程中的数量变化等方面进行描述的过程。为了取得比较符合实际的结论,不仅要进行定性分析,而且要进行定量分析;要在定性的基础上尽量根据不同要求把资料量化,制成统计表或统计图,或计算百分比、平均值等,然后运用这些量化资料进行分析,力求对调查的事物有较深刻的认识,并把有关材料迅速提供给领导部门,作为策划的依据。成功的企业在日常公共关系工作中经常运用以上方法。

(五)撰写调查报告

撰写调查报告是公共关系调查的最后程序。撰写调查报告的目的,是为制订科学的公共关系计划方案提供依据,为领导者决策提供参考,寻求领导的支持和帮助。撰写出一份具有说服力的调查报告,是卓有成效地进行公共关系调查的一个不可忽视的方面。如果调查报告的撰写不得要领,即使前面的工作做得再好,整个调查也不会令人满意。

调查报告是对调查过程的回顾和调查成果的总结,主要包括以下内容:

①调查题目,调查委托人,调查主持人,调查日期。

②调查的原因和目的。

③调查的总体对象。

④调查所采用的基本方法。

⑤调查的结果及有关数据、各种答案的比例。

⑥问卷回收率及抽样误差。

⑦分析结果。

⑧调查者提出的建议。

⑨附件,包括问卷样本、统计数据、背景资料等。

调查报告不同于纯理论文章,也不同于一般的工作总结,它着重于用调查资料来说明问题,用资料来支撑结论。因此,在撰写调查报告时,要实事求是,资料的取舍要合理,推理要合乎逻辑,同时还要在结构、主题、语言上下工夫。调查报告写好后要及时送交最高管理部门备案,供决策者决策时参考。

四、旅游公共关系调查的方法

(一)按照调查的形式和途径划分

1. 直接调查法

直接调查法是直接与调查对象接触获取相关信息,主要有观察法和访谈法两种。

（1）观察法

观察法，是调查人员深入现场对调查对象的情况直接观察记录，取得第一手资料的调查方法。

（2）访谈法

访谈法也称访问法，是调查人员同被调查者直接接触，通过有目的的谈话来收集资料的一种调查方法。谈话方式包括个别访谈、座谈及电话访谈等形式。

2. 间接调查法

（1）问卷调查

问卷调查指将调查的问题设计成调查表、问卷等形式，直接发放或以信函的形式邮寄给被调查对象，让他们根据要求逐项填写调查表后回收。问卷调查法区域广、成本低，是公共关系调查的重要方法。

但应注意的是，调查问卷的回收率一般较低。美国社会学家肯尼迪·贝利认为，50％的回收率是可以令人满意的，60％是相当成功的，而70％以上则可以说是非常成功的了。因此，必须采取有效措施，尽量调动被调查者答卷的积极性，提高调查问卷的回收率。

（2）文献研究

文献研究是对文献资料进行收集、分析、整理，从而获得有关调查信息的方法。文献资料包括报纸、杂志、书籍、档案、文件、总结报告、数据报表等。

（3）网络调查

网络调查又称在线调查，是通过互联网及其调查系统把传统的调查、分析方法在线化、智能化。网络调查比传统的问卷调查更方便快捷，公众参与也更广泛。

(二)按照调查对象的选择方法划分

1. 全面调查

全面调查又叫做普查，它是针对所有调查对象进行的调查。普查的优点是调查数据全面、准确、客观，但普查的工作量较大，不适合大规模的公共关系调查。

2. 重点调查

重点调查就是从所有调查对象中选出少数重点对象进行的调查。重点调查的优点是调查单位少，节省人力、物力、财力，能够迅速掌握调查对象的信息。

3. 典型调查

典型调查就是在所有调查对象中选择一些具有代表性和典型性的对象进行调查，推演、揭示总体的特征和发展变化规律。

典型调查由于所选择的调查对象具有代表性和选择性,调查结果比较接近实际。另外,由于典型调查所选取的对象较少,能够用较少的人力、物力和财力进行深入了解,因此,典型调查是一种比较科学又比较省时、省力、省钱的调查方法,在公共关系调查中得到广泛运用。

4. 抽样调查

抽样调查是遵循一定的原则,从调查总体中抽取一部分样本进行调查,以此推断总体特征的一种调查方法。抽样包括随机抽样与非随机抽样两种类型。公共关系调查中采用的大都是随机抽样,随机抽样又分以下三种:

(1)简单随机抽样

这是一种最基本的随机抽样方法,也叫做单纯随机抽样,即对总体单位不进行任何组合,仅按随机原则直接抽取样本。

(2)等距随机抽样

等距随机抽样又叫做机械随机抽样、系统抽样。它首先是将总体所有单位按一定顺序排列起来编上序号,然后按照相同的间隔作等距抽样。

(3)分层随机抽样

分层随机抽样又叫做类型随机抽样。它首先将总体各单位按一定标准(如属性、特征)分为若干层或类型;其次根据各层单位数与总体单位数的比例,确定从各层中抽取样本单位的数量;最后按照随机原则从各层中抽取样本。

五、座谈调查的方法与技巧

座谈调查也称集体访谈,主要形式就是召开座谈会。座谈会进行调查的效果在很大程度上取决于调查者的驾驭能力和技巧。调查者的能力强、技巧高,座谈会开得就会轻松自然而又主题突出,与会代表通过互相讨论、互相启发把调查的问题引向深入,与会者充分自由发表意见,调查者便可全面了解各方面的意见;反之,如果调查者没有驾驭座谈会的能力和技巧,那么,座谈会就很可能出现沉闷的窘况,或与会代表海阔天空一般神侃,还可能出现因团体压力而难以听到不同意见的情况,整个调查就难以达到预期的效果。所以,要搞好集体访谈调查,提高调查者召开座谈会的能力和技巧是十分关键的。

(一)座谈前充分准备

座谈前首先要准备座谈提纲,包括座谈的目的、座谈的主题、座谈中准备提出的问题及提问的先后顺序等。一般来说,座谈会主题越明确越好,各种问题想得越深入越好,并尽可能估计多种可能的情况。对于那些临场经验不足的调查者,甚至如何作开场白、如何提出问题等具体细节都应事先有所准备。

(二)精心选择座谈对象

要对参加座谈会的人员进行选择,尽量选择具有典型性和代表性而且对调查的问题比较熟悉的人。另外,要根据调查的目的和问题确定座谈会的人数。

(三)营造良好的座谈氛围

良好的座谈氛围能够让调查对象坦诚己见,知无不言。因此,主持者应竭力营造良好的座谈氛围。座谈会开始时,不妨互相介绍一下或做一些轻松愉快的漫谈,然后自然地转入主题;座谈中,不要让会议冷场,一旦发现这种情况,主持者应尽量用启发式语言使会议气氛活跃;与会代表发言时,调查者应集中精力,认真作好笔记,同时还应不时地用目光或简短的肯定词语如"嗯""啊"等来沟通与发言者的感情,造成融洽的气氛;对于座谈发言中出现的意见分歧,要巧妙化解,防止争吵和产生矛盾。

(四)要把握座谈的主题与方向

座谈会要始终围绕主题进行。因此,座谈会开始时,主持人应开门见山地点明座谈主题。座谈中,主持人要见机行事,发现有人发言离题时,要用比较巧妙而简短的插话把会议拉回到主题上来。当发现会议有形成团体压力的可能时,调查者应机警地排除干扰,如及时插话、变换角度来讨论问题,还可以进行一些尽量轻松的漫谈,把会议引入无拘无束的境地,让各种意见都发表出来。

六、调查问卷的设计

问卷调查成功的关键在于调查表的设计。调查表也称调查问卷,通过对问题的设计编排,可以使调查内容标准化、系统化,既便于调查对象回答,又便于调查者对资料进行整理和分析。

(一)调查问卷的结构形式

调查表一般由标题、介绍词、填表说明、调查问题、结语五部分组成。为便于分类归档或电子计算机处理,调查表一般都应编号。

1. 标题

每份调查表都应明确简洁,以醒目的标题开宗明义地告诉被调查者所调查的主题,如"中国旅游消费的心态调查问卷""关于××企业形象的调查问卷",把调查对象和调查内容一目了然地呈现在被调查者面前,以便取得被调查者的合作。

2.介绍词

介绍词主要说明调查的发起单位、调查的目的和意义,对被调查者回答问题的希望、要求和承诺,如表示感谢、是否保密、予以奖励等,使被调查者进一步明确调查目的,引发调查者的兴趣和注意,消除不必要的顾虑,理解和支持调查工作。

3.填表说明

这是告诉被调查者如何填表的说明部分。凡是容易引起歧义和误会的或难于理解的都应在此部分进行解释和说明。凡是调查表格比较复杂估计被调查者难以填写的,还应予以示范。

4.调查问题

这是调查表的主体部分,它由一个个相互联系并前后有序的问题和相应的可供选择的答案组成(如果是开放型问题,则无答案部分)。在这一部分中,要根据调查的目的和任务,围绕主题确定要调查的项目,并根据事物的内在联系确定其先后次序;设计好提问的方式,并以被调查者最容易接受的语言提问;对于需要提供可供选择答案的问题,要设计好选择答案。

5.结语

结语主要是向被调查者表示感谢,也可征询一下被调查者对本次调查活动的意见和建议等。

(二)调查问题的设计

调查问题的设计是调查问卷最重要的内容,设计的问题目的性强、紧扣主题、明确具体、措辞得当,才能获得准确而可靠的调查结果。

1.主题明确,问题全面系统

设计时,一般是先从调查目的出发,将调查主题逐层分解,直到可以依据这些分解的条目设计提问语句时为止;然后,按照问题的逻辑联系逐个问题分析调整,防止片面和遗漏。

2.提问的语句明确,方式恰当

问题设计出来以后,就要把每一个问题设计成提问语句。在设计提问语句时,要注意以下事项:

(1)注意提问的方式

提问方式有直接提问、间接提问、假设性提问等。一般来说,对于那些估计被调查者能够直接回答的项目都可以用直接提问方式设计语句,如"您家是否有参加旅行社组织的旅游活动?""您认为采用哪种方式组织酒店庆典活动最好?"对于那些估计被调查者直接作答可能有顾虑的问题,一般采用间接提问方式较好。间接提问,是不直接问被调查者本人的有关情况,而是要求其回答其他人是什么情况、态度与想法。例如,向一个个体户了解个体户每天的收入,采用"您估计大多数像您这样情况的人每天纯收入是多少"的提问,就比"您每天的纯收入是多少"的提问间接一些,得到的资料也可能客观一些。有时,为了全面了解情况,还可以假设某一情景或假设别人对某事物有一看法而要求被调查者说出自己的想法,这种提问方式就是假设性的。如"有人认为,目前旅行社还不具备实行民主管理的条件,您是否同意这种看法?""假定您所在的饭店遇到形象危机,您会怎样办?"此外,对于那些被调查者不敢或不愿公开作答的敏感问题,也可采用假设性提问方式。

(2)注意提问语句的确切

语句确切,指设计的语句意思表达清楚,所用概念的内涵与外延十分明确。只有语句确切,被调查者才能得到口径一致的真实材料。因此,在设计语句时,要注意对那些容易发生歧义的概念进行严格限定,表达清楚。例如,语句中涉及"家庭"一词,就不要用"您家有多少人"之类的笼统问句,而要对"家庭"进行限制;根据需要,可限定为"小家庭""大家庭(祖孙三代)"等。再如,"您觉得您的领导是否具有民主作风"的语句,就没有"您觉得,您的直接领导中,他们大多数人是否具有民主作风"表达清楚。

(3)要避免出现诱导性问题

诱导性问题,是指包括某种倾向而使被调查者按其倾向作答的问题。一般用权威的话或大多数人的看法设计的问题都是诱导性问题,如"大多数人都对工作很满意,您呢?""在这次全省饭店服务质量评比中,我饭店获得评比第一名,您的意思呢?"这样的提问一般很难得到全面的真实材料,在语句设计中是必须避免的。对问题的设计一般都应取中立的方式,如上两例就可改为"您是否对您目前从事的工作感到满意?""你入住了我们饭店后,感觉我们饭店提供的服务质量如何?"

(4)问题以封闭式为主

所谓封闭式问题,是指设计若干可供选择的答案而由被调查者根据情况选择作答的问题;所谓开放式问题,是指不提供具体答案而由被调查者自己回答的问题。一般来说,封闭式问题具有作答方便、省时省力、资料便于统计分析等优点,适用于大规模的问卷调查,但它难于取得丰富生动的资料、缺乏自发性和表现力、常常需要开放式问题来弥补不足。因此,在设计问卷时,一般应以封闭式问题为主体,同时以少量开放式问题作补充,如"您认为天龙大厦提供的服务如何? 您对天龙大厦有何评价?"开放性问卷多用于探索性研究,它给调查对象较多的创造和发挥的余地,可获得较深层次或是调查者意想不到的信息,适于定性研究,但答案非标准化、难以统计分析、费时且易引起拒答。

提问语句设计应注意的事项还有:设计的语句尽量考虑被调查者的不同情况,尽量适合于各种被调查者;调查表中的项目一般不宜太多,一般控制在作答者半小时内完成为宜;语句要简洁,不要太长等等。

3. 选择答案的设计科学

封闭式问题需要设计出不同的答案,供被调查者选择。按其性质封闭式问题可以划分为定类、定序、定距和定比问题,各类问题的答案设计各不相同。

(1)定类问题的答案设计

定类问题是要求对被测定对象的性质作出分类的问题。定类问题的答案设计要注意:一是可供选择的答案要互斥;二是答案要穷尽。例如,"您认为下面哪些人最适合做这种工作?(请在选择项右边的□中划上√)老年人□中年人□青年人□或男人□女人□",但不能把以上两种选择答案混在一起。再如,"目前,您在日常生活中最迫切需要的是什么?(选三项)第一位□第二位□第三位□①增加个人收入;②提高社会地位;③发挥才能,做出成绩;④对公共事务有更多的发言权;⑤人与人之间的感情联系;⑥丰富文化生活。"这一例中,答案显然没有穷尽,被调查者最迫切需要满足的很可能是"房子"或"找个对象"等,因此,像这一类难以列举完答案的,应在其后加上"其他",使答案穷尽,如上例就应加上"⑦其他(请您自己填写)"。

(2)定序问题的答案

定序问题是要求对被测定对象的排列次序作答的问题。对这类问题的设计,一般采用五级或三级定序答案,如"你对××公司的信心如何? A. 充满信心;B. 毫无信心。"两者之间存在着很大的空档。较好的答案是:A. 充满信心;B. 相当有信心;C. 有点信心;D. 信心甚少;E. 毫无信心。或者:A. 超过一般;B. 一般;C. 低于一般。前一种是五级定序,后一种是三级定序。

五级定序答案一般采取"①极喜欢(极满意,极可靠);②喜欢(满意,可靠);③无所谓或拿不准;④不喜欢(不满意,不可靠);⑤极不喜欢(极不满意,极不可靠)"这样的基本形式。

三级定序答案的基本形式是把五级定序答案中的两极端情况即①⑤去掉后的部分,由②③④构成。有时,根据需要还可以采取不平衡的做法,即偏向某一方面的答案数目加多,如"您对我厂公关人员的态度有何看法?非常好□好□一般□不好□"。这一例中,好的方面的答案数目就偏多。

一般来说,定序问题的答案有强迫性答案与非强迫性答案之分。强迫性答案如"满意,无所谓,不满意"等,要求作答者一定表示自己的态度;而非强迫性答案如"满意,无所谓,不满意,不了解"等,因为有"不了解"一项,所以,它就不强求被调查者对某事物一定表态。在设计答案时,一般采取强迫性答案,有时也采用少量非强迫性答案。

(3)定距问题的答案

要求设计出来的答案之间的顺序关系保持一定距离,如"您的月基本收入是①7000元以上□ ②5000~7000元□ ③3000~5000元□ ④1000~3000元□ ⑤1000元以下□"。这一例中,答案之间的顺序关系都保持2000元的等距。

定比问题,它要求设计出来的答案之间的顺序关系成比率。在公关调查中,定比问题极少见。

4. 问题的编排次序合理

问题设计好后,还要进行科学、合理的编排,做到符合逻辑顺序和结构,符合被调查人的思维方式,尽量做到先易后难,先一般性问题后特殊性问题,先封闭式问题后开放式问题,便于思考和回答。

七、旅游组织形象的调查与分析

塑造良好的组织形象,赢得公众对组织的认可、信赖与支持,是旅游公共关系的重要职能和目标。因此,对旅游组织的形象进行调查、分析,确定旅游组织的形象状态是旅游公共关系的一项重要工作。

(一)旅游形象要素分析

旅游组织形象要素的分析一般采用"语意差别法"进行。其方法是:以认定较为重要的属性语义的两极为端点,在两端之间若干中间程度的档次,制作成5等分或7等分的表格,以表示这些属性的差别程度。受访者将自己的看法评价在表格中标出;调查完毕,公共关系人员对所有样本进行统计,就可直观地了解到公众态度的具体内容。

(二)组织形象地位分析

组织的形象可概括为两个方面:知名度和美誉度。知名度表示社会公众对组织了解和知晓的程度;美誉度表示社会公众对组织的赞许及赞誉的程度。知名度和美誉度反映了社会公众对组织的总体态度和评价。通过描绘组织形象地位分析图,可以确定组织在公众心目中的总体形象,如图6-1所示。

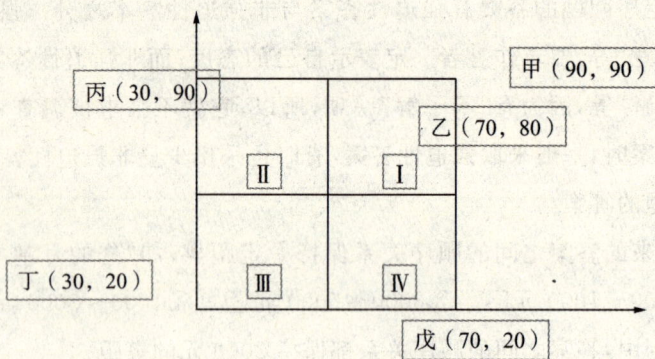

图 6-1　组织形象坐标

整个图分为四个区域。在Ⅰ区中甲、乙两个企业的知名度和美誉度都在50个单位以上，即高知名度和高美誉度，属理想态。Ⅱ区的丙企业，知名度在50以下，美誉度在50以上，即高美誉度和低知名度，属封闭态。这时组织公共关系工作的重点应放在提高组织的知名度上，让社会上更多的人知道该组织的良好行为。Ⅲ区域的丁企业，知名度和美誉度都在50个单位以下，即低知名度和低美誉度，属初始态。公共关系担负着提高知名度和美誉度的双重任务。Ⅳ区的戊企业知名度在50个单位以上，美誉度在50个单位以下，即高知名度、低美誉度，属危机态。其公共关系工作应分三步走：第一步降低已形成的坏名声，第二步努力提高组织的美誉度，第三步重新扩大组织的知名度。

(三)组织形象差距比较分析

将组织的实际形象和自我期望形象进行比较分析，找出实际形象和自我期望形象之间的差距，以此作为组织公共关系应该努力的方向，如图6-2所示。

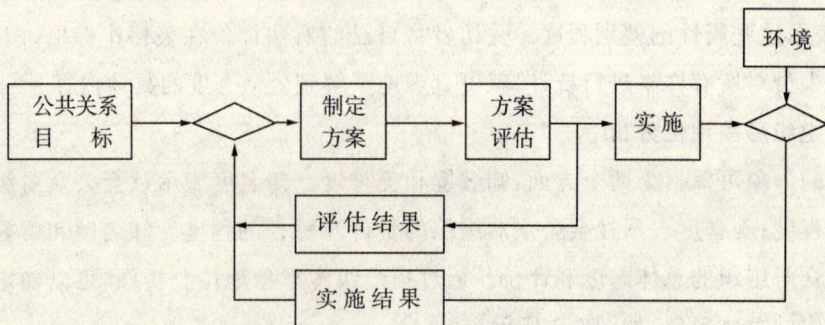

图 6-2　形象差距比较

　　具体方法:第一步,将组织形象要素调查表中表示不同程度评价的 7 个档次数据化,使其成为数值标尺,图中用实线表示的是组织的实际形象;第二步,将组织形象要素表中的自我期望形象的各要素也数据化,用虚线表示;第三步,将实线所表示的组织实际形象和用虚线表示的自我期望形象对照比较,就可以清楚地看出两者之间的明显差距。从图 6-2 中可以看出,经营方针这一项,自我期望形象和实际形象最接近,而管理程序这一项,自我期望形象和实际形象差距最大,这就是组织公共关系努力的重点之所在。

第二节　旅游公共关系策划

　　"凡事预则立,不预则废。"预,就是事先做好充分准备,并进行必要的策划。有了策划,事情就容易成功;反之,则往往造成损失或失败。因此,策划是旅游公共关系活动的一项重要工作,任何成功的公共关系活动都离不开高水平的策划。

　　早在 1955 年,爱德华·L·伯纳斯就已将"策划"的概念引入公共关系的理论和实践,并得到人们的普遍认可。克莱默在对美国 109 家公共关系公司的调查中发现,公共关系工作中的公共关系调研与制定计划具有很高的相关性。另外,一项由波士顿大学主持的"关于公共关系活动的计划性"的调查表明,在被调查的 400 家企业中,89％的企业均制定有各种行动计划。这些都说明了策划在公共关系工作中的重要性。

一、旅游公共关系策划的含义

　　策划,简单地说,就是谋划、设计,即要干什么、如何干。人们做事情需要策划,无论是生活中还是工作中,需要"三思而后行"。公共关系工作也不例外。那么,什么是旅游公共关系策划呢?

　　旅游公共关系策划是指公共关系人员根据旅游组织的公共关系状态和目标需要,在客观分析现有条件和内外环境的基础上,对公共关系工作的策略、活动方案进行设计、优化的过程。

　　按照英国著名的公共关系专家弗兰克·杰夫金斯提出的公共关系工作策划方案的六点模式,即评价现状、确立目标、确定公众、选择传播媒介和方法、预算及估价结果,结合卡特利普·和森特的"四步工作法"(公共调查、公共策划、公共实施、公共评价),我们将公共关系策划程序定为:①确定目标;②确定公众;③选择媒体;④确定活动方式;⑤经费预算;⑥提出方案;⑦优化方案;⑧审定方案。

二、旅游公共关系策划的意义

(一)有利于加强组织公关工作的整体性

旅游公共关系策划,使公关目标与组织的性质、目标、任务紧密配合,使实现公关目标的活动成为组织管理系统的一个有机组成部分,从而使组织的政策和各部门的活动统一到树立良好的组织形象、提高组织社会效益和经济效益上来,使组织的每项公关活动都与一定的目标相联系,成为构成良好组织形象这个花环上的一朵绚丽鲜花,从而发挥公关工作的整体效果。

(二)有利于提高组织公关工作的可控性

通过旅游公共关系策划,形成一种长期与短期结合、创新与维持组织形象相结合的公关目标体系,并以此为基础,妥善安排好日常工作、定期活动和专门活动的内容和项目,制订恰当的费用预算和时间安排,形成一张既积极主动又稳妥有序的公关活动进程表,以此作为控制公关工作、检查评价公关效果的依据,从而使公关工作在目标和计划的控制之下稳步开展,取得预期的效果。

(三)有利于增强组织公关工作的预见性

通过旅游公共关系策划,可以使公关工作建立在充分调查研究的基础之上,依据大量的公众和环境资料、预测趋势、分析后果、区分轻重缓急,提出主动灵活、适应环境变化的有力措施,以此影响组织的决策者;影响组织各部门和全体人员的言行,争取他们的合作,从而尽量减少危机事件,使公关工作主动超前,避免"救火"。

(四)有利于促进组织公关工作的成熟性

通过旅游公共关系策划,在情境分析的基础上,形成目标、方案和预算,使公关组织机构和人员以此为依据,分析评价实现公关目标、执行公关方案和预算的情况,从而分析原因、吸取工作中的经验教训,以指导今后的工作。

总之,公关策划有利于明确组织的公关目标,积累工作成果;有利于控制工作过程,评价工作效果;有利于增强工作的预见性,减少危机事件;有利于积累工作经验,提高工作水平,保证公关活动达到预期目标。

三、旅游公共关系策划的步骤与方法

(一)确定旅游公共关系目标

目标是指在一定的环境条件下,预测和希望实现的结果。旅游公共关系目标是制定和实施公共关系工作的依据。

旅游公共关系目标既有整体目标,又有各项工作的具体目标;既有近期目标,又有长远目标,它们共同构成完整的目标体系。

确定旅游公共关系目标应遵循以下原则。

1.整体性原则

旅游公共关系目标要与旅游组织的发展目标一致,各项公共关系工作的目标要与公共关系工作的整体目标一致,公共关系工作的近期目标要与长远目标一致。

2.可操作性原则

旅游公共关系目标一定要具体、量化,并且分解落实到每一项工作中,便于公共关系人员理解和实施。

3.弹性原则

旅游公共关系目标既要具有可行性和挑战性,又要留有余地,以适应环境变化,应付突发事件。但是,留有余地不是"留一手",不能简单地降低目标。

4.群体性原则

制定旅游公共关系目标需让全体员工参与,一方面使公关目标更加科学、合理;另一方面使他们理解和支持目标,提高实现目标的主动性和自觉性。

◆ **专题笔谈 6.1**

英国公共关系专家弗兰克·杰夫金斯绘制的公共关系目标清单

1.新产品、新技术、新服务项目开发之中,要让公众有足够的了解。

2.开辟新市场、推销新产品或服务之前,要在新市场所在地的公众中宣传组织的声誉,提高知名度。

3.企业转产时,要调整组织的内外形象,使新的组织形象与新产品相适应。

4.参加社会公益活动,并通过适当的方式向公众宣传,增强公众对组织的了解和好感。开展社区公共关系活动,与组织所在地的公众沟通。

5.本组织的产品或服务在社会上造成不良影响后,进行公共关系活动。

6.为本组织新的分公司、新的销售店、新的驻外办事处进行宣传,使各类公众及时了解。

7.让组织内外的公众了解组织高层领导关心社会、参加各种社会活动的情况,以提高组织声誉。

8.发生严重事故后,要让公众了解组织处理的过程、采取的方法,解释事故的原因以及正在做出的努力。

9.创造良好的消费环境,在公众中普及同本组织有关的产品或服务的消费和生活方式。

10.创造股票发行的良好环境,在本组织的股票准备正式上市挂牌前,向各类公众介绍产品特点、发展前景、经营情况等。

11.通过适当的方式使儿童了解本组织产品的商标牌号、企业名称。

12.争取政府支持,协调组织与政府的关系。

13.赞助社会公益事业。

14.准备同其他组织建立合作关系时,对组织的内部公众、组织的合作者及政府部门宣传合作的意义和作用。在竞争危急时刻,通过联络感情等方式,争取有关公众的支持。

资料来源:http://wenku.baidu.com/view/e6f476bfc77da26925c5b036.html

(二)确定公众

任何公共关系活动不可能面对所有公众,必须根据公共关系工作的目标和重点选择特定的目标公众,并针对目标公众进行传播与沟通。

1.选择目标公众

旅游公共关系选择目标公众的原则包括重要性原则、应急原则、动态原则、不扩散原则等。

2.分析目标公众的特征、权利与要求

互惠互利是公共关系的基本原则。因此,公共关系人员必须了解目标公众对组织的权利要求,在维护公众利益的基础上开展公共关系工作,见表6.1。

表 6.1 公众权利要求结构

公司的权利要求者	权利要求的一般性质
员　　工	在社会地位上的人格尊重的心理满足;不受上级的专横对待;就业安全和适当的工作条件;合理的工资和分享福利;上进机会;工会活动自由;了解公司内情;有效的领导
股　　东	参加利润分配;增股报价;资产清理;股份表决;检查公司账册;股票转让;董事会选举;了解公司的发展状况;与公司的合同所确定的附加权利
政　　府	各项税收;公平竞争;遵守各项法律、政策;承担法律义务等

（续表）

顾　　客	优良的服务态度；公平合理的价格；产品质量保证及适当的保用期；准确解释各种疑难或投诉；提供产品的售后维修服务；使用产品的技术资料服务；产品备用零配件的供应；产品改进的研究与开发；增进消费者信任的各项服务
竞　争　者	由社会和本行业确立竞争活动准则；平等的竞争机会和条件；竞争中互相协作；当代企业家的风度
社　　区	在当地社会提供生产性的、健康的就业机会；正规雇佣，公平竞争；就地采购当地社会产品的合理份额；保护社区环境；关心和支持当地政府；支持文化和慈善事业；赞助地方公益活动；公司负责人关心和参加社区事务
媒　　介	公平提供消息来源；尊重新闻界的职业尊严；参加公司重要庆典活动等社交活动；保证记者采访的独家新闻不被泄露；提供采访的方便条件

资料来源：王乐夫.公共关系[M].北京：中国人民出版社，2008.

3. 了解目标公众对旅游组织的态度

了解目标公众对旅游组织的态度包括公众是否认可旅游组织的理念、价值观，是否理解和支持组织的行为，是否信任和购买旅游企业的产品等。

（三）确定旅游公共关系活动的主题

旅游公共关系主题是整个公关活动的核心，贯穿于公关活动的始末，对实现旅游公共关系目标具有重要意义。其基本要求如下。

1. 主题鲜明，富有特色和吸引力

要根据旅游公共关系的目标和目标公众，设计富有特色和吸引力的主题。

2. 主题简明、亲切，富有感召力

旅游公共关系主题可以凝练成口号，便于公众记忆和接受，但主题口号一定要切合实际，诚实可靠。华而不实的口号，往往适得其反，引起公众的反感。

另外，还要针对不同的目标、不同的阶段、不同的公众设计不同的主题。

（四）策划旅游公共关系项目和活动

1. 旅游公共关系项目要紧扣主题

要围绕主题策划公关项目和活动，尽量避免与主题无关或者淡化主题的项目。特别是公关系列活动，一定要突出主题，避免平淡拖沓。

2. 强调项目的特色与吸引力

当今社会，各类事件和活动此起彼伏、层出不穷。如果旅游组织的公关活动没有特色和创新,就很难对公众产生吸引力,也无法给观众留下深刻印象。

3.项目要考虑公众的特点与要求

策划什么样的公关项目和活动,不仅要考虑组织的需要和利益,还要考虑公众的特点与要求。只有符合公众特点的项目才能够有更多的公众参与,只有满足公众利益和要求的项目,才能够被公众认可。

4.各项目之间要突出重点,协调一致

旅游组织在不同时期要推出不同的公关项目和活动。这些项目在主题、内容、时间等方面,要统筹兼顾、合理安排,既要突出重点,又要协调一致,避免彼此重复和相互干扰,做到高潮迭起、相映生辉。

(五)选择旅游公共关系活动的时机——审时度势

一个好的公共关系活动方案还应当选择有利时机,才能充分发挥其价值。一般来说,根据旅游组织不同发展时期的具体情况和需要,可以选择如下时机:

①组织开业或新产品、新项目、新服务、新技术推出之时。

②组织更名、转产或与其他组织合并时。

③组织获得荣誉、引起关注时。

④组织遇到某种偶发事件、发生某种失误或被公众误解时。

⑤重要的节日、社会上发生重要事件时。

选择公共关系活动的时机,要求公共关系人员有较高的敏锐性和创造性,要独具慧眼,才能不失时机地开展富有成效的公共关系活动。

(六)策划传播与媒体的选择

旅游公共关系计划的实施在很大程度上是信息传播活动。如何使传播收到最佳效果,这是公关人员制定计划时应该解决的重要问题。

1.谋划新闻事件

为了达到吸引新闻媒介注意,利用新闻媒介为组织传播信息、扩大影响,组织常需要根据新闻媒介的特点和自身需要谋划新闻事件。

谋划新闻事件具有较强的创造性和机遇性,要求公共关系人员必须有较宽厚的知识素养和广泛的兴趣,对外界变化有较灵敏的反应,这样才能抓住时机,创造出有价值、有特色和竞争力强的新闻事件,从而有利于实现旅游组织的公共关系目标。

2.准备传播信息材料

要使所准备的传播材料达到预期的效果,必须注意如下三点:

①使材料所传播的信息具有显著性,以突出某些事实,便于公众从众多信息中选择、注意和接收这些信息,加深对这些信息的记忆。

②使材料所传播的信息具有相关性,即这些材料所传播的信息应有利于表现某一公共关系主题,有利于实现某一具体公共关系目标,使公众通过接收信息了解组织,进而形成或改变对组织的态度。

③使材料所传播的信息具有利益诱导性,公众能够通过接收信息找到满足某些需要的方式和方法,同时兼收有利于组织发展的效益。

3. 选择传播媒介

不同媒介各有所长,只有选择恰当才能取得良好的传播效果。选择传播媒介的基本原则是:

(1)根据公共关系工作的目标选择传播媒介

选择媒介首先应着眼于组织公共关系的目标和要求。如果组织的目标是提高知名度,则可以选择大众传播媒介。如果组织的目标是缓和内部紧张关系,则可以通过人际传播与群体传播,通过会谈、对话等方式加以解决。

(2)根据不同公共关系对象选择传播媒介

不同的对象适用于不同的传播媒介,要想使信息有效地传达到目标公众,就必须考虑到目标公众的经济状况、教育程度、职业特点、生活方式及他们通常接受信息的习惯等,根据这些情况决定选用什么样的媒介。比如,对流动性较大的出租汽车司机,最好采用广播;要引起儿童的注意和兴趣,制作电视节目和卡通片效果最好;对文化较落后又没有电视的山区农民,则可采用有线广播与人际传播;对喜欢阅读思考的知识分子,应多采用报纸、杂志等传播媒介。

(3)根据传播内容选择传播媒介

不论是个体传播、群体传播还是大众传播,每种形式都有鲜明的特点和一定的适用范围。选择媒介时,应将信息内容的特点和各种传播媒介的优劣势结合起来综合考虑。比如,内容较简单的快讯可以选择广播,它覆盖面广,传播速度快,对文化水平要求不高;对较复杂、需要反复思索才能明白的内容,最好选择印刷媒介(如报纸、杂志、图书等),可以使人从容研读、慢慢品味;对开张仪式、大型公共关系活动的盛况,采用电视电影则生动、逼真,能产生诱人的效果。

还需要注意的是,只对本地区有意义的信息,就不要选用全国性的传播媒介;只对一小部分特定公众有意义的消息,就没必要采用大众传播媒介;对个别的消费者投诉,则只需要面约商谈或书信往来。

(4)根据公共关系经费选择传播媒介

选择媒介一定要"量力而行"。旅游组织的公共关系活动经费一般都很有限,而越是现代化的传播媒介费用越高。所以,成功的公共关系策划是选择恰当的媒介和方式,以较少的开支争取最好的传播效果。

(七)旅游公共关系经费预算

公共关系活动需要一定的人力、物力、财力保障,特别是需要一定的活动经费,因此必须进行经费预算。公共关系预算是按照目标、实施方案,将所需的费用分成若干项目,编制经费预算表。

公共关系活动经费一般包括公共关系人员的工资报酬、办公管理费用、设备物资费用、项目活动经费等。

编制旅游公共关系经费预算的方法主要有以下三种:

1. 目标优先法——做什么事,花什么钱

根据完成的目标任务的大小确定公共关系经费。

2. 项目优先法——办多少事,花多少钱

根据策划的公共关系活动项目,逐项进行经费预算,然后汇总确定总费用。

3. 经费优先法——有多少钱,办多少事

根据经费的情况策划公关项目,以保证项目能够顺利开展。

无论采用哪种方法编制旅游公共关系活动经费,一定要留有余地,以应对突发事件的发生。

四、旅游公共关系活动策划书

旅游公共关系策划最后要形成书面的文字材料,即策划书(图 6-3)。一方面,策划书要报主管领导审批执行;另一方面,要作为公关档案留存,为公共关系评估及其他公关活动提供资料。

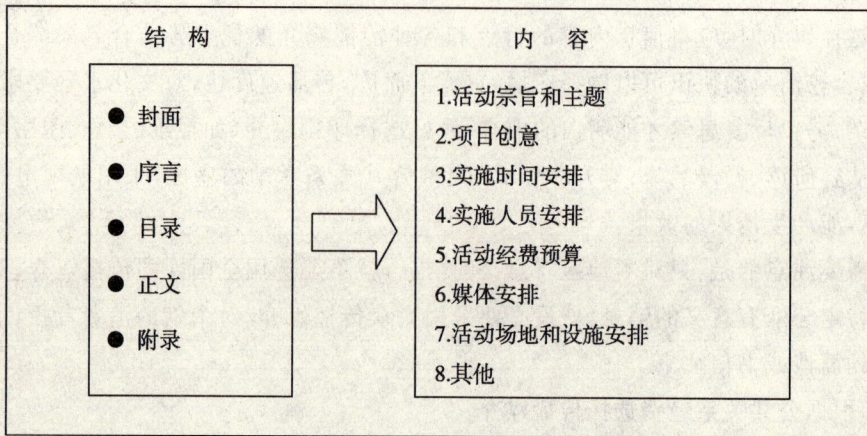

结　构		内　容
● 封面		1.活动宗旨和主题
● 序言		2.项目创意
● 目录	⇒	3.实施时间安排
● 正文		4.实施人员安排
● 附录		5.活动经费预算
		6.媒体安排
		7.活动场地和设施安排
		8.其他

图 6-3　旅游公共关系策划书的结构与内容

◆ 案例驿站 6.2

澳大利亚哈密尔顿岛在全球招聘看护员

2009 年 1 月 9 日,一则招聘活动引起了全球关注:澳大利亚昆士兰州哈密尔顿岛在全球范围内招聘"小岛看护员"。

这则招聘广告刊登在全球 18 个国家的媒体上,广告称这是"世界上最好的工作"。该工作任务轻松,每周只需工作 3 小时,主要内容是巡视一下小岛周边的动物及潜水者,定期将拍摄的照片和视频上传博客。作为回报,工作 6 个月可获得 15 万澳元(约合 75 万元人民币)的高薪;免费居住岛上一套 3 居室无敌海景别墅,室内电脑、电视、互联网一应俱全;另外,还可以报销从居住地到哈密尔顿岛的往返机票和船票。值得一提的是,这个职位无须学历,只要会游泳、懂英语,有较强的沟通能力就行。

哈密尔顿岛是澳大利亚著名的大堡礁群岛中的一个,位于澳洲东北部昆士兰海岸,人口仅 5 000 人,这里一年四季阳光明媚、气候宜人、景色秀丽,被誉为"皇冠上的明珠",是澳大利亚最佳的旅游度假胜地。前几年,随着海洋升温以及游客增多,大堡礁的珊瑚虫曾一度濒临灭绝。经过一段时间的休养生息,大堡礁生态环境得到了恢复,知名度却已大不如从前,游客的数量也难如人意。

昆士兰旅游局为了推介哈密尔顿岛,讨论过诸多奇幻的想法,如直升机空中扔骰子让观众有奖竞猜、沙滩选美比赛等,"世界上最好的工作"这个创意最终脱颖而出。

一面享受阳光沙滩,一面赚着高薪,而且工作轻松惬意。澳大利亚昆士兰州旅游局这次不落窠臼的全球招聘活动,受到全球媒体和公众的广泛关注。广告刊登的当天,昆士兰州旅游局的官方网站点击率就超过了 100 万,一度造成了服务器的瘫痪。路透社、美联社、中国中央电视台、美国《纽约时报》、英国《独立报》等全球各地大大小小媒体都对其进行了"不遗余力"的报道,这让大堡礁狠狠地做了一把免费广告。从 1 月 9 日到 2 月 22 日的报名期内,"世界上最好的工作"共吸引来自全球 200 个国家的近 3.5 万人竞聘。2009 年 5 月 6 日,招聘活动终于尘埃落定,英国人本·绍索尔获得了这份"世界上最好的工作"。7 月 1 日,他将开始令人艳羡的哈密尔顿岛看护员的工作。

本次活动是昆士兰旅游局花费 170 万澳元策划举办的一系列旅游推广活动之一。通过这一活动,让"昆士兰、大堡礁、哈密尔顿岛"成为全球关注的焦点,哈密尔顿岛也因此成为全球瞩目的休闲度假景区。活动开始的两个月,到哈密尔顿岛旅游度假人数超过去年同期两倍。据昆士兰旅游局统计,目前,这次活动已经取得超过 1.2 亿澳元的全球宣传效应。

资料来源:笔者根据网络资料 http://www.china.com.cn 整理

第三节　旅游公共关系实施

旅游公共关系实施,就是在公共关系计划被采纳以后,将计划所确定的内容变为公共关系实践的过程。一个完美无缺的公共关系计划,如果不付诸实施,而是束之高阁,那么,它无论是对旅游组织还是对公众都是毫无意义的纸上谈兵。

一、旅游公共关系实施的原则

(一)目标导向原则

所谓目标导向的原则是指在旅游公共关系计划实施过程中,保证公共关系实施活动不偏离公关目标。目标导向原则实际上就是管理学中的控制。公关人员利用目标对整个实施活动进行引导、制约和促进,以把握实施活动的进程和方向。因此,目标导向原则也叫目标控制原则。

(二)适应公众原则

根据不同的公众采取不同的实施方法,以取得良好的沟通效果。

(三)整体协调原则

所谓整体协调的原则就是在计划实施过程中,要强调整体性,各部门之间、各个环节、各项工作要从整体出发互相支持、互相配合,达到和谐、统一、互补的状态。

公共关系协调包括内部协调和外部协调。内部协调是组织与内部公众的协调,包括上下级之间的协调、同级部门或实施人员之间的协调;外部协调是组织与外部公众的协调。

协调的目的是使全体实施人员在认识和行动上取得一致,保证实施活动的同步与和谐,提高工作效率,减少或杜绝人力、财力和物力的浪费。

(四)反馈调整原则

旅游公共关系计划在实施过程中,公共关人员不断对实施的效果进行评估,发现问题,及时调整公共关系方案,然后按照调整后的方案实施。

由于公共关系计划实施的环境和目标公众的情况复杂而富有变化,在实施过程中,必须不断把公共关系计划在客观环境中实施的结果与公共关系目标相对照,如有偏差,应及时对计划、行动或目标做出相应的调整。因此,一项公共关系方案的制定与实施,需要经过多次循环往复的反馈、调整才能使实施不断完善,直至完成公共关系计划,实现战略目标(图6-4)。

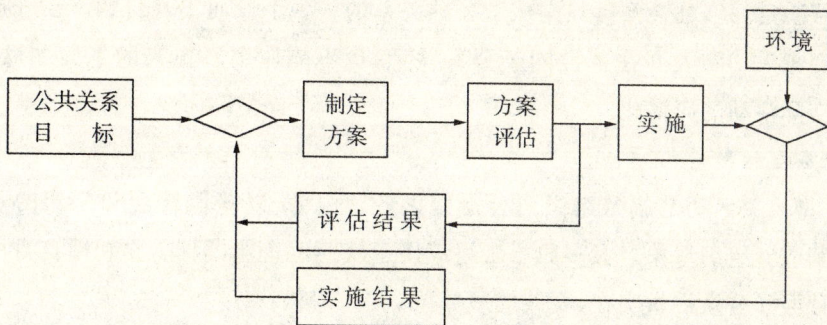

图 6-4　公共关系的反馈调整

二、旅游公共关系活动的模式

所谓公共关系活动的模式是指公共关系工作的方法系统，它是由公共关系目标和任务、具体工作方法与技巧等共同构成的有机整体。

公共关系活动模式对公共关系计划的实施具有重要指导意义。不同的旅游组织在不同时期，面对不同的公众类型、不同的社会环境，要采用不同的公共关系活动模式。

（一）按照旅游公共关系的工作方式不同划分

1. 宣传型活动模式

利用各种传播媒介和交流方式进行内外传播，让各类公众了解组织、支持组织，形成有利于组织发展的社会舆论，达到促进组织发展的目的。当组织知名度不高时，为提高自己在社会上的知名度，多采用此种模式。例如，发新闻稿、广告、板报、演讲、记者招待会、新产品展览会、经验或技术交流会等，都是宣传型活动模式。

组织在开展宣传时，要加大力度，大张旗鼓，让更多的人了解本组织的信息。但在宣传时要实事求是，不能夸大其词，虚假宣传，以免引起公众的反感。

2. 交际型活动模式

通过人与人的接触进行感情上的联络，为旅游组织广结良缘，建立广泛的社会关系网络，形成有利于组织发展的人际环境。其方式是进行团体交往和个人交往。团体交往包括各式各样的招待会、座谈会、宴会、茶话会、慰问、舞会等，个人交往有交谈、拜访、祝贺、信件往来。交际性公关活动具有直接性、灵活性的特点，富有人情味，使旅游组织与公众进行情感层次的沟通与交流，因此，开展交际型公共关系时要强调"以情动人""以诚感人"。

需要注意的是,社会交际只是旅游公共关系的一种手段而不是目的。在开展交际工作中,不要把一切私人交往都混同于公共关系,也不能使用不正当的手段如欺骗、行贿等,防止交际活动的庸俗化。

3.服务型活动模式

服务型公关活动是旅游组织向公众提供各种服务,以获取社会和公众的了解和好评,建立和改善组织形象。大多数旅游组织属于服务性企业,因此,要利用自身的特点和优势,为社会和公众提供实在、真诚的服务。

4.社会型活动模式

组织利用举办各种社会性、公益性、赞助性活动塑造企业形象,目的是通过积极的社会活动扩大企业的社会影响、提高其社会声誉、赢得公众的支持。

5.征询型活动模式

征询型活动模式属于以采集社会信息为主的活动类型,目的是通过信息采集、舆论调查、民意测验等工作了解社会舆论,为企业决策提供依据。这种活动的形式很多,如民意测验、访问用户、信访制度、监督电话、举报中心、热线电话、征求合理化建议、征求厂名和商品名等。征询型公共关系活动模式的开展需注意细水长流、日积月累坚持不懈。

(二)按照旅游组织与环境的关系划分

1.建设型活动模式

建设型活动模式是在组织创建初期,为了给公众以良好的"第一印象"、提高组织在社会上的知名度和美誉度而采用的一种模式,主要形式有举办各种开业庆典、免费招待参观、开业折价酬宾等。这种类型的活动,主要是引起公众注意,提高公众认知程度。

2.维系型活动模式

该模式主要适用于组织稳定发展时期,目的是通过传播与沟通,不断强化组织已有的知名度和美誉度,巩固公众对组织的良好印象。例如,广州中国大酒店开业一年后生意兴隆,为巩固已有成绩,该酒店举办了一次空前的周年庆典,邀请海内外知名记者和过去的知名顾客参加,向他们赠送各种印刷、电子宣传资料,赠送了大量制作精湛、有几千员工合影的自制明信片。通过这次活动,广州中国大酒店已有的知名度得到了巩固,并且大大争取了潜在公众。

3.防御型活动模式

这种模式是指公共关系人员预测组织与公众或环境之间可能产生矛盾或摩擦,及时向决策部门提出建议,及时调整组织的行为,以适应环境变化与公众要求,避免矛盾的产生,做到"防患于未然"。

4.矫正型活动模式

当组织的公共关系处于不良状态或形象受到损害时,如组织产品存在质量问题给社会公众造成危害、组织的生产破坏了社区的生态平衡或组织商标被侵犯造成公众的误解时,采用一系列有效措施,做好补救工作和善后事宜,消除不良影响,挽回组织的形象和声誉。

①如果是组织自身出现了失误,应本着实事求是、有错即改的态度,坦率检讨本组织的过失,并采取补救措施。一方面设法使该事件的影响降低到最低程度,另一方面将组织采取的改进措施和整顿情况及时公之于众,以求得公众的谅解,重新获得公众的信赖与支持。

②当组织被公众误解,或者受到造谣中伤、人为破坏时,应查明真相,及时向公众澄清事实,消除误会,将本组织采取的预防措施向公众宣传,以防事态继续发展。

5.进攻型活动模式

进攻型活动模式指当组织与外界环境发生激烈冲突、处于生死存亡的危急时刻,需要采用以攻为守、主动出击的公共关系模式。利用这种模式,可以抓住有利时机,主动改变环境,使组织重新获得新生。

三、旅游公共关系活动的传播

公共关系传播是旅游公共关系计划实施的重要工作。公共关系人员以旅游公共关系目标和公众的需要为出发点,选择最有效的途径和手段,通过传播与沟通,使公众了解、理解、信任和支持旅游组织,树立良好的组织形象。

(一)优化传播效果

为了获得最佳传播效果,必须注意两个方面。首先,要考虑目标公众利益和特征。公共关系活动实质上是针对目标公众而进行的信息传播活动,只有最大限度地满足公众的利益,在信息传播时符合公众的特征和接受习惯,引发公众的兴趣,才能使传播活动达到最优化的效果。其次,要通过计划控制信息传播活动。通过计划的制定、实施、检查和调整等措施,确保公共关系传播活动的顺利实施和公共关系目标的实现。

(二)进行媒介整合

开展公共关系工作,实施旅游公共关系传播活动,要借助各种传播媒介,如电视、广播、网络、报纸等。因此,要使活动获得最佳效果,必须进行媒介整合。根据公共关系目标以及受众的数量、分布范围、年龄、文化水平、兴趣爱好等,选择不同的媒介并加以整合,达到最佳的传播效果。

(三)设计传播过程

实施旅游公共关系计划首先要根据传播与沟通的目的选择适当的传播方式,然后再选择合适的传播渠道,充分考虑信息传播要素中每一个环节,使它们互相配合、协调一致,共同服务于公共关系目标。

(四)排除沟通障碍

在旅游公共关系传播过程中,旅游组织和公众之间会存在一定障碍,要及时了解产生沟通障碍的原因,有针对性地排除这些障碍。同时,要做好各项协调工作。要协调好各部门间的关系,避免互相脱节、互相牵扯甚至互相矛盾的现象;协调好各个公关项目之间的关系,做到相互衔接、相互配合;协调好公关活动的人员、物资,确保人尽其才、物尽其用。要处理好传播过程中的突发事件,避免对公共关系传播产生更大的干扰。

第四节　旅游公共关系评估

旅游公共关系评估是根据特定的标准,对公共关系计划的实施及效果进行衡量、检验、评价和估计,从中发现问题,及时做出调整,以更好地实现公共关系工作的目标。公共关系评估是"四步工作法"中的最后一步,也是改进公共关系工作的重要环节。

一、旅游公共关系评估的意义

(一)对公共关系工作进行有效控制

公共关系工作计划制定的是否合适、是否得到有效实施、是否取得了预期的效果,这些都需要通过评估来检验和衡量,并根据评估结果找出存在的问题和不足加以改进,从而提高公共关系工作的效率。

(二)全面展示公共关系活动的成果

通过旅游公共关系评估,能够全面、系统地总结公共关系工作的成果,展示公共关系工作对组织发展产生的巨大促进作用。一方面能够鼓舞士气,激发全体员工开展公共关系工作的热情;另一方面,让领导和决策者看到开展公共关系工作的明显效果,从而使他们更加重视公共关系工作。

(三)调整和改进公共关系工作,使公共关系工作更加行之有效

旅游组织要实现目标,必须持续不断地开展公共关系工作。而当一项公关工作结束之后,都要对其通过评估,发现工作中的问题和不足,以便为下一次公共关系工作提供决策依据。

二、旅游公共关系评估的内容

(一)对旅游公共关系计划的评估

该评估包括对计划的制定情况和实施情况进行评估。

1.旅游公共关系计划的制定

该项目评价公关活动的目标是否符合实际、主题是否鲜明、活动计划方案是否周密、公关活动的预算是否准确等。

2.旅游公共关系计划的实施

该项目评价公关活动是否按计划实施、开展的是否顺利、信息加工是否准确、传播媒介的选用及其效果如何、公众对传播的信息态度如何、传播是否达到了预期的效果等。

(二)对旅游公共关系效果的评估

1.了解信息内容的公众数量

该项目评价即对开展公共关系活动前后公众对组织的认识、了解和理解等变量进行比较,如在公共关系活动开展前后对同一组公众进行重复测验;或者在一组公众当中开展公共关系活动而在另一组公众当中不开展这项活动,然后将两组测验结果加以比较。

2.改变观点、态度的公众数量

这是评估实施效果的一个更高层次的标准。因为"态度"所涉及范围很广,内容丰富而复杂,而且不容易在很短时间内发生变化。评价一个人的态度,要根据一段时期内他在有关问题上的立场和观点,而不能仅凭一时一事判定一个人的态度发生变化与否。

3.发生期望行为与重复期望行为的公众数量

评估一项公共关系活动在改变人们长期行为方面取得的效果,需要较长时期的观察,并取得足以说明人们行为调整后不断重复与维持期望行为的有力证据。

4.达到的目标与解决的问题

这个评估标准是公共关系活动效果评估的最高标准。公共关系计划目标的实现,表现为取得理想的选择结果。在大多数情况下,公共关系活动的结果并非完全与计划目标相一致,但是解决了旅游组织的某些问题,公关工作同样被认为取得了良好效果。

上述公共关系评估类型,在内容上互有交叉,区别只是评估的角度不同。公共关系评估工作可视需要,选取其中一类或几类进行。

三、旅游公共关系评估的程序

(一)重温旅游公共关系目标

旅游公共关系目标是评估的前提和依据,公共关系工作的效果如何主要是看公关目标的完成情况,如以树立旅游组织的形象为目标的公共关系活动,其标准是旅游组织的形象如何、知名度和美誉度提高了多少、而以信息传播为目标的公共关系活动,其标准是信息是否真实准确地传递给了公众、有多少公众接收到了信息。因此,公共关系评估首先要重温公共关系目标,并以此作为评估的参照物和风向标。

(二)资料收集与分析

公共关系评估要以信息为依据,包括组织信息和公众信息。

①公众的来信、来电、来访、表扬与投诉等。

②新闻媒介的报道、评价、态度等。

③旅游组织内部公众的相关信息,包括股东、管理人员、普通员工的意见和态度等。

④旅游组织的各种报表和资料,如会议记录、财务报表、统计资料等。

⑤公共关系活动的资料,如公关活动的策划方案、参加活动的人员活动中出现的问题以及解决方法等。

(三)制定评估的标准和方案

评估首先要确定科学的标准,没有评估标准,也就无法对旅游业公共关系工作作出准确评价。因此,要围绕着旅游公共关系目标制定具体的、可操作性的标准,然后制定评估的方案。

(四)撰写评估报告

在研究分析各种资料信息的基础上撰写评估报告。评估报告要严谨科学,实事求是,既要肯定公关工作取得的成绩和经验,又要找出差距与不足,分析存在的问题及原因,为以后的公共关系工作提供借鉴和参考。

四、旅游公共关系评估的方法

(一)自我评价法

公共关系部门及人员对公共关系工作进行自我评价主要是对照公共关系目标和计划进行总结评价。

(二)专家意见法

专家意见法又称"德尔菲(Delphi)"法,是一种综合专家意见就专门问题进行定性预

测的方法,其步骤是:

①由主持人拟好调查评估项目并给出评价标准,如公众舆论的变化可分为呈好转、略好转、原状、略恶化、恶化五个标准。

②邀请知识丰富、熟悉情况的专家若干名。

③请专家们匿名、独立地就拟定项目发表意见。若意见分散,则将上一轮意见汇集整理,反馈给每一位专家,请他们重新发表意见,直至意见趋于一致。

④汇总出能代表大多数专家意见的结论,作为专家集体对公共关系活动的评判。

在评价过程中,选择专家要注意权威性和代表性。

(三)公众评价法

公众评价包括民意测验、公众意见征询两种方法。

1.民意测验

该方法指按抽查调查的要求,在特定的公众群体中,选择一定数量的测验对象,用问卷、表格、网络调查等方式,征求他们对指定问题的意见、态度、倾向,再作出统计、说明,分析公共关系活动的效果。

2.公众意见征询

该方法指公关人员通过与公众代表的对话,征询广大公众的意见和观点。可以通过召开公众代表座谈会、访谈、电话征询等形式,随机向被询问者提问,然后将公众意见汇集、整理,形成综合意见。

(四)实验评价法

这种方法的实质是,利用事物、现象间客观存在的相互关系,通过调节某个变量(如公共关系活动前后某旅游组织的声誉),测定另一些量(如旅游企业的产品销售量、订货量)的增减。实验法可以在经历和未经历公共关系活动的两组公众之间展开。实验法的关键在于在确保实验对象有代表性的同时尽可能缩小实验范围。

(五)媒体评价法

1.新闻媒介的层次和重要性

层次高、重要的媒介是指那些级别高、发行量大、覆盖面广、具有权威性、影响力强的新闻媒介。这些媒介发表对组织有利的报道,往往比其他媒介更利于提高组织的知名度和美誉度。

2.资料信息的使用、新闻价值

组织的成就、发展情况报道越多,效果就越好,在公众中树立起组织的良好形象的可能性也越大。对新闻资料是正面报道还是负面报道,是全面报道还是摘要报道,是重点报道还是一般报道,是醒目的版面还是次要的版面,这些差别均会使报道效果不同。

3.媒体报道的强度、频率和时机

篇幅越大,出现频率越高,时数越多,引起注意和兴趣的程度就越高。

4.公众、记者、编辑的反应

该项指记者、编辑对于所提供的资料是否满意,如资料是否及时,是否容易编发,是否需要较大的改动,是否适合报刊的要求。

◆ 本章相关知识链接

1. http://www.13pr.com/

2. http://www.17pr.com

3. http://www.chinapr.com.cn

◆ 本章练习题

第一节

1.何为旅游公共关系调研?旅游公共关系调查的内容包括哪些?

2.简述旅游公共关系调查的程序。

3.旅游公共关系包括直接调查和间接调查两种途径,间接调查有_____、_____、_____三种方法。

4.旅游公共关系调查按照调查对象的选择方法可分为_____、_____、_____、_____。

5.简述座谈调查的方法和技巧。

6.调查问卷设计应注意哪些问题?

7.旅游组织的形象有知名度和美誉度两个指标。知名度表示_____;美誉度表示_____。

第二节

1.什么是旅游公共关系策划?旅游公共关系策划的程序有哪些?

2.确定旅游公共关系目标的原则有哪些?

3.旅游公共关系选择目标公众的原则有_____、_____、_____、_____。

4.策划公共关系项目和活动应注意哪些问题？

5.公共关系策划如何选择传播媒介？

6.编制公共关系经费预算的方法有 _____、_____、

_____。

第三节

1.旅游公共关系实施应坚持哪些原则？

2.按照工作方式不同,旅游公共关系可分为 _____、_____、_____、

_____、_____五种模式。

3.按照旅游组织与环境的关系来分,旅游公共关系有_____、_____、_____、

_____、_____五种模式。

4.旅游公共关系活动的传播要做好那几个方面的工作？

第四节

1.旅游公共关系评估的意义有哪些？

2.对旅游公共关系效果进行评估包括哪些方面？

3.简述旅游公共关系评估的程序。

4.旅游公共关系评估的方法 _____、_____、_____、_____、_____。

5.采用专家意见法对旅游公共关系进行评估有哪些步骤？

◆ **本章小结**

1. 本章结语

旅游组织开展旅游公共关系工作一般采用"四步工作法",即:①公共关系调研;②公共关系策划;③公共关系实施;④公共关系效果评估。公共关系调研是"四步工作法"的第一步,是公共关系的一项主要的基础性工作,也是旅游组织开展卓有成效的公共关系工作的前提。旅游公关策划是对公共关系工作的策略、活动方案进行设计、优化的过程,是旅游公共关系的一项重要工作,任何成功的公共关系活动都离不开高水平的策划。旅游公共关系实施是将公共关系计划变为公共关系实践的过程。一个公共关系计划再完美,如果不付诸实施,那么,无论对旅游组织还是对公众都毫无意义。公共关系评估是"四步工作法"中的最后一步,通过评估能够对公共关系工作进行有效控制,全面展示公共关系活动的成果,调整和改进公共关系工作,使公共关系工作更加行之有效。

2.本章知识结构图

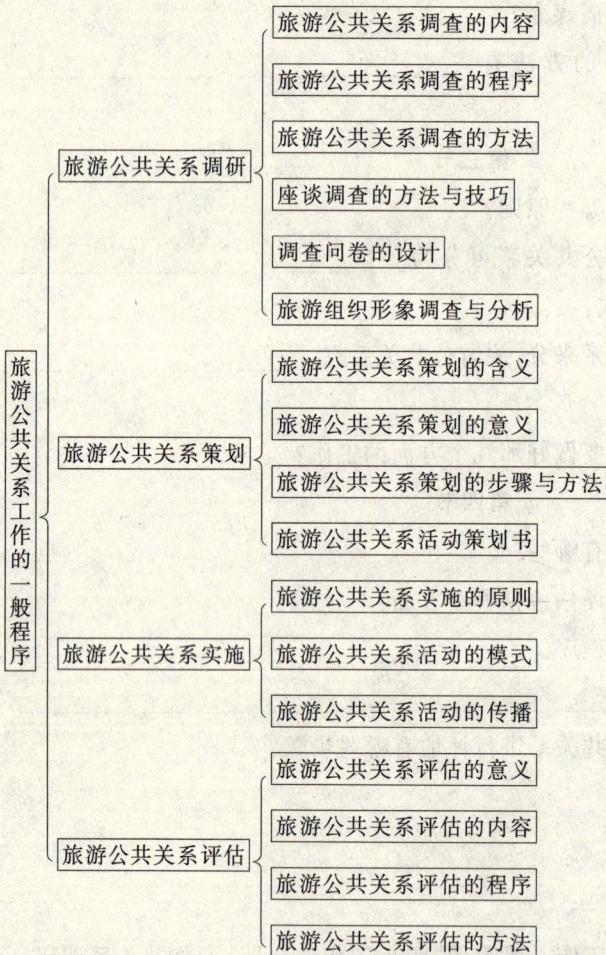

```
                    ┌─ 旅游公共关系调查的内容
                    ├─ 旅游公共关系调查的程序
                    ├─ 旅游公共关系调查的方法
         旅游公共关系调研 ─┤─ 座谈调查的方法与技巧
                    ├─ 调查问卷的设计
                    └─ 旅游组织形象调查与分析

                    ┌─ 旅游公共关系策划的含义
                    ├─ 旅游公共关系策划的意义
         旅游公共关系策划 ─┤─ 旅游公共关系策划的步骤与方法
                    └─ 旅游公共关系活动策划书

                    ┌─ 旅游公共关系实施的原则
         旅游公共关系实施 ─┤─ 旅游公共关系活动的模式
                    └─ 旅游公共关系活动的传播

                    ┌─ 旅游公共关系评估的意义
                    ├─ 旅游公共关系评估的内容
         旅游公共关系评估 ─┤─ 旅游公共关系评估的程序
                    └─ 旅游公共关系评估的方法
```

旅游公共关系工作的一般程序

3.本章核心概念

旅游公共关系调研　抽样调查　旅游公共关系策划　旅游公共关系模式　服务型公共关系　防御型公共关系　旅游公共关系评估

◆ **实训练习**

运用本章所学知识,为某旅游景区或项目策划一项公关活动,使该景区或者旅游项目的知名度和旅游吸引力得到较大的提高,并制作一份策划书。

◆ 延伸阅读

公关策划:旅游营销的一把利剑

2007年6月一则标题为"苏东坡初恋的地方"的帖子在网络上流传开来,并引起中央电视台早间节目"马斌读报"的报道和评价。自此,四川青神县在一夜之间火爆全国,一个原本大众闻所未闻的城市在没有花费一分钱的前提下走进了大众的视野,更走进了无数文学爱好者、情侣和"驴友"们的心窝窝,这就是公关策划的力量!

我国旅游发展30年来,很多景区和旅游目的地都是借助公关策划而走进了大众的眼球,从而吸引成千上万的旅游者前去观光、休闲、度假。最为典型的案例当属四川的碧峰峡。2003年之前的碧峰峡无论是知名度还是旅游收入,都处于不温不火的状态,但从2004年3月16日起因策划一起"天下第一饿"的公关事件,从而打通了碧峰峡通往旅游者心智的桥梁。

2004年3月16日7时一位叫陈健民的泸州老中医走进了碧峰峡山顶中一间外形为八角形、面积近16平方米的玻璃房,向人类44天的饥饿极限之事发起挑战。消息一经发出,仅仅两天就有来自全国各地的成千上万的游客前来争相目睹这个饥饿超人,更有来自于英国天空电视台、中国中央电视台等全世界50多家主流媒体云集于此关注这位"东方超人"。最终,陈健民以禁食49天的成绩打破了美国魔术师大卫·布莱恩禁食44天的世界纪录,创下人类饥饿新的极限。

陈建民绝食49天挑战活动,先后有超过100余家全球主流媒体齐聚碧峰峡关注这一"挑战"的过程。包括"美女助威团""中医声援团""旅游同行考察团""记者团""奇人艺术团"在内的18个社会团队参与和见证了这一重大活动的"入关"仪式。碧峰峡通过这次"惊天一饿"赚得盆满钵满。粗略统计,仅门票一项就能多赚回1 500万元,加上每人在景区的消费,举办方已经从这次活动中赚取近3 000万元。更为重要的是,碧峰峡此次公关事件引起了旅游界、文化界、思想界、中医界的广泛争论和深思,各界的意见领袖纷纷发表评论。这个事件除了本身取得了圆满的成功外,更给碧峰峡的品牌提升、知名度延展和市场营销带来无可估量的价值。可以说,陈健民绝食的49天,就是碧峰峡向新闻媒体讲故事、抛售悬念的49天,也是媒体甘愿免费为碧峰峡宣传的49天,也是诸多社会精英和名流无偿为碧峰峡代言的49天。这样,原本名不经传、不温不火的普通省级风景名胜区从此名震大江南北、长城内外,开始了翻天覆地的变化,如今已成为四川省重点风景区的前三名,并一跃成为中国旅游业的一颗耀眼新星。

诸如这样借助于公关策划而提高知名度并树立旅游形象的景区和旅游目的地有很多很多,如山西的乔家大院、湖南的凤凰古城、江苏的周庄、浙江的桃花岛等。所不同的是它们中有的是有意识地借助公关营销,有的是无意识的,属无心插柳柳成荫。

案例引发的问题:根据以上资料,思考旅游公关策划的价值及如何进行旅游公关策划。

资料来源:http://blog.sina.com.cn/tianxiazhiyang(绍兵,北京天下智扬风景文化传播机构运营总监)

◉ 本章练习题答案

第一节

1.旅游公共关系调研,是旅游组织运用科学的方法,有目的、有计划地收集各种信息,综合分析相关因素和相互关系,为开展公共关系工作提供依据的活动。

旅游组织调查的内容包括:①旅游组织自身状况;②旅游组织的目标公众信息;③旅游组织的社会环境。

2.①确定调查课题;②制定调查计划;③收集调查资料;④整理分析资料;⑤撰写调查报告。

3.问卷调查　文献调查　网络调查

4.全面调查　重点调查　典型调查　抽样调查

5.①座谈前充分准备;②精心选择座谈对象;③营造良好座谈氛围;④把握座谈的主题与方向。

6.①主题明确,问题全面系统;②提问的语句明确,方式恰当;③选择答案的设计科学;④问题的编排次序合理。

7.社会公众对组织了解和知晓的程度　社会公众对组织的赞许及赞誉的程度

第二节

1.旅游公共关系策划是指公共关系人员根据旅游组织的公共关系状态和目标需要,在客观分析现有条件和内、外环境的基础上,对公共关系工作的策略、活动方案进行设计、优化的过程。

旅游公共关系策划程序定为:①确定目标;②确定公众;③选择媒体;④确定活动方式;⑤经费预算;⑥提出方案;⑦优化方案;⑧审定方案。

2.①整体性原则;②可操作性原则;③弹性原则;④群体性原则。

3.重要性、应急原则、动态原则、不扩散原则。

4.①旅游公共关系项目要紧扣主题;②强调项目的特色与吸引力;③项目要考虑公众的特点与要求;④各项目之间要突出重点,协调一致,避免重复与相互干扰。

5.①根据公共关系工作的目标;②根据不同公共关系对象;③根据传播内容;④根据

公共关系经费。

6.目标优先法　项目优先法　经费优先法

第三节

1.①目标导向原则;②适应公众原则;③整体协调原则;④反馈调整原则。

2.宣传型公共关系　交际型公共关系　服务型公共关系　社会型公共关系　征询型公共关系

3.建设型公共关系　维系型公共关系　防御型公共关系　矫正型公共关系　进攻型公共关系

4.①优化传播效果;②进行媒介整合;③设计传播过程;④排除沟通障碍。

第四节

1.①对公共关系工作进行有效控制;②全面展示公共关系活动的成果;③调整和改进公共关系工作,使公共关系工作更加行之有效。

2.①了解信息内容的公众数量;②改变观点、态度的公众数量;③发生期望行为与重复期望行为的公众数量;④达到的目标与解决的问题。

3.①重温旅游公共关系目标;②资料收集与分析;③制定评估的标准和方案;④撰写评估报告。

4.自我评价法　专家意见法　公众评价法　实验评价法　媒体评价法

5.①由主持人拟好调查评估项目,并给出评价标准。②邀请知识丰富、熟悉情况的专家若干名。③请专家们匿名、独立地就拟定项目发表意见;若意见分散,则将上一轮意见汇集整理,反馈给每一位专家,请他们重新发表意见,直至意见趋于一致。④汇总出能代表大多数专家意见的结论,作为专家集体对公共关系活动的评判。

第七章

旅游公共关系礼仪

学习目标

知识要点：了解礼仪的发展历史，理解礼仪的特点、作用，掌握旅游公共关系的个人礼仪、公务礼仪、社交礼仪。

技能训练：训练站姿、坐姿、走姿、蹲姿、握手礼、鞠躬礼、指引的手势以及基本的妆容。

能力拓展：应用所学理论回答案例中的问题，通过小组讨论的形式设计情景剧，分角色表演，体现礼仪知识。

引 例

礼节教育在先

孔子非常重视对学生礼节方面的教育，他要求学生衣冠整齐，走有走的样子，坐有坐的姿势，为人处世要彬彬有礼、温文尔雅。孔子去世后，学生们不但经常谈起他的思想、道德、遭遇，还常常清晰地回忆起他的举止行为，在待人接物方面，事事处处做到有礼有节、言行有度、举止文雅，在衣食住行方面也养成了一些好习惯。例如，和乡下人一块饮酒时，喝酒以后总是让年长的先走，然后自己才退出来；吃饭时，不和别人交谈；临睡之前，不高谈阔论。

案例引发的问题：礼仪的重要性表现在哪些方面？

资料来源：胡碧芳.旅游服务礼仪[M].北京：中国林业出版社,2008

第一节　旅游公共关系礼仪概述

对于旅游行业来说，礼仪是优质服务的重要内容。旅游组织在发展过程中一直在追求宾客至上的服务精神与热情友好、真诚和蔼的服务态度,从而使得宾客在感官上、精神上产生受尊重感、亲切感。宾客的这种受尊重感、亲切感主要是通过员工的优质服务得到的。优质服务的内容很多,不仅包括齐全的服务项目、精湛的服务技能、最佳的服务效率、优良的服务态度、高尚的服务精神,而且包括全体员工良好的综合素质。公共关系礼仪是旅游组织在面对复杂的社会关系和不可控因素时为提供优质服务而运用的重要的技术手段。本章通过对礼仪的发展历史的探讨,阐述礼仪的含义、特征及作用等基本问题,着重介绍旅游公共关系活动中的个人礼仪、公务礼仪和社交礼仪。

一、礼仪的概念

从礼仪的发展历史来看,礼仪是指人们为保持社会秩序所需共同遵守的行为规范和准则,具体表现为礼貌、礼节、仪式、仪表等。

礼貌是指人们在待人接物时相互表示友好的行为规范。通常指的是外在的行为表现,这种行为表现分为礼貌行为和礼貌语言两个部分。在交际中讲究礼貌,不仅有助于建立相互尊重和友好合作的关系,而且能调节公共场所人际间的关系,缓解或避免冲突,维持社会正常秩序。

《礼记·儒行》曰:"礼节者,仁之貌也。"礼节即礼仪节度,通常指人们在日常生活和交际过程中,相互表示尊重、友好、祝愿、慰问以及给予必要的协助与照料的惯用形式。例如,通用的握手礼实际上是礼貌的具体表现。

仪式泛指一定场合举行的具有专门程序、规范化的活动。

仪表指人的外表,如容貌、服饰、姿态、举止等方面的要求。

荀子言:"人无礼则不生,事无礼则不成,国无礼则不宁。"总之,礼仪作为人类道德的外在表现,是调节人际关系的重要手段,也是社会人的必修课。

对于旅游行业来说,旅游公共关系礼仪是指旅游组织在公共关系活动中应遵循的职业行为规范和准则的总称。旅游行业从业人员能否规范地运用礼仪不仅直接体现了其本人的素养,也关系到旅游行业的形象甚至利益。因此,每一位旅游行业从业人员都必须知礼、懂礼、行礼,全面提高自身的素养,从而更好地提供优质服务、促进旅游行业和谐发展。

二、礼仪的特点

(一)普遍性与差异性

礼仪是人类在社会生活的基础上产生的行为规范,全体社会成员均离不开一定的礼仪规范的制约,古今中外,从个人到国家概莫能外。"你好""请""再见",微笑、握手等这些通用的礼仪具有绝对的普遍性。但是,因其文化背景的差异,会产生不同的礼仪文化。

俗话说:百里不同风,千里不同俗。不同的国家、同一国家的不同民族礼仪文化各有千秋。例如,见面问候致意的形式有握手、拥抱、合十、以手抚胸、脱帽、鞠躬等各不相同的方式。礼仪除了地方性的差异,还存在时代的差异,如唐装、长袍马褂、中山装、西装等就体现了不同时代的服饰礼仪。另外,同一礼仪形式在不同的国家和地区往往表示不同的意思。例如,用大拇指和食指构成一个圆圈再伸出其他三指,在美国表示"同意、了不起、顺利"的意思,在我国和法国表示"零"的意思,在日本、韩国表示"金钱"的意思,在印度表示"正确"的意思,在地中海一带则表示"骂人"的意思,等等。

(二)继承性与发展性

作为文化范畴的礼仪源远流长,在发展过程中不断剔除糟粕,继承精华。例如,孔子的"礼"作为一种制度已不复存在,但是他的"礼之用,和为贵""责己严,待人宽""温、良、恭、俭、让""尊老爱幼"等思想和行为都被继承下来了。这种扬弃的过程,使得符合人性需要和健康高尚的礼仪得到了继承和发扬。

礼仪又随着时代的不断进步而发生着变化。在信息化极度发展的当今时代,人类的交往范围已扩展至全球,世界各国的政治、经济、文化、思想等各种因素相互渗透,礼仪规范也更加国际化。礼仪发展性的特点要求我们形成一套既富有我们国家自己传统特色又符合国际惯例的礼仪规范。

(三)严肃性与可操作性

在封建社会礼仪制度非常严格,对不同的身份和地位的人,所使用的礼仪都有严格的规定,违反了规定的处罚也非常严格。现代社会礼仪作为一种社会交往规范,严肃性依然存在。例如,在举行会谈时,大到主次双方的座位安排要严格按照国际惯例实施,小到会谈人员的着装都有非常严格的要求。不当的座次安排会给东道主的形象造成负面的影响,严重的甚至会引发国际争端;会谈一方代表人员穿着夹克装上阵可能导致对方拂袖而去,使合作关系破裂。

可操作性是指广大公众认可的礼仪规范,可学,可行,只要按照具体的细节及一系列的方式、方法进行训练,如怎样鞠躬、握手、引领等,就可以做得得体。正是因为礼仪的可操作性,才使得礼仪成为每一位旅游从业者必须了解和掌握的内容。

三、礼仪的作用

《西方礼仪集萃》的编者埃米莉·波斯特曾言:"表面上礼仪有无数的清规戒律,但其根本目的却在于使世界成为一个充满生活乐趣的地方,使人们变得平易近人。"可以说,礼仪作为一种行为规范,可以有效地展示个人的教养风度与魅力,从而塑造组织的形象。

(一)规范行为

首先,礼仪具有规范的功能。个人交往中,交流双方在要求对方尊重自己之前,首先应当检查自己的行为是否符合礼仪规范要求。可以说,礼仪约束着人们在交际场合的言谈话语、行为举止,使之合乎礼仪。而且,这也是人们在交际场合必须采用的一种"通用语言",是衡量他人、判断自己的一种尺度,支配或控制着人们的交往行为。礼仪是人们在长期的社会实践中约定俗成的社会规范和行为规范,应当做到严于律己、宽以待人,这样才能赢得别人的尊敬和好感。

(二)沟通信息

以礼相待可以使陌生人在最短的交往过程中达成沟通和信任。人的每一种礼仪行为都可以传递一种或多种信息。例如,"您好""欢迎光临""早安""请用茶"等言语礼仪本身就包含了或尊重或接纳或问候等信息。又如,握手的力度、姿势、微笑、眼神等行为表情礼仪,则传递了或欢迎或敷衍或轻视或关注等信息。再如,饰物礼仪、花语、色彩语言等传递了或郑重或拒绝或喜欢或尊敬等信息。

(三)塑造形象

首先,礼仪可以帮助个人塑造良好的形象。高尚的情趣、优雅的气质、热情的问候、友善的目光、亲切的微笑、文雅的谈吐、得体的举止等既是通过对礼仪的学习和运用逐步凝练而成的,也体现了礼仪。

其次,懂礼、知礼、行礼的员工是塑造组织良好形象的基本要素;礼仪体现的尊重公众、善待公众的核心思想也符合任何组织面对公众时的需要。

第二节 旅游公共关系的个人礼仪

◆ **案例驿站 7.1**

宴会失礼穿着

曾经有个国内公司老总到国外宣传推广自己的企业,邀请了很多国际著名的投资公司管理人物参加一个宴会。宴会的场面很正式,准备得也很充分。但来宾发现这位老总坐下时,裤脚下露出一道棉毛裤的边,老总的黑皮鞋里露出了一双白色袜子。这样的穿着在宴会中是失礼的。这样一个公司老总能管好他的企业吗?被请的来宾们马上对这个公司的品牌产生了疑问。

案例来源:王琦.旅游礼仪实训教程[M].北京:机械工业出版社,2009

英国哲学家约翰·洛克曾说:"礼仪是在他的一切别种美德之上加上的一层藻饰,使它们对他具有效用,去为他获得一切与他接近的人的尊重和好感。没有良好的礼仪,其余的一切成就都会被看成骄傲、自负、无用和愚蠢。"由此可见礼仪对于个人处世的重要性。

旅游公共关系的个人礼仪是指个人在旅游公共关系活动中需要遵守的行为规范和活动准则。本节主要从个人的仪表、仪态、言谈三个方面进行阐述。

一、仪表

仪表是人的外在形象,即人的外表。在旅游公共关系活动中,人与人在最初交往中往往以"衣""貌"取人,"第一印象"相当重要,甚至影响双方日后的交往。"第一印象"主要来源于面部表情、衣着、姿态、性别等外部特征。现代旅游组织充分认识到这一点,所以公司、组织的规定中都涉及得体的着装、恰当的表情、优美的姿态等关于职业仪表的具体条目,并希望通过这些信息向公众传递良好的"第一印象",从而使公众对旅游组织进一步认同和产生好感。

(一)仪容礼仪

仪容指一个人的容貌。对仪容礼仪最基本的要求是庄重、简洁、大方,应当注意的通常有头发、面容、手部等部位。

1. 发型

"完美形象,从头开始"。整洁的仪容要拥有整洁的头发。适度得体的发型能展现一个人的活力与朝气,能够给公众以视觉的愉悦,更能体现旅游组织的规范性。

首先,对头发的基本要求是无异味、无异物、无异色。这就要求旅游从业人员经常梳洗头发,不染彩色头发。

其次,定期修剪,保持适当长度。具体要求为:男士发式侧不过耳、后不过领;女士发式则要求前不过眉、后不过肩。女士若留长发则应盘发,干净利落的造型意味着整洁和效率。另外,一般情况下无论男士还是女士,头发也不宜过短,尤其不能为零。

2. 面容

首先,旅游从业人员要对面容进行修饰,妆容应清新、淡雅、自然。这体现了旅游组织的规范以及员工的训练有素,更体现了对公众的尊重。

其次,面容的修饰总体要求是面容清洁、口齿干净无异味,男士不露鼻毛、不蓄须。这就要求旅游从业人员对面部皮肤进行清洁和保养,注意保持口腔卫生,对于不雅体毛要进行修剪。

再次,对面部妆容进行修饰可以体现个人的良好形象风采,但也应注意化妆时的礼节。

第一,公众面前不化妆,也就是说公共场合不要化妆。在众目睽睽之下化妆是失礼的,这样做既可能有碍于别人也不自尊。自己对自己的面容进行修饰是私密的事情,应该在化妆间或较封闭的房间进行。

第二,异性面前不化妆,特别指女士不在男士面前化妆。"女为悦己者容",在男士面前化妆或有传情达意之嫌,或有失却距离美与自尊之险。

第三,不非议他人化妆。因为民族、肤色、个人文化修养的差异,每个人的化妆可能是不一样的,而外宾的妆容更是各具特色,如有的美国老太太喜欢把脚趾甲染成鲜红,有的东南亚国家的女士喜欢嚼槟榔把牙齿染成黑色。对此,旅游从业人员不应指指点点,体现好奇。

第四,不借用他人化妆品。除非主人心甘情愿地为你提供方便,否则不轻易借用化妆品,此举既不卫生也不礼貌。

(二)手部

有人说手是人的第二张脸、第二张名片,适时适度地保护并美化自己的双手对旅游从业者来说非常必要。

首先,要保持双手的清洁,养成勤洗手的良好习惯。

其次,上岗时不留长指甲,不染有色指甲。

再次,公众视野下,抠鼻子、掏耳朵、挠头皮等不良举止都会弄脏手部给人以不洁之感。

(三)体味

体味即身体散发的气味,体味会使人产生一定的嗅觉反应。

首先,勤清洁身体,无不良体味。因为旅游公共关系活动中的交往多为直接面对面的交往,所以,应注重经常清洗身体,不留异味。

其次,不过度使用香水。过于浓烈的香水气味对于他人来说可能是一种空气污染,所以在工作时间和工作场所,旅游从业人员不应涂抹香味浓烈的香水。

二、服饰

服饰是着装与饰物的统称,是人的外在形象的艺术造型。莎士比亚曾言:"一个人即使默默无语,从他的着装也可以了解到他的过去。"服饰是一种无声的语言,传递着穿着者的个性、涵养、品味等内在素质。

工作时间的职业着装并非个人的事情,必须符合旅游组织的规定和要求。这是因为职业着装使得旅游组织的公众能识别角色、区分身份;同时,职业着装对着装者起着强化角色意识的作用,有利于约束其行为;而且,职业着装还有助于旅游组织对员工进行行为监督。旅游公共关系人员由于职业上的特点,其着装主要有西装和制服。

(一)着装

西方的服装设计大师认为:"服装不能造出完人,但是第一印象的80%来自于着装。"

1. 着装原则

工作时间必须着职业装(工装),同时需要遵守以下原则:

(1)整体与整洁的原则

整体性的原则要求职业着装须配套,不允许乱搭配。例如,着工装上衣配牛仔裤、工装配运动鞋、工装裙乱配衬衣等不成套着装都是不可取的,这样使得工装失去了原本的严肃性与整体美感。另外,整体性还体现在服装的款式、色彩、质料、风格、图案等选择搭配等方面应整体协调。

着装整洁代表着装者积极向上的精神状态。整洁大方与衣冠不整本身就体现了自尊、敬人与消沉、怠慢等精神面貌。

(2)T.P.O原则

T.P.O原则是"Time"(时间)"Place"(场合)"Occasion"(目的)的缩写,是指人们的穿着打扮要兼顾时间、场合与目的。

从时间上讲,一年有春、夏、秋、冬四季的交替,一天有24小时变化,显而易见,在不同的季节、时间段里,着装的类别、式样、造型应有所变化。比如,冬天要穿保暖、御寒的冬装,夏天要穿通气、吸汗、凉爽的夏装。再如,白天穿的衣服需要面对他人,应当合身、严谨;晚上穿的衣服不为外人所见,可以宽大、随意,等等。形容某人"要风度不要温度"时讲的是其着装上的时间错位。

从地点上讲,室内或室外,闹市或乡村,国内或国外,单位或家中,在这些不同的地点,着装的款式理当有所不同,切不可以不变而应万变。例如,穿豪华精致的服饰行走于丝绒地毯上与行走在乡间小路上的感觉显然不同;同样,泳装出现在海滨、浴场是人们司空见惯的,但若是穿着它去上班、逛街,则非令人哗然不可。再如,在西方国家,一位少女只要愿意,随时可以穿小背心、超短裙,但她若是以这身行头出现在着装保守的阿拉伯国家,就显得有些不尊重当地人了。

从场合上讲,人们的着装要符合场合气氛。与顾客会谈、参加正式会议等,衣着应庄重、考究;听音乐会或看芭蕾舞,则应按惯例穿着正装;出席正式宴会时,则应穿中国的传统旗袍或西方的长裙晚礼服；而在朋友聚会、郊游等场合，着装应轻便舒适。试想一下，如果大家都穿便装，你却穿礼服，就有欠轻松；同样的，如果以便装出席正式宴会，不但是对宴会主人的不尊重，也会令自己颇觉尴尬。

（3）和谐的原则

着装和谐指协调得体，一般包含与自身体型、年龄气质相和谐两层含义。

服饰本身是一种艺术，能掩盖体型的某些不足，高矮胖瘦不同体型的人着装应有所区别。高大的人上衣可适当加长，服装款式不要太复杂，适宜穿深色单色的衣服或横条格子的上衣以期从视觉上缩小高度；忌穿短上衣，另外太亮、太花、太淡的色彩有扩张感也不适合。较矮的人，上衣不要太长，裤子不能太短，裤腿不要太大，服装色彩宜淡而明快柔和；另外，上下一致的色彩、V形无领外套、简洁的连衣裙都可以营造修长感。较胖的人穿衣宜宽松随意，适合低矮的V形领，不宜紧身，不宜用夸张的腰带；颜色上以冷色调为主，过于强烈的色调或横纹、大格子、大花的衣服更容易显胖。体型偏瘦的人也不适宜紧身的衣服，应着颜色明亮柔和的服装，可选择横条、方格、大花图案的服饰，以达到丰满的视觉效果。

除了与体型协调外，着装还应与年龄相吻合，青春自有独特的魅力，中老年人也有年轻人无法企及的成熟美，服饰的选择唯有适应美的呼应才能创造出服饰的神韵。

2. 男士西装着装规范

西装是世界公认的男子正规着装，几乎在所有的场合都可以穿着，已成为现代公共关系活动中最得体的服装。西装七分在做，三分在穿，非常讲究礼仪。旅游公共关系人员在穿着西装时，需要注意一些基本问题：

（1）成套穿着，注意搭配

男士西装有二件套、三件套之分，穿着时必须整洁、挺括。正式场合应穿同一面料、同一颜色的套装，搭配单色衬衫，系领带，带领夹，穿皮鞋。

衬衫的领子要整洁硬扎挺括，衬衫下摆要塞进裤子里。领口、袖口要分别高于和长于西装1～2厘米。衬衣内一般不穿深色棉毛衫；正式场合，衬衫外面不加毛背心或毛衣。系领带时扣好所有扣子；不系领带时，第一粒衬衫扣不扣。

领带的色彩、图纹要根据西装的色彩和质地进行合理搭配。领带的领结要饱满，与衬衫的领口要吻合、紧凑。领带的长度以系好后，垂到皮带扣处为宜。穿羊毛衫时，领带应放在羊毛衫内。领带夹一般夹在衬衫的第三和第四个纽扣之间。

西装上衣两侧的口袋只做装饰用，不可随便装物品。左上外侧衣袋只可放装饰性手帕，手帕装入口袋三分之一即可。上衣内袋可以存放证件、名片、香烟等物品。西装背心的四个口袋用于存放怀表等珍贵小物件，左胸口袋可用于插放钢笔。

西装有单排扣、双排扣之分。双排扣西装在正式场合应全部扣好纽扣。单排两粒扣只系第一粒或"风度扣",也可全部不系;正式场合要求把第一粒纽扣系上,坐下可解开。单排三粒扣只系中间一粒或第一、二粒扣。

西装裤装应以裤脚接触脚背为妥,立档的长度以裤带鼻子正好通过胯骨上边为好。裤腰的尺寸要合适,过松与过紧都会影响西裤的美观,裤袋内切忌塞满东西。

腰带既有实用价值又有装饰作用,所以腰带的颜色以与西裤的颜色协调为宜。皮带的宽窄及装饰扣的大小选择应简洁大方与整体协调。

穿西装一定要穿皮鞋,不能穿旅游鞋、轻便鞋、布鞋或凉鞋。皮鞋的颜色要与西装颜色协调。着深色西装时,应着黑色皮鞋、深色的袜子。

(2)穿着西装的注意事项

穿着西装时,整体的颜色不要超过三个色系。新西装第一次穿着前,要取下袖口的西装商标。裤管应盖在鞋面上,并使其后面略长,裤线应该烫得笔直。忌衬衫放在西裤外;忌衬衫领子太大,领脖间存在空隙;忌领带颜色刺目;忌领带太短;忌不扣衬衫第一纽扣就佩戴领带;忌西服上衣袖子过长,上衣袖子应比衬衫的袖子短 1～2 厘米;忌西服的上衣和裤子口袋鼓鼓囊囊;忌西服配运动鞋;忌皮鞋和鞋带颜色不协调。

3.女士穿着西装的规范

女士西装最好以简单、高雅的套装、衬衫和半高跟鞋为主。西装套裙不仅是女性喜爱的职业服装,而且是女性的礼服之一。正确的穿着不仅会使着装者显得精明、干练、洒脱和成熟,还能烘托出女性所独具的韵味,显得优雅、文静、娇柔与妩媚。为使穿着者能显示出美丽动人的风采,体现出西装套裙本身的韵味与魅力,应注意以下问题:

(1)要合身得体

穿着的西装套裙不能过长或过短。上衣最短可齐腰,裙子最长不能超出小腿中部。同时,也不能肥大或过于紧身。穿着西装套裙一般不允许露臂、露肩、露背、露腰、露腹。

(2)衣扣要到位

穿着西装套裙必须按规矩将上衣的扣子全部扣好,尤其在正式场合更要注意不允许敞怀,不允许当着他人将上衣脱下来。

(3)内衣不可外现

穿着西装套裙要求配穿一件款式及领口适宜、不透明的衬衫,内衣的领口一定要内隐在衬衫的领口内。内衣领外露或透过衬衫显现内衣,都会让穿着者有失身份。穿着西装套裙,特别是在穿薄型面料或浅色面料的西装套裙时,一定要注意内穿一条衬裙,否则将有失大雅。

（4）不可自由搭配

标准的西装套裙应是西装上衣与半截裙的搭配组合，不能与牛仔裤、健美裤、裤裙等搭配。此外，在半截裙中，一般不可以将"黑色皮裙"与西装上衣配搭。

（5）讲究配套

在正式场合穿着西装套裙，宜穿黑色或白色无袢的高跟或半高跟的皮鞋，并配以肉色的丝袜。穿着西装套裙不可穿布鞋、凉鞋、旅游鞋或拖鞋。皮鞋、袜子、手提包的色彩宜为深色，并以黑色为常见。

另外，虽然女性对于服装的选择多于男性，但原则上选择不超过三种颜色，简约、大方、舒适的着装，比较符合礼仪的规范。

（二）饰品的选择与佩戴

饰品是人们在穿着打扮时所使用的装饰物，它可在服饰中起到烘托主题和画龙点睛的作用。服装饰品包括两大类：一类是实用性为主的附件，如帽子、鞋子、眼镜等；另一类是装饰性为主的饰物，如领带、项链、手、戒指等。旅游公共关系人员在饰品的选择和佩戴上应注意遵循以下原则。

1.符合身份

旅游公共关系人员的工作主要是面向旅游者和公众，因此一切要以服务对象为中心，在工作岗位上选择和佩戴饰品一定要符合公共关系人员的工作身份，摆正自己和顾客之间的相互关系，切忌在饰品佩戴上和顾客攀比。

2.以少为宜，点到为止

旅游公共关系人员在工作中佩戴饰品，应该少而精、点到为止，可以不佩戴。

3.区分种类进行佩戴

旅游公共关系人员因职业身份、工作性质的原因，对饰品的选戴有局限性要求，所以应该对不同种类的饰品进行区别对待。一般来讲，可以选择佩戴的饰品有以下种类：

（1）领带和领结

旅游公共关系人员在穿着西装时，必须佩戴领带或领结。在选择和佩戴领带或领结时，应注意面料和颜色要与西装搭配。

（2）胸花（又叫做胸针）

胸花一般佩戴在女士的上衣左侧胸前或衣领上。旅游公共关系人员在外出进行公共关系活动时可佩戴胸花，但是在工作时间若佩戴身份牌时，不宜同时佩戴胸花。

（3）首饰及发饰

旅游公共关系人员在工作中佩戴的首饰较为简单，男士一般只允许在无名指上佩戴结婚戒指;女士除戒指外,其他首饰如项链、耳环要少带、不带,或者酌情佩戴。在佩戴发饰时,更多地强调其实用性,头花以及其他鲜艳、花哨的发饰都不宜在工作时佩戴。

(4)皮包

因工作和个人生活需要,旅游公共关系人员需要携带皮包时,男士一般可以选用款式大方的黑色皮包;女士皮包的颜色和款式应该注意与服装色彩、体形相协调,且皮包的价值一般应较高。

4. 约定俗成的饰物佩戴规范

佩戴戒指时,应佩戴于左手,拇指不戴、食指戴表示求爱,中指戴表示正在热恋,无名指戴表示已婚或已订婚,小指戴说明是独身主义者。如果戴薄纱手套,戒指应该戴在手套里面;但如果是脚链,就该戴在袜子外面。

一般情况下,颈部佩戴玉饰的规矩是男戴观音女戴佛。

女士身上饰物在三种之内最好,每一种不多于两件最正规,且最好是同质同色的。

佩戴手镯时,可以只戴一只,也可以同时戴上两只。戴一只时,通常应戴于左手。戴两只时,可一只手戴一只,也可以都戴在左手上。同时戴三只手镯的情况比较罕见,不要在一只手上戴多只手镯。男士一般不戴手镯。

参加舞会时,女士穿着华丽裙装一般不佩戴手表。

三、仪态

仪态是一个人由于肢体的运动而呈现的一系列体姿造型的总称,包含站姿、坐姿、走姿、蹲姿等。仪态是一个人内心世界的大写真,我国古代讲究"站如松、坐如钟",力求从优雅的仪态上表达洒脱的气度和翩翩的风度。

(一)站姿

站姿是最容易表现人的特征的姿势,是人体的静态造型。旅游公共关系人员标准的站姿能传递他们的自信、恭敬和亲切感。

1. 基本站姿

基本的站姿从上到下的要求是:头要正,双目平视,嘴唇微闭,下颌微收,面部平和自然;双肩要平,放松,稍向下沉,身体有向上的感觉,呼吸自然;躯干挺直,收腹,挺胸,立腰;双臂放松,自然下垂于体侧,手指自然弯曲;双腿并拢站直,两脚跟靠紧,脚尖分开小于60°。男子站立时,双脚可分开,但不能超过肩宽。

标准的站姿,从正面观看,全身笔直,精神饱满,两眼正视(而不是斜视),两肩平齐,两臂自然下垂,两脚跟并拢,身体重心落于两腿正中;从侧面看,两眼平视,下颌微收,挺胸收腹,腰背挺直,手中指贴裤缝,整个身体庄重挺拔。

2. 可以使用的站姿

为了维持较长时间的站立,可以在变换标准站姿的脚位的基础上稍事休息:男士可以两脚分开,两脚外沿宽度以不超过两肩的宽度为宜;女士可以使用丁字步,即以一只脚为重心支撑站立,一只脚的脚后跟紧贴另一只脚的足弓形成小丁字步,稍曲以休息,然后轮换。男士可以右手握住左手腕,贴在腹部;女士可以将右手搭握在左手四指,四指前后不要露出。

图 7-1　前腹式站姿　　　图 7-2　后背式站姿　　　图 7-3　侧放式站姿

3. 旅游公共关系人员应避免的站姿

两脚分叉分得太开;交叉两腿而站;一个肩高一个肩低;松腹,含胸;一只脚在地下不停地划弧线;脚腿斜靠在马路旁的树干、招牌、墙壁、栏杆上;不停地摇摆身子,扭捏作态;与他人勾肩搭背地站着;膝盖伸不直,特别是女士使用丁字步时,不起支持重心的那条腿仍应并紧,不可弯曲;身体抖动或晃动;双手插入衣袋或裤袋;双臂交叉抱于胸前,双手或单手叉腰。

(二)坐姿

正确规范的礼仪坐姿要求端庄而优美,给人以文雅、稳重、自然大方的美感。

1. 基本坐姿

从椅子左侧走到座位前站定后撤右脚确认椅子的位置,然后轻稳地坐下。入座时要轻、稳、缓;神态从容自如,嘴唇微闭,下颌微收,面容平和自然;双肩平正放松。男士两臂自然弯曲放在腿上,亦可放在椅子或是沙发扶手上,掌心向下,也可以双手交握;女士可右手搭左手顺势放于双腿之上。坐在椅子上,要立腰、挺胸,上体自然挺直。双膝自然并拢,双腿正放或侧放,双脚自然垂地。起身时要轻,后撤右脚,稳定重心,起身,收右脚,左侧退出离座。

2.女士常用坐姿

在标准坐姿的基础上,女士可以根据椅子的高低以及有无扶手和靠背变换脚位、手位,形成新的优雅坐姿;常使用前伸式、交叉式、曲直式、侧点式等坐姿。

(1)前伸式

在标准坐姿的基础上,两小腿向前伸出45°,但两脚尖不能上翘。

(2)交叉式

在标准坐姿的基础上,右脚置于左脚之上,两脚在踝关节处交叉,两脚前段外侧着地,后收。

(3)曲直式

在标准坐姿的基础上,左腿前伸,全脚着地,右小腿屈回,脚掌着地,大腿紧靠,两脚前后在一条直线上,幅度不宜太大。

(4)侧点式

在标准坐姿的基础上,两膝部并拢,两小腿向左或右斜伸出,左右脚紧靠,脚后跟可稍提起,头向左或右转45°,肩、胸亦稍侧转。

3.男士常用坐姿

(1)开膝合手式

在标准坐姿的基础上,两膝部稍展开不超过肩宽,小腿垂直于地面,两手可合握于腹前。

(2)前交叉式

在标准坐姿的基础上,两小腿向前伸,双脚在踝关节处交叉,单手扶于椅子扶手上。

(3)交叉原点式

在标准坐姿的基础上,两脚交叉,小腿向后屈伸,脚掌着地,两手可合握于腿上。

4.坐姿注意事项

①如果椅子位置不合适需要挪动椅子的位置时,应当先把椅子移至欲就座处,然后入座。坐在椅子上移动位置是有违社交礼仪的。

②坐在椅子上,应坐椅子的1/3至2/3,沙发一般坐1/2。落座后至少10分钟不要靠椅背。时间久了,可轻靠椅背。

③谈话时应根据交谈者方位,将上体双膝侧转向交谈者,上身仍保持挺直,不要出现自卑、恭维、讨好的姿态。讲究礼仪,需尊重别人但不能失去自尊。

④女子入座时,若是裙装,应用手将裙子稍稍收拢一下,不要坐下后再拉拽衣裙。

⑤坐在椅子上不抖腿,不跷二郎腿,一般不同时把两手两臂摊放在椅子或沙发的两个扶手上。

(三)走姿

正确的走姿应轻松有力且富有弹性,洋溢着人体的动态之美。

1. 基本走姿

在保持标准站姿的基础上,身体重心略微前倾,起步,重心落在前脚掌,膝盖伸直;脚尖向正前方伸出,行走时双脚约踩在一条线的边缘上,脚步要轻并且富有弹性和节奏感。同时,目光平视,头正颈直,挺胸,双臂自然下垂,肘关节略弯曲,手掌心向内,并以身体为中心前后摆动,前摆约35°,后摆约15°。步幅步频适中:男士步幅约40cm,步频108~110步;女士步幅约30cm,步频118~120步,可以根据所着服装不同进行适度调整。

2. 走姿注意事项

行走时弯腰驼背,歪肩晃臀,头部前伸;摆臀,左顾右盼;内八与外八;摆动手臂幅度太大;双腿弯曲,上下颤动,脚蹭地面都是应避免的动作。以上这些禁忌动作既有失大雅,又不礼貌。另外,还须注意不要横冲直撞、不抢道先行、不阻挡道路、不蹦蹦跳跳、不让底鞋制造噪音等。

图 7-4 基本走姿

(四)蹲姿

蹲姿一般指人们掉东西后拾取时的一种姿态。普通人所采用的弯腰翘臀取物方式,在公众场所不雅观。正确的蹲姿如下。

1. 基本蹲姿

下蹲时,两腿合力支撑身体,避免滑倒;使头、胸、膝关节在一个角度上,使蹲姿优美;

若用右手捡东西,可以先走到东西的左边,右脚向后退半步后再蹲下来;脊背保持挺直。男士两腿间可留有适当的缝隙;女士则要两腿并紧,穿旗袍或短裙时需更加留意,以免尴尬。

2. 常用蹲姿

(1) 交叉式蹲姿

实际生活中常常会用到蹲姿。例如,集体合影前排需要蹲下时,女士可采用交叉式蹲姿,下蹲时右脚在前,左脚在后,右小腿垂直于地面,全脚着地;左膝由后面伸向右侧,左脚跟抬起,脚掌着地;两腿靠紧,合力支撑身体。臀部向下,上身稍前倾。

(2) 高低式蹲姿

下蹲时右脚在前,左脚稍后,两腿靠紧向下蹲。右脚全脚着地,小腿基本垂直于地面,左脚脚跟提起,脚掌着地。左膝低于右膝,左膝内侧靠于右小腿内侧,形成右膝高左膝低的姿态,臀部向下,基本上以左腿支撑身体。

3. 蹲姿禁忌

①弯腰捡拾物品时,两腿叉开,臀部向后撅起,这是不雅观的姿态。

②两腿展开平衡下蹲,其姿态也不优雅。

③下蹲时注意内衣"不可以露,不可以透",可以用手适当遮挡。

④女士,特别是穿裙子时,如不注意背后的上衣自然上提,露出皮肤是不雅观的。

(五) 手势

手势在日常交际中运用得也比较多。它属于无声语言,可以起到强化或替代有声语言的作用,伴随有声语言的使用,能增添表情达意的情感色彩,使有声语言更具感染力。

1. 基本姿势

做手势时,五指并拢自然伸直,手心略微凹陷,髋关节伸直,手与小臂形成直线。无论哪种指引方式,伸出手臂时一般经过衣服的胸前直线,遵循欲左先右、欲右先左的方向原则,引领时应处于宾客的左前方。

指引较远的方向时,手臂可微伸,直指向指引方向,身体侧向宾客,眼睛看着手指引的方向或宾客脚前方 10cm 左右,同时加上礼貌用语"您这边请""请跟我来"等。

指示较近的方向时大臂自然垂直,以臂肘为轴,小臂轻缓地自中向一旁摆出,微弯曲,与腰间呈现 45°左右,另一只手背于身后或自然下垂,面带微笑,同时使用礼貌用语。

引领宾客就座时,手指向椅子,身体略前倾,面带微笑说"请坐"。

2.手势注意事项

(1)手势有地域差异,应避免引起误会。例如,竖大拇指、OK 的手势、V 型手势、右手握拳伸出食指、向上伸出小指等中外民俗含义不同,需要注意。

(2)手势不要太多,动作幅度不应太大。

(3)应避免不雅动作,如用手指指点他人、挖鼻孔、抠牙、抓耳、挠头皮、摆弄小物件等。

四、言谈

"言为心声"。言谈是人们运用语言表达思想、沟通信息、交流感情的重要方式,能反映一个人的思想水平、知识修养、道德品质,也是礼仪形象的重要体现。谈吐要符合一定的礼仪规范,就要熟知语言表达的基本方式,掌握谈吐的基本礼节。

图 7-5　手势

(一)言谈的仪态

无论是坐姿言谈还是站姿言谈,无论旅游公共关系人员是言者还是听者,都应该态度端正,做到热情、诚恳、稳重、平易。热情是言谈的基本要求,冷漠无情、无精打采、有气无力的言谈都是没有感染力的,无法收到良好的效果。真挚诚恳是言谈的基本态度,以诚为本,诚心待人,才能取得听者的信任;虚伪做作,华而不实,都是不可取的。言谈还必须稳重。稳重是成熟的表现。只有稳重,才能给人安全感,增加可信程度;任何轻佻的语言和表情、动作都是应当避免的。平易是与听话人拉近距离,不能傲慢无礼、狂妄自大、盛气凌人。另外,要做到神情专注。专注是对人的一种尊重。谈话时要精力集中,不能左顾右盼、东张西望,也不能边说边做其他事情。如果表现出漫不经心、心不在焉,也会影响对方的谈话兴趣,打消交谈的热情。

(二)言谈的内容

谈话内容要根据交谈的实际情形而定。有明确话题时,谈话内容就要相对集中,不能东拉西扯、不着边际;没有明确话题时,则可以选择一些适当的话题。话题应是健康有益、对方感兴趣、令人愉悦的,而不应是一些低级庸俗、耸人听闻、荒诞离奇或令人反感的。

金正昆教授(国内知名教授,精通商务礼仪、公关礼仪等)将不能谈及的内容概括为:

①不能非议国家、党和政府。

②不涉及国家秘密与行业秘密。

③不能非议交往对象。

④不在背后议论领导、同行和同事，家丑不可外扬。

⑤不谈论格调不高的话题。

⑥不谈论个人隐私问题，关心有度。个人隐私五不问：不问收入（不问房子大小，哪个小区），不问年龄，不问婚姻家庭，不问健康问题（外人不谈），不谈职业经历。

（三）言谈的声音

注意音量不宜过大，太大的音量容易使自己成为交谈中气势逼人的角色，也容易让人反感。音量大到让人听清即可，以明朗、低沉、愉快的语调最吸引人。当然，音量也不宜过低，否则不易让人听清楚，同时让人觉得不够权威，容易被忽视。说话的速度要适中，要依据实际情况调整快慢：过快，欠稳健；过慢，会使交谈的人失去耐心。

语言要有礼貌。在交谈中多使用礼貌用语，是博得他人好感与体谅的最为简便易行的做法。所谓礼貌用语，简称礼貌语，是指约定俗成的表示谦虚恭敬的专门用语。例如，初次见面，要说"久仰"；许久不见，要说"久违"；中途先走，要说"失陪"；请人别送，要说"留步"；请人指点，要说"赐教"；请人帮助，要说"劳驾"。

"您好、请问、对不起、谢谢、再见"五句十字礼貌语要经常运用，并且多多益善。不可采用粗话、脏话、黑话、荤话、怪话、气话等。

（四）言谈时的表现与反应

言谈时语言力求吐字清晰、言简意赅、委婉含蓄且灵活多变；与人交谈多用敬语与谦语；适当控制语音、语速、语调及手势；表情自然，目视对方的时间一般在交谈时间的 1/3 以上；忌用不雅口头禅及粗俗之语。

倾听是一门学问，听者要能捕捉对方的言谈重点，对所听内容作出积极的反应。这就要求旅游公共关系人员作为听者时要全神贯注，目光正视对方，不可漫不经心、东张西望或做无关小动作。交谈中不能始终一言不发，也不可随意插话打断对方。若有急事需要离开，应在对方谈话告一段落后向其致意并表示歉意方可离开。

第三节　旅游公共关系的公务礼仪

旅游公共关系的公务礼仪几乎涉及日常旅游公共关系活动的方方面面，它是在旅游公共关系事务中约定俗成的，为旅游组织成员共同遵守的尊人敬人的一系列行为规范和准则。

◆ 案例驿站 7.2

某分公司要举办一次重要会议,请来了总公司的总经理和董事会的部分董事,并邀请当地政府要员和同行业知名人士出席。由于出席的重要人物多,刚参加工作的助理小李决定用"U"字形的桌子来布置会议桌,分公司领导坐在位于长"U"字横头处的下首,其他参加会议者坐在"U"字的两侧。在会议的当天开会时,贵宾们都进入了会场,按安排好的座位签找到了自己的座位就座。当分公司领导宣布会议开始时,发现会议气氛有些不对劲,有的贵宾相互低语后借口有事站起来要走。分公司的领导人不知道发生了什么事或出了什么差错,非常尴尬。

案例来源:路小静.礼仪规范教程[M].北京:人民邮电出版社,2009

一、迎送礼仪

迎来送往是接待服务中最常见的礼仪活动。迎送活动的规格有高低,仪式有简繁,但基本要求是热情接待、友好送行。

(一)掌握基本情况

了解来访者的基本背景材料,如姓名、身份、性别、相貌特征、来访目的、生活习俗、与旅游公共关系人员所在旅游组织的关系等方面的信息,以确定接待规格。

(二)了解来宾抵离的准确时间

接待工作人员应当准确了解来宾所乘交通工具的航班号、车次以及抵离时间。接站时,迎候人员应留足途中时间,提前到达机场(码头或车站),以免因迟到而失礼。

(三)做好准备工作

如果来宾人数较多,为了在接站时避免混乱,应事先排定乘车号和住房号,并打印成表格。在来宾抵达后,将表格发至每一位来宾手中,使之明确自己所乘的车号,所住房号,这样可以避免混乱,也便于来宾入住客房后相互之间联系。

(四)根据接待规格,热情接待

根据不同的接待规格,安排接待程序,接到宾客即表示欢迎和慰问,并作自我介绍,呈递名片,以示诚意,主动与来访者进行一些社交性交谈。

(五)妥善安排

妥善安排来宾的生活起居,询问特殊需要,给来宾稍事休息或处理个人内务的时间,告知宾客再次联系的时间、地点及大体日程安排。

(六)友好送行

临行前征询来宾的接待意见,并表达惜别之情;若有接待不周,应真诚致歉并略作说明。选择合适的纪念品赠与来宾,主动帮助来宾办理有关乘车、乘机的手续,待宾客远行后再转身离开。

二、会访礼仪

会访是会见、会谈、拜访的统称,目的是为了增进了解、加强沟通、融洽关系。

(一)会见

在国际上会见有"接见"和"拜会"之分,有礼节性的、有事务性的、也有政治性的。对旅游组织而言,会见多安排在会客室,座位的安排要遵守一定的程式。

1. 会见厅的布置

会见厅的布置应根据面积、形状、人数进行安排。人数在十几人左右可用沙发按马蹄形或凹字形布置;规模较大的会见可以布置成会议形。会见时如需合影,合影背景一般为屏风或挂图,所以室内要进行布置。

2. 会见座位的安排

一般来说,主宾、主人席安排在面对正门的地方,宾主双方分别而坐。客方一般坐在主方的右边。如需译员、记录员,他们应坐在主人和主宾的后面。特殊场合,可以主、宾穿插而坐。如图 7-6 所示。

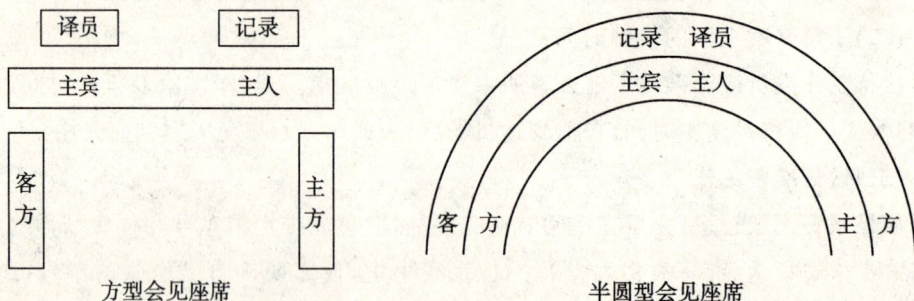

方型会见座席　　　　　　　　　　　半圆型会见座席

图 7-6　会见座席示意

(二)会谈

双边会谈通常使用长方形桌子,可以横向摆放,也可以纵向摆放。

横向摆放时,宾主双方相对而坐,以正门为准,主人背门而坐,宾客面向正门。会谈双方的主谈人或领队居中,副主谈坐于主谈右边第一个位置,其他人员按礼宾顺序依次而坐。长方形桌子纵向摆放时,宾主双方相对而坐,以入门方向为准,左侧为主方,右侧为客方,座位安排如前。

多边会谈时多使用圆桌，或将桌椅摆成圆圈；四方会谈以方桌为宜。如图 7-7 所示。

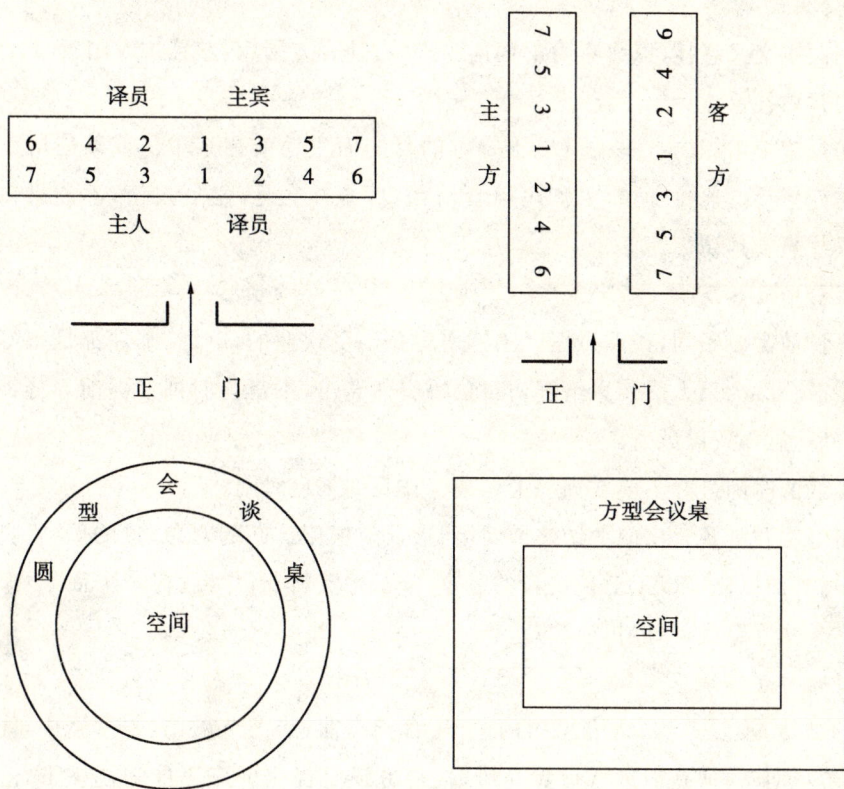

图 7-7　会谈座席示意

(三)签字仪式

通过会谈达成协议时，若需要签字确认，其仪式需注意如下事项。

1. 做好准备工作

做好签字文本的定稿、翻译、校对、印刷、装订、盖火漆印等工作，同时准备好文具、旗帜、标志牌等，主签人员与助签人员须事先商定。

2. 签字仪式厅的布置

签字应选择在宽敞高大有气派的屏风式挂画厅进行，一般备有长条桌一张和高背扶手椅两张，签字桌应高档豪华或覆盖绿色台呢。

若是国际活动需要摆放双方国旗，国旗摆放有如下形式：

(1)并列式

两国国旗并挂，以旗本身的面向为准，左挂客方国旗，右挂主方国旗；多面并挂时，以旗本身的面向为准,自右向左,主方在最后。

(2)交叉式

两国国旗交叉悬挂,以旗本身的面向为准,右挂客方国旗,左挂主方国旗。

(四)拜访礼仪

拜访是旅游组织的有关人员出于一定的目的而主动前往某单位或某住所进行的一系列的访问活动。通过拜访,人们可以交流信息,统一意见,发展友情;不能只在有求于人的时候才想到拜访。

1.拜访的准备

①拜访前需要预约,说明意图。不速之客是不受欢迎的,电话、邮件都是很好的预约方式。旅游公共关系人员切忌给拜访对象搞突然袭击,不得已时即使提前5分钟也要事先通知,到达后再致以歉意。

②预约的时间最好不要在周一上午或工作日的下班时间。

③做好物质准备。出门拜访之前,拜访人员应根据访问的对象、目的等,将自己的衣物、容貌适当加以修饰以示对被访者的尊重;准备好资料、名片、适宜的礼品。

④熟悉交通路线,一般提前到达。

2.拜访有礼

如约到达,不要迟到;讲究敲门的艺术:食指弯曲,指关节敲门,力度适中,间隔有序敲三下,等待回音;准确地进行自我介绍,接待方没有提出就座不能随便坐下,落座之后一定要表示谢意;跟主人谈话,语言要客气,举止要文明;在接待方允许的空间范围内活动,勿随意走动;在约定的时间内谈约定的主题,不要漫无边际地浪费接待方的时间。如果不能准时到达,要提前告知对方并说明原因致以歉意,无故失约既不尊重对方也有失自己的诚信。

3.告别有礼

注意掌握拜访的时间,拜访目的达到之后应对对方的合作表示感谢,同时主动起身告辞;要向接待方表示"打扰"之意;告别时要对接待方使用礼貌用语如"请留步""再见",不要起身后一去不回头;回到本单位要对拜访单位致电或致函报平安并表示感谢。

三、宴请礼仪

宴请是一种最常见的民间或官方的礼仪活动,应酬答谢、祝贺共勉、联络感情、加深了解、增进友谊等都可以采取这一形式。

(一)宴请的形式

国际上的宴请形式有宴会、招待会、茶会、工作餐等。

宴会是公共关系活动中较为常见的宴请形式。按隆重程度与出席规格可分为国宴、正式宴会和便宴;按举办时间有午宴和晚宴之分,以晚宴最为隆重和正规;按性质可分为节庆宴、答谢宴、欢迎宴等;按餐别可分为中餐宴会、西餐宴会和中西合餐宴会。宴会是最重视、最隆重的宴请,由服务员上菜。

招待会是指各种不配备正餐的宴请形式,灵活简便。它备有食品和酒水,通常不排固定座位,与会者可以自由活动。常见的接待会有冷餐会和酒会两种形式。

茶会是一种简单的招待形式,一般在 16:00 时左右举行,持续时间不超过两小时,以茶水和咖啡为主,略备地方风味小吃和点心。不排座位,主人可以有意识地与主宾坐在一起,其他出席者较随意,但对茶会所用的茶叶、茶具、茶壶较为讲究。

工作餐是非正式宴请形式,往往以长桌安排席位;座位与会谈桌座次安排相似,以方便主宾双方在就餐过程中交谈。

(二)宴请的组织

宴请的组织对于宴请的成功相当重要,应事先确定宴请的对象和规格,选择合适的时间与地点,提前进行邀请,做好订菜和排座,另外要适选陪同。

宴请日期和时间的确定应该照顾到出席宴请活动的主要公众或大部分公众的习俗。一般不要选择对方有重大节日、假日,有重要活动的日子,更要注意避免对方禁忌的日子。就西方人来讲,宴请活动安排在圣诞之夜是不会受到欢迎的。而对于日本人,宴请日期逢"4"逢"9"则会令他们大皱眉头,因为在日语中,"4"字发音同"死","9"字发音同"苦"。

(三)宴请的接待

1.提前迎宾

主人及陪同人员应在约定时间前一刻钟到达现场,掌握现场情况。宾客达到时热情迎接,主动招呼问候。

2.引宾入席

按礼宾顺序依次引领宾客进入休息厅或进入宴会厅。

3.致辞祝酒

当宴会上有致辞祝酒时应当停止一切活动专心聆听,以示尊重。祝酒讲究有来有往,不能来而无往。

4.按照国际惯例

侍应的顺序是先从主宾开始,然后是主人,接下来按顺时针顺序进行,左侧上菜分汤,右侧斟酒。

5.宴请结束

在主人与主宾用完水果后,一般由主宾提出感谢招待和结束宴会,同时主人应协助宾客离席并表示感谢出席,而后握手话别,最好能协助宾客等车目送其远行。

(四)宴请桌次与座次的安排

1.中餐宴请桌次的安排

按照国际惯例,桌次的安排应遵循以下原则:

(1)以右为上

面对餐厅正门或面对乐队演出中心的右侧为上。

(2)远门为上

距离餐厅正门较远的地方,受到打扰较少,所以远门为上。

(3)居中为上

排列分左中右时,居中为上为尊。

2.中餐宴请座次的安排

(1)面门为主

通常面对餐厅正门的位置为主人位,与主人位相对的为副主人位。公务场合,有两位主人时,则按职务高低、年龄大小相对而坐;夫妇共同出席,男主人坐主人位,女主人坐副主人位。

(2)主宾居右

如果只有主人进行招待,则第一主宾在主人右侧,第二主宾位于主人左侧,依次往下交错排列;如果有副主人在场,则第二主宾位于副主人右侧,第三主宾位于主人左侧,第四主宾位于副主人左侧,其他宾客依次往中间排列。

(3)人次以偶数为宜

为方便座次安排,一般情况下圆桌宴请出席的人次以偶数为宜。

(4)各桌相对

主桌之外的其他各桌上的餐位"主位"一般均与主桌上的主人位相对。

(5)特殊情况的处理

当主宾的身份高于主人时,为了表示对主宾的尊重,可以按常规安排,也可以将主宾与主人的位置对换;当主宾夫妇共同出席但主人夫人又无法出席时,通常可以请其他身份相当的女士坐副主人位,如无适当身份的女士出席,也可以把主宾夫妇安排于主人左右两侧。

3. 西餐宴请桌次座次的安排

绝大多数情况下,西餐宴会根据出席宴会的人数或餐厅的面积用长条桌拼成一定的台形,如"T"形、"I"形、"工"字形等,总的要求是既美观又适用。

西餐较多采用长条桌,女主人可以面门而坐,男主人背门相对而坐,第一主宾与第三主宾位于女主人的右、左两侧,而第二主宾和第四主宾分别位于男主人的右、左两侧。座次安排遵循的原则有:女士优先,女主人为第一主人,男主人为第二主人;距离定位的原则,距主位近的座位为尊;以右为尊的原则和面门为上的原则。另外,为了广交朋友,西餐宴会中男女席位交叉排列,熟人和陌生人交叉排列。

(五)宴请过程中的礼仪

1. 就座和离席

应等长者坐定后,方可入座;席上如有女士,应等女士坐定后,方可入座;如女士座位在隔邻,应招呼女士;用餐后,须等男、女主人离席后,其他宾客方可离席;坐姿要端正,与餐桌的距离保持得宜;离席时,应帮助隔座长者或女士拖拉座椅。

2. 餐巾的使用礼仪

餐巾主要防止弄脏衣服,兼做擦嘴及手上的油渍;等大家坐定后,方可使用餐巾;餐巾摊开后,放在双膝上端的大腿上,切勿系在腰带上,或挂在西装领口;切忌用餐巾擦拭餐具。

3. 餐桌上的一般礼仪

入座后姿势端正,脚踏在本人座位下,不可任意伸直,手肘不得靠桌缘,或将手放在邻座椅背上;用餐时须温文尔雅、从容安静,不能急躁;在餐桌上不能只顾自己,也要关心别人,尤其要招呼两侧的女宾;口内有食物,应避免说话;自用餐具不可伸入公用餐盘夹取菜肴;小口进食;取菜舀汤,应使用公筷公匙;吃进口的东西,不能吐出来,如系滚烫的食物,可喝水或果汁冲凉;送食物入口时,两肘应向内靠,不直向两旁张开碰及邻座;自己手上持刀叉或他人在咀嚼食物时,均应避免跟人说话或敬酒;好的吃相是食物就口,不可将口就食物;切忌用手指掏牙,应用牙签,并以手或手帕遮掩;避免在餐桌上咳嗽、打喷嚏,万一忍不住,应说声"对不起";喝酒时宜各随意,敬酒以礼到为止,切忌劝酒、猜拳、吆喝;如餐具坠地,可请侍者拾起;如欲取用摆在同桌其他客人面前之调味品,应请邻座客人帮忙传递,不可伸手横越、长驱直入去取物;食毕,餐具务必摆放整齐,不可凌乱放置;餐巾也应该折好,放在桌上;主食进行中,不宜抽烟,如需抽烟,须先征得邻座的同意;进餐的速度,宜与男女主人同步,不宜太快,亦不宜太慢。

第四节　旅游公共关系的社交礼仪

◆ **案例驿站 7.3**

刘群为何莫名其妙

　　刘群大学毕业后被分配到一家旅行社做行政工作。一次他接待几个没有见过面的客人,接待过程中他又是寒暄又是让座,非常热情,客人向他递名片,他忙着洗杯、找烟、倒水,一个劲儿地招呼对方"请坐、请坐"。接过客人递过的名片后,就随手塞到了裤子口袋里,然后又忙着接待。"真不凑巧,我们处长临时有事刚刚走,您贵姓?"刘群边点烟便问。"姓李。"客人不高兴地边回答边向外推着递上来的香烟,并向刘群告辞。刘群赶忙拉开办公室的大门并主动伸手与客人告辞,客人神色不悦地走了,刘群感到莫名其妙。

　　　　案例来源:王琦.旅游礼仪实训教程[M].北京:机械工业出版社,2009

　　旅游公共关系人员在工作过程中经常涉及的社交活动很多,主要有见面、介绍、问候、交谈、馈赠等,把握社交礼仪的基本原则、熟谙社交中各种不同的礼仪要求、了解有关的避讳与禁忌对加强人际交往与合作、增进各方的感情与友谊、赢得多方的理解与支持具有重要意义。

一、见面的礼仪

　　旅游公共关系人员与公众交往的第一步骤就是见面。按照常规,见面时一般要准确地称谓、适度地介绍和真诚地致意。

(一)称谓

　　称谓的使用是否规范,是否表现出尊重,是否符合彼此的身份和社会习惯,是一个十分重要的问题。与公众见面不熟悉其职位职务时,尽量使用统称如先生、同志、女士等;与熟悉的公众见面时可以使用其姓名或姓加职位或职业或头衔的方式来称呼,如王某某大夫、张总、赵局长、李教授等。面对外部公众,有时候为了表示亲切也可以使用通用性的尊称,如称呼大爷、阿姨、老伯、兄弟等。在进行国际接待时,应根据其国别、行业、婚姻状况、宗教信仰等进行称呼。

(二)问候

　　问候就是向交往对方说一些表示良好祝愿或欢迎的话。公共关系人员与公众见面时问候是必不可少的,对熟人不问候或对别人的问候不回答是失礼的。"您好""早上好""晚安""再见""拜托了""辛苦了"等是常用的问候语言。"您吃了吗""上哪去呀"这类普遍使用的问候语言,旅游公共关系人员要谨慎使用,特别是面对外宾时不能使用。

问候有下列注意事项包括:首先,问候的距离不能太远,以正常的说话声音能听见为宜。问候是个人与个人或多人的事情,不能打扰到所有人。其次,年轻者一般先问候年长者,地位低者先问候地位高者,男士先问候女士。再次,问候时应神情专注,眼睛含笑注视对方,不要让人感到敌意或勉强。最后,如果一天数次见面,第一次见面时使用问候语,而后就可以微笑点头示意即可,不必一直"您好,您好"。

（三）介绍

介绍是通往认识的桥梁,分为自我介绍和为他人作介绍两种情况。

1. 自我介绍

进行自我介绍时,要看时机,在别人需要认识你或者你需要别人认识时又不破坏当时的氛围的情况下进行,这样也易于对方倾听。一般先递名片再作介绍。训练有素的旅游公共关系人员要养成名片使用规范化的习惯。

自我介绍时,要注意长话短说、语言精炼。自我介绍的时间宁短勿长,一般控制在1分钟甚至是半分钟之内。旅游公共关系人员的自我介绍把以下四个要素——单位、部门、职务、姓名介绍齐全即可。

2. 为他人作介绍

在公共关系交往中,往往需要介绍别人,为他人作介绍。介绍别人时,有下列注意事项:

①弄清被介绍双方是否认识,是否有认识的意愿。不知双方已经相识而自作主张地为别人介绍会引起尴尬;而如果双方并无相识愿望,介绍认识也无话可谈,同样没有意义。

②关于介绍人的问题。家里来了客人,一般是女主人当介绍人。单位来了客人,一般是由专职人员、公共关系人员、文秘、办公室主任进行介绍,或者由负责接待的人进行介绍;单位来了贵宾,由本单位职务最高者进行介绍。

③注意先后顺序。按照礼仪,宾、主介绍是先介绍主人,这种介绍不分男女,不论老幼,也不看职务高低;介绍男士和女士时,先介绍男士,后介绍女士;介绍晚辈和长辈时,先介绍晚辈,后介绍长辈;介绍上级和下级时,先介绍职位低的,后介绍职位高的。宾、主双方都不止一个人时,还是要先介绍主人;介绍主人的时候,具体应该按照职务高低排序,先介绍地位高者,再介绍地位低者;介绍客人时,也按照职务高低排序,先介绍职务高

者,后介绍地位低者。

3. 介绍的姿势

如无特殊原因,介绍时身体应呈站立状,面带微笑,手掌向上,五指并拢,伸向被介绍者,不能用手指指点点,同时头转向另一方用清晰的语言进行介绍。被介绍双方都应该起身站立,面含微笑、大大方方地目视介绍者或对方,以示尊重。

(四)致意

致意是向他人表达问候心意。随着生活节奏的加快,这将是一种使用频率较高的礼节。

旅游公共关系活动中,致意可以采用点头微笑、举手、挥手、脱帽、简洁的问候语等方式进行。向对方致意的距离一般在 2～5 米为宜;若距离较远,可以采用挥手致意,但幅度要小,切忌大叫大嚷。致意的关键是要面带微笑,体现致意者的真诚、友善和关心。

二、敬礼与答礼

(一)握手礼

目前握手礼是最常见的会面礼节。

旅游公共关系人员在使用握手礼节时的基本姿势为:距离对方大约一步远,上身微微前倾,两脚立正,伸出右手,四指并拢,虎口相对,拇指张开下滑,与受礼者握手;握手时要稍微停留三五秒钟,上下晃动,并且稍许用力;同时四目相视,面带微笑,互致问候。

行握手礼时,须注意以下几点。

1. 注意握手时伸手的先后顺序

一般要求是:地位高者与地位低者握手,地位高者首先伸手;男士和女士握手,女士先伸手;长辈和晚辈握手,长辈先伸手;上级和下级握手,上级先伸手。宾主握手的一般做法是:客人到来时主人先伸手,以示欢迎;而客人辞别时,客人先伸手。但无论先后顺序如何,别人伸出手来,不与人握手是失礼的。

2. 表现得专心致志

握手时要面含微笑地注视对方,不能左顾右盼;接着要寒暄几句,如欢迎光临、很高兴认识你、我们又见面了等。

3. 握手时要避免两个极端

用力过大,抓住别人的手不放,会给人不好的感觉,特别是异性之间;仅以指尖或仅握别人指尖,也给人以冷淡或距离的感觉。握手时,握力为 2 千克左右最佳。

4. **握手忌讳**

握手还有一些约定俗成的忌讳,或者因为宗教信仰、或者因为其他原因,如左手握手,交叉握手,戴手套、帽子、墨镜与人握手等。

5. **不同姿势传递的含义**

手掌处于垂直状态,是平等自然的握手;掌心向里握手,显示谦卑或毕恭毕敬;掌心向下地握住对方的手,则显示出强烈的支配欲、高人一等和傲慢无礼。

图 7-8　握手礼

(二)鞠躬礼

1. **基本姿势**

行鞠躬礼时面对对方,双脚并拢,视线由对方脸上落至自己的脚前 1.5 米处(15°礼)或脚前 1 米处(30°礼)。男性双手放在身体两侧,女性双手相搭放在身体前面。鞠躬时脚跟靠拢,双脚尖处微微分开,目视对方。然后伸直腰背,上身由腰开始向前弯曲,弯腰速度适中,之后抬头直腰,动作不可太快。

(1)15°鞠躬礼

头颈背成一条直线,双手自然放在裤缝两边(女士双手交叉相搭放在体前),前倾15°,目光约落于体前 1.5 米处,再慢慢抬起,注视对方。

图 7-9 15°鞠躬礼

（2）30°鞠躬礼

头颈背成一条直线，双手自然放在裤缝两边（女士双手交叉相搭放在体前），前倾30°，目光约落于体前 1 米处，再慢慢抬起，注视对方。

2.注意事项

鞠躬礼行礼的距离：行鞠躬礼一般在距对方 2～3 米的地方。在与对方目光交流的时候行礼，且行鞠躬礼时须面带真诚的微笑，没有微笑的鞠躬礼是失礼的。另外，不要出现只弯头的鞠躬、不看对方的鞠躬、头部左右晃动的鞠躬、双腿没有并齐的鞠躬、驼背式的鞠躬、可以看到后背的鞠躬。

三、名片礼仪

有人称名片是旅游公共关系人员的"第二身份证"，它是旅游公共关系人员身份的介绍，是脸面，是形象。名片的制作、保管、放置与交换需讲究礼仪。

（一）制作

1.材料

名片的制作材料最好是普通的卡片纸，出于环保的考虑可以使用再生纸甚至打印纸。

2.尺寸

名片的尺寸一般使用 5.5cm×9cm 的普通规格,但国际社会相当数量的人用的名片是 6cm×10cm 的规格。

3.颜色

名片的色彩一般控制在三种颜色之内,颜色多于三种会使人感觉杂乱无章、不正规。

4.内容

名片的内容一般包含三大项:第一项是归属即所在单位,包括单位全称、所在部门、企业标志的信息(通常放在名片的左上角);第二项是称谓,包括姓名、职务、行政职务、学术技术职称等,一般后面为职务前面为技术或学术头衔,位于名片中间;第三项是联系方式,包括地址、邮编、办公电话、电子邮箱或网址。

如果需要印制外文,一般中、外文各放一面;也可以把以上提到的三项放置一面,另一面印制业务范围。有的旅游公共关系人员将其单位的简单位置图或乘坐交通工具到达的方式印制在另一面上也是可以的。

(二)放置

在出席各种场合时旅游公共关系人员都应准备好名片,而且名片的准备应足量适用、整洁完好,名片一般统一置于名片夹、公文包或上衣口袋内,在办公室时可放于名片盒或办公桌内,不得随意放于钱包、裤袋内。

(三)名片的递送礼仪

向对方递名片时,应面带微笑,注视对方,将名片正面及文字方向朝向对方,用双手的拇指和食指分别持握名片下端的两角送给对方。如果是坐着的,应当起立或欠身递送,递送时说一些"我叫×××,这是我的名片,请笑纳""我的名片,请多多指教"之类的客套话。

递送名片时须注意:地位低的人先向地位高的人递名片,男性先向女性递名片。当面对许多人时,应先将名片递给职务较高或年龄较大者;如分不清职务高低和年龄大小时,则可由近及远、按顺时针方向递送。

递送名片应选择初识之际或分别之时,用餐时、观看戏剧、跳舞时不宜发送名片,也不要在大庭广众之下向多位陌生人递送名片。

(四)接受名片的礼仪

接受他人递过来的名片时,应尽快起身,面带微笑,用双手拇指和食指接住名片,并说"谢谢""能得到您的名片,深感荣幸"等;如果是初次见面,最好是将名片上的重要内容读出来,以示尊重;名片接到后不能随便乱放,应该当着对方的面谨慎地置于名片夹、公文包、上衣口袋等地方,并与本人名片分开放置。当接受对方的名片之后,一般应立刻回给对方一张自己的名片;如果自己没有名片或没带名片,应当首先向对方表示歉意,再委婉地解释"忘带了""用完了"或如实说明理由。

图 7-10　递送名片

(五)索要名片礼仪

索要别人名片时,旅游公共关系人员依照惯例可以使用互换法、暗示法。

互换法就是主动递上自己的名片,并附言:"能否有幸与您交换一下名片。"而暗示法就是使用含蓄的语言暗示对方,如可以向尊长说:"今后如何向您请教?"可以向平辈或晚辈说:"请问,今后怎样与您联络?"

(六)名片使用的三不准

旅游公共关系人员在工作中使用名片,尤其是在对外交往中,有三个不准。第一,名片不能随便涂改;第二,名片上不提供私宅电话;第三,不印两个以上的头衔。

四、电话礼仪

电话是一个"只闻其声,不见其人"的信息沟通工具,接听与拨打电话的礼仪是旅游公共关系人员的必修课。

（一）接听电话

①铃响三声接听电话，三声以外接听电话要向拨打方致以歉意，也不要铃声响即接听电话，会使拨打人感到缺乏心理缓冲。

②接听电话时准确地进行问候和自报家门。

③接听电话过程中始终积极呼应，表明在认真倾听，必要时进行记录。重要电话记录后还需要进行核对。

④碰到错挂电话者也应礼貌对待，并向对方说明后再挂机。

⑤不找人代接听已经有约在先的电话；如果代接别人电话时应首先告诉对方，他找的人不在，然后再根据情况决定是否问及姓名事情。

⑥接听电话方一般在拨打方挂机之后再挂机，通话完毕不得仓促挂断电话。

（二）拨打电话

①工作时间和场所尽可能不打或少打私人电话。

②拨打电话前准备好通话内容以及记录用的笔和纸。

③除非万不得已，非上班时间、休息日一般不打公事电话；不管因公事还是因私事一般也不在 22:00 以后给异性打电话。

④每次通话时长应控制在三分钟之内，尽快把事情交代清楚，不能互相浪费时间。

⑤拨打时应主动问候，确认对方后自报家门；讲话音量适中，语调自然。结束通话时通常使用"打扰了""再见""谢谢您"等礼貌用语告别，轻轻挂断电话。

（三）移动电话使用礼仪

①进行公务活动时，手机应处于静音状态或关闭，不宜随意接听。不得已，可以到室外接听，以免打扰别人；也不要以不雅姿态，如弯腰到桌底接听。

②不准使用手机的场所须关机，如乘坐飞机、进入加油站、进入医院的特殊区域时。

③移动电话应放置到位，挂在腰际是有失大雅的。

五、乘坐交通工具礼仪

（一）乘车礼仪

1. 乘坐公交车

候车要先看清站牌和行车方向，然后排队候车；不要"夹塞"，也不要往车道上挤；上车要按次序；有老人、小孩、病人上下车，要尽力扶助。

上车后不要争先恐后地抢座位,要往车厢中间走动。对病人、孕妇和抱小孩的同志要主动让座。站立车厢时要扶好站稳,以免刹车时挤撞、踩踏到别人,碰了别人要道歉。

下雨天乘车,上车前应把雨伞折拢,雨衣脱下叠好,不要把别人的衣服弄湿。

乘车时,不吸烟,不吃带皮带核的东西,不把头手伸向车外,不在车内大声交谈,更不应嬉笑打闹。

到站前,提前向车门移动,下车时要按次序下车,注意扶老携幼。

2. 乘坐小轿车

两排座的接待小轿车的座位,如有司机驾驶时,以后排右侧为首位,左侧次之,中间座位再次之,副驾驶座为末席。如果由主人亲自驾驶,以副驾驶座为首位,后排右侧次之,左侧再次之,而后排中间座为末席。主人夫妇驾车时,则主人夫妇坐前座,客人夫妇坐后座,男士要服务于自己的夫人,宜开车门让夫人先上车,然后自己再上车。如果主人夫妇搭载友人夫妇的车,则应邀友人坐前座,友人之妇坐后座。主人亲自驾车,坐客只有一人,应坐在主人旁边。若同坐多人,中途坐前座的客人下车后,在后面坐的客人应改坐前座(此项礼节最易疏忽)。女士登车不要一只脚先踏入车内,也不要爬进车里。需先站在座位边上,把身体降低,让臀部坐到位子上,再将双腿一起收进车里,双膝保持合并的姿势。

3. 乘坐吉普车

吉普车无论是主人驾驶还是司机驾驶,都应以副驾驶座为尊,后排右侧次之,后排左侧为末席。上车时,后排位低者先上车,前排尊者后上。下车时前排客人先下,后排客人再下车。

4. 乘坐旅行车

在接待团体客人时,多采用旅行车接送客人。旅行车以司机座后第一排即前排为尊,后排依次排列。其座位的尊卑,依每排右侧往左侧递减。

5. 上下车顺序

基本要求是:倘若条件允许,须请尊长、女士、来宾先上车、后下车。

①主人亲自驾车时要后上车、先下车,以便照顾客人上下车。乘坐由专职司机驾驶的轿车时,坐于前排者,要后上车、先下车,以便照顾坐于后排者。

②乘坐由专职司机驾驶的轿车并与其他人同坐于后一排时,应请尊长、女士、来宾从右侧车门先上车,自己再从车后绕到左侧车门后上车。下车时,则应自己先从左侧下车,再从车后绕过来帮助对方。若左侧车门不宜开启而于右门上车时,要里座先上,外座后

上。下车时,要外座先下,里座后下。总之,以方便易行为宜。乘坐多排座轿车,通常应以距离车门的远近为序。上车时,距车门最远者先上,其他人随后由远而近依次而上。下车时,距车门最近者先下,其他随后由近而远依次而下。

(二)乘电梯礼仪

乘开放式自动扶梯,应靠右侧站,以便让着急的人从左侧超过。

引导客人乘坐无人控制的轿厢电梯时,旅游公共关系人员应先进入电梯,等客人进入后关闭电梯门;到达时由旅游公共关系人员按开电梯门,让客人先走出电梯门。

引导客人乘坐有专人控制的轿厢电梯时,旅游公共关系人员应等客人进入后再进入电梯,关闭电梯门;到达时让客人先走出电梯门,旅游公共关系人员再下电梯。

走进电梯后,应该给别人让地方。先上的人站在电梯门的两侧,其他人站两侧及后壁,最后上的人站在中间。应该让残疾人站在离电梯门最近的地方,当他们上下电梯时,应为他们扶住门。在电梯里面不要大声谈论有争议的问题或有关个人的话题,女士不要在电梯里化妆。

六、馈赠与受礼礼仪

中国人一向崇尚礼尚往来。《礼记》说:"礼尚往来,往而不来,非礼也,来而不往,亦非礼也。"馈赠是旅游公共关系人员表达情意、敬意与感激的很好形式。为达到"为情而赠,赠为增情",需要注意以下问题。

(一)馈赠礼仪

1. 馈赠的时机与场合

到他人工作之处或到对方居所向其赠送礼品时,应在见面之处把礼物赠与对方;当以东道主身份接待来宾时,通常是在对方告辞之前向对方赠送礼品,在告别宴会上赠送。

2. 有的放矢,因人馈赠

馈赠前应了解受礼方的人数、性别、爱好、习惯、地位、身份、民族甚至身体状况等,不明情况、无的放矢的馈赠可能事与愿违或会造成误会。

3. 注意赠礼时的态度、动作和言语表达

平和友善的态度、落落大方的动作并伴有礼节性的语言表达,才是赠受礼双方所能共同接受的。

4. 馈赠时应注意的问题

礼品需精心挑选并对礼品进行必要的包装;正常情况下,正式礼品应由赠送者交给

受赠对象,而不应让对方自取;赠送时需向对方说明礼品本身的寓意。

5.投好避忌

需要特别注意一些礼品在不同国别或不同地区、民族的含义有所差异。例如,我国喜爱黄菊,但千万不要送给西方人,因为在西方,黄菊代表死亡,仅供丧葬时用;中国人喜欢荷花,可是在日本,它也代表死亡。又如,在我国,喜庆活动中送花要送双数,意即"好事成双";在丧葬仪式上送花则要送单数,以免"祸不单行"。再如,在我国,看望病人不能送盆花,因为盆花有根;看望老人不能送钟,因为"钟"与"终"谐音;友人之间忌送伞,因为"伞"与"散"谐音。

(二)受赠礼仪

①受礼者应在赞美和夸奖声中收下礼品,并表示感谢。一般应赞美礼品的精致、优雅或实用,夸奖赠礼者的周到和细致,并伴有感谢之辞(按中国传统习惯,是伴有谦恭态度的感谢之辞)。

②双手接过礼品。视具体情况或拆看或只看外包装,还可请赠礼人介绍礼品的功能、特性、使用方法等,以示对礼品的喜爱。

③只要不是贿赂性礼品,一般不要拒收,并要找机会回礼。

图 7-11　馈赠与受礼

◆ 本章相关知识链接

　　1. http://www.welcome.org.cn/

　　2. http://www.eexb.com/

　　3. http://www.kegood.cn/

◆ 本章练习题

　　1. 礼仪的概念是什么？

　　2. 什么是仪表、仪态？

　　3. 何为名片使用的三不准？

　　4. 礼仪的作用有_____、_____、_____。

　　5. 礼仪的特点是_____、_____、_____。

　　6. 公务接待，有专职司机接送时，双排座轿车的_____是首座，而主人亲自接送时车上的首座则是_____。

　　7. 乘坐无人驾驶的轿厢式电梯时，接待人员应_____上_____下。

　　8. 判断：

　　(1) 正式场合女士以裤装较端庄正式。(　　　)

　　(2) 男士着正装时要穿着白色袜子以示整洁。(　　　)

◆ 本章小结

1. 本章结语

　　孔子说："不学礼，无以应；不知礼，无以立。"我国古代学者颜元也说过："国尚礼则国昌，家尚礼则家大，身有礼则身修，心有礼则心泰。"礼仪作为处理人与人之间相互关系的行为规范和道德法则，往往反映一个人的文明素质、精神状态，也反映一个国家的整体素质和社会风貌。旅游公共关系人员讲文明礼仪会使人与人之间的关系更加协调，使人们生活得更加舒畅，使社会更加安定团结。尊重别人，待之以礼，才能得到别人的尊重。

2.本章知识结构图

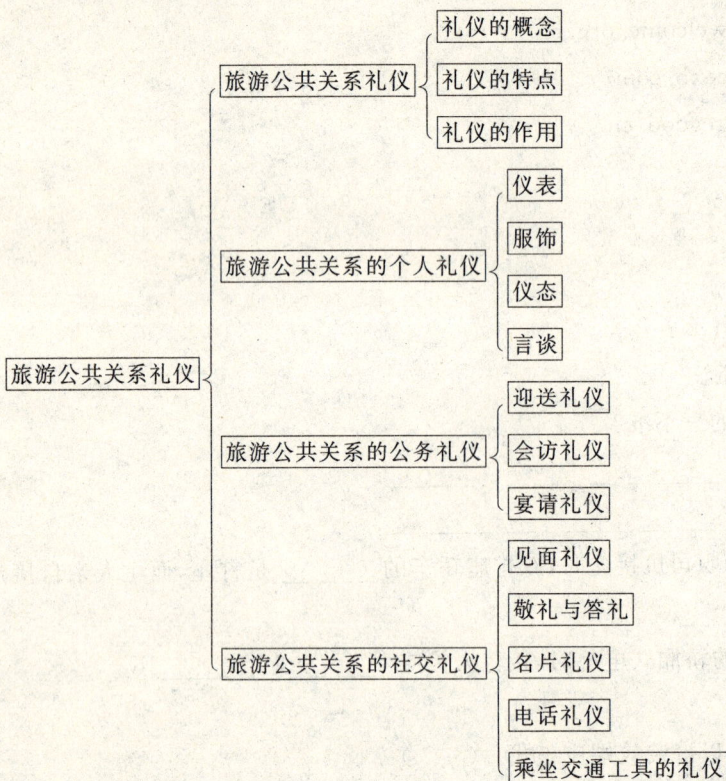

```
                          ┌─ 礼仪的概念
              旅游公共关系礼仪 ├─ 礼仪的特点
                          └─ 礼仪的作用

                          ┌─ 仪表
              旅游公共关系的个人礼仪 ├─ 服饰
                          ├─ 仪态
                          └─ 言谈
旅游公共关系礼仪
                          ┌─ 迎送礼仪
              旅游公共关系的公务礼仪 ├─ 会访礼仪
                          └─ 宴请礼仪

                          ┌─ 见面礼仪
                          ├─ 敬礼与答礼
              旅游公共关系的社交礼仪 ├─ 名片礼仪
                          ├─ 电话礼仪
                          └─ 乘坐交通工具的礼仪
```

3.本章核心概念

旅游公共关系礼仪　仪容　仪表　仪态　公务礼仪　社交礼仪

◈ 实训练习

以小组为单位进行仪态的训练,互相纠正不符合要求的地方。分组进行情景剧的创作,在情景剧中体现所学礼仪知识。

◈ 延伸阅读

本章推荐阅读案例:

刘琼的疑惑

刘琼大学毕业后在一家大型酒店的公关部工作,由于工作勤奋努力、业绩出色很快得到领导的重视,不久就被提升到重要的工作岗位。

有一次,刘琼接待来酒店办理业务的意大利客人。按领导的意思,要为每位客人准备一份精致的小礼物。刘琼订购了一批纯真丝手帕,是苏州制作的且是名家名产。每方丝帕上绣有苏州园林以及名胜古迹的风景图案,十分美观大方。丝帕装在特制的纸盒内,盒上又有企业的徽章,显得很精致,刘琼料想这份中国特产的丝绸礼物会受到客人的喜欢。

刘琼带着盒装的真丝手帕到机场迎接来自意大利的客人。在车上她代表酒店送给每位游客两盒手帕作为礼品。没想到意大利客人脸色骤变,还有些伤感。

刘琼心慌了,送客人礼物不但得不到感谢,还出现这般景象。中国人常说礼多人不怪,这些外国人为什么反倒怪起来了呢?

思考练习:

(1)意大利客人为何不高兴?

(2)选择礼品时有哪些注意事项?

◆ **本章练习题答案**

1.礼仪是指人们为保持社会秩序所需共同遵守的行为规范和准则。

2.仪表是人的外在形象,即人的外表。

仪态是一个人由于肢体的运动而呈现的一系列体姿造型的总称。

3.第一,名片不能随便涂改;

第二,名片上不提供私宅电话;

第三,不印两个以上的头衔。

4.规范行为　沟通信息　塑造形象

5.普遍性与差异性　继承性与发展性　严肃性与可操作性

6.后排右座　副驾驶座

7.先　后

8.(1)错　(2)错

第八章

旅游公共关系专题活动

学习目标

知识要点：了解各种公共关系专题活动的类型，理解各种公共关系专题活动的特点、适用范围以及注意问题。

技能训练：以某一公共关系活动为例，掌握具体的旅游公共关系专题活动的策划与组织。

能力拓展：应用所学理论，通过小组形式展开讨论，进行某一公共关系专题活动情景模拟、案例分析，做一份案例研究报告。

引 例

一道瑰丽的东方景观

南京金陵饭店是一家利用外资兴建而全部由中方管理经营的大型饭店，位于繁华的新街口，高达 37 层。这家饭店重视公共关系工作，每年都要拨出营业额的 1‰～3‰ 作为专项公共关系活动经费。该店不仅努力搞好日常公共关系活动，而且自 1986 年以来每年举办一次大型公共关系主题活动，收到了很好的效果。

金陵饭店之所以要举办大型公共关系主题活动，是为了增进饭店与住店客人的感情交融，促进饭店同社会各界和公众的联系、沟通，同时也为增强对饭店员工的凝聚力以及员工对本职工作的自豪感。饭店领导和公共关系人员认为，举办大型公共关系活动影响大，每次选择一个主题而每次的主题又不相同，这样可以产生巨大而连续的影响，有助于塑造饭店的良好社会形象。

1986 年，金陵饭店首次举办大型公共关系主题活动，名为"江南水乡大型自助餐系列主题宴会"，邀请所有住店客人和当地有关人士参加。客人在品尝美食的同时又欣赏了金陵饭店苏州园林式的美景,十分高兴,赞不绝口。当地新闻单位报道了这次活动,传播了金陵饭店的美名,收到了较好的社会效益。

1987年10月,该饭店举办了"金陵游园"主题活动,邀请住店客人和店外来宾欣赏"金陵"的园林美景,并为客人提供各种美味佳肴,请客人品尝闻名天下的夫子庙地方小吃,使客人在大饱口福和眼福的同时,增进了对南京风土人情的了解。

1988年中秋节,该饭店又举办了"金秋乐,乐在其中"大型公共关系主题活动,内容丰富多彩,有游园赏月、风味名吃,还特邀江苏省游泳队来本饭店室内游泳馆表演了"水上芭蕾"。

1989年,旅游业不景气,金陵饭店仍坚持举办大型公共关系主题活动,组织本店员工排练了几台具有浓郁地方风情和传统特色的文艺节目,受到客人好评。

案例引发的问题:南京金陵饭店公关活动举办成功的关键是什么?起到了什么作用?

资料来源:谢苏,王明强,汪瑞军.旅游企业公共关系.北京:旅游教育出版社,2003

为了实现公共关系目标、落实公共关系计划、提高公共关系效益,旅游组织常常需要开展各种公共关系专题活动。这样的公共关系专题活动不同于一般的公共关系活动,它要求公共关系人员有新奇的构思和周密的计划。在举办公共关系专题活动时,既要精心选择专题活动的具体形式,又要对所选择的活动加以认真设计和组织策划。旅游公共关系专题活动的成功与否,取决于公共关系人员对公共关系专题活动的基本特点、基本要求和活动开展的具体方法的掌握程度,以及公关人员的公关技术水平和创造能力。本章主要介绍旅游组织常用的几种公共关系专题活动类型,即新闻发布会、赞助活动、展览会和庆典活动等。

第一节　公共关系专题活动概述

现代社会组织的生存与发展离不开信息,在激烈竞争的环境里组织要宣传自己的优势,就要发布有关组织的大量信息,使公众潜移默化地接受组织的信息和观点。传播学中提到,公众在接受信息方面具有一定的被动性,为达到采集信息和发布信息的目的,组织就要举办各种公共关系专题活动,把自己的服务和理念宣传出去。公共关系专题活动,尤其是大型公共关系专题活动,直接关系到旅游组织的形象,因而活动成功,则组织形象得到成功塑造和提升,社会影响力大大增强;相反,如果活动失败,付出的代价也是很惨重的。

一、公共关系专题活动的含义

公共关系专题活动，是指组织为达到某个公共关系主题有效传播的目的，有计划、有步骤地安排目标公众参与的综合性传播活动。在传播活动中，组织就某个方面的内容同目标公众进行沟通和交流，从而实现组织特定的公共关系目标。公共关系专题活动集中传播了公共关系的主题，推进了公共关系计划的目标管理，创造了一个传播媒体。

二、公共关系专题活动类型

（一）按照规模分类

公共关系专题活动可分为系列公共关系活动、大型公共关系活动和小型公共关系活动。

（二）按照场所分类

公共关系专题活动可分为室内活动、户外活动和野外活动。

（三）按照性质分类

公共关系专题活动可分为：

1. 商业性公共关系专题活动

这种专题活动具有营利性特征，包括促销、产品发布会、商业推介和广告。

2. 公益性公共关系专题活动

这种专题活动具有非营利性特征，包括救灾、捐赠、敬老、环保、公益服务等。

3. 专业性公共关系活动

这种专题活动如文学、艺术、体育类活动。

4. 社会工作公共关系活动

这种专题活动如文明道德教育。

5. 综合性公共关系专题活动

这种专题活动是集各种性质公共关系活动为一体的活动，如旅游节、文化节等，既包含商业性，又包含公益性特征。

（四）按照内容为标准分类

按照内容标准分类，公共关系专题活动可分为以下几种。

1. 提供信息类活动

这类活动着重于向媒体提供信息，如记者招待会和新闻发布会等。

2.交流信息类公共关系活动

这类活动包括洽谈会、研讨会、演讲会等。

3.促销类公共关系活动

这类活动是组织为促进新产品销售而举办的活动,如新产品介绍会、展览会、促销会、时装表演、销售课堂、指导使用新产品等。

4.提高知名度类专题活动

这类活动包括开业典礼、奠基典礼、落成典礼、签字仪式、就职仪式、社会捐赠、社会娱乐、社会联谊活动等。

5.制造喜庆气氛的公共关系活动

这类活动包括举办周年庆典、节日联欢会、联谊会、招待会、宴会、酒会和舞会等。

(五)按照形式分类

按照形式分类,公共关系专题活动可分为以下几种。

1.会议型公共关系专题活动

这类活动包括新闻发布会、研讨会、洽谈会、交流会、鉴定会、座谈会和培训性质活动等。

2.庆典型活动

这类活动包括开业典礼、奠基典礼、落成典礼、周年庆典、节日欢庆、颁奖典礼、庆功会等。

3.展示型专题活动

这类活动包括展示会、博览会、促销会等。

4.综合型公共关系专题活动

这类活动集多种活动形式于一身,如既有展览会又有研讨会,同时又举行某类庆典活动等。

正确区分不同形式的公共关系专题活动,有利于掌握不同类型活动的组织形式和侧重点。不同类型的专题活动,有不同的侧重点。例如,会议型活动,侧重会议环境和会议效率的构思;庆典型活动,侧重喜庆的构思;展示型活动,则侧重于视觉传播的效果。

第二节　新闻发布会

当旅游组织准备操办一项重要活动,或者将处理有社会影响的重大事件,需要向社会各界公众通报时,或其他具备新闻价值的消息需要发布时,就需要召开新闻发布会。

新闻发布会一般是政府、企业、团体向其外部公众传播具有一定社会影响、有新闻价值的信息与某个组织与个人为澄清某一事件真相而向社会作某些有关情况的介绍。它是公共关系新闻传播的一种重要方式。新闻发布可以采取公告、书面和口头发布等形式。新闻发布会是旅游公共关系专题活动最常用的方式。

一、新闻发布会的特点

新闻发布会作为旅游公共关系专题活动的内容之一,具有以下特点。

(一)正规隆重

与公共关系活动中的其他项目相比较而言,新闻发布会的形式不仅比较正规,而且规格档次较高。新闻发布会一般除邀请专业记者参加外,还要邀请新闻界负责人、部门主管、各协作单位代表及政府官员参加。一个成功的新闻发布会需要较长时间的策划、筹备和布置。

(二)沟通活跃

新闻发布会与其他新闻传播方式相比,占用记者的时间较多,双方接触较深。在会上除了信息发布者向记者发布信息外,记者可当场提问,与会记者还可以互相启发,更深入地挖掘新闻题材。新闻发布会对于增进旅游组织与新闻界的沟通,促进双方的合作起着不可忽视的作用。

(三)方式优越

与其他传播方式相比,新闻发布会无论在深度还是广度上,都更为优越。其他的新闻传播方式,如报纸、广播、电视等,由于新闻媒介自主性的特点,其传播的旅游组织信息会因各家媒介组织的视角不同、取舍不同、载播时间不一致等而影响传播效果。而通过出席新闻发布会的各新闻媒介记者,有关信息将会经各大众传媒迅速地扩散和放大到大部分社会公众那里。

二、举办新闻发布会的时机和主题

新闻发布会是既严肃又正规的公共关系专题活动,因此,举行新闻发布会一定要选择适当的理由和时机,不能随意召唤记者,否则后果不堪设想。为了获得良好的传播效果,召开新闻发布会一般应避开重大节日,也不宜与社会公众普遍关心的社会重大活动相重叠。对于一个组织来说,举行新闻发布会是为了公布与解释组织的重大新闻。例如,在新产品的开发、组织首脑或高级管理人员的更换、组织合并、组织创立周年纪念日、重大的人员伤亡事故等事件发生时,都可以举办新闻发布会。组织新闻发布会,要注意如下几点。

（一）恰当的时机

新闻发布会的日期,要与将发生或已经发生的事件在时间上靠近,但又不太紧迫,这是新闻发布会的最佳时间。时间上相距太远,会给公众形成时过境迁或"只听响雷,不见下雨"的感受。只有选择恰当的时机,新闻发布会才能取得成功。此外,为保证受邀记者的出席率,新闻发布会应注意避开节假日和重大的社会活动的时间。

（二）合适的主题

主题是新闻发布会的核心,确定主题应从新闻价值和组织利益的角度出发。所谓新闻价值,主要是指在新闻发布会上发布的信息能否具有吸引新闻记者前来采访和报道的价值。在新闻发布会上,要明确将要发布的信息内容,主题应单一、集中,不能一个新闻发布会上发布几方面互不相关的信息,这样会分散新闻媒介的注意力,达不到应有的效果。

三、新闻发布会的筹备

举办新闻发布会是组织形象的一次"亮相",因此,必须精心设计和策划。成功地举办新闻发布会的关键是准备充分、工作细致,真正做到"事无巨细,追求完美"。通常情况下,举办新闻发布会的准备工作有以下几方面。

（一）选择媒介单位,落实邀请范围

一个成功的旅游组织应该有自己的个性,一个成功的新闻发布会也应该有目的地选择媒介单位和与会记者。在选择媒介单位和与会记者时应考虑以下几个因素:一是新闻发布会的规模;二是准备花费多少费用;三是本次新闻发布会将要影响的区域;四是对信息传播内容和速度的具体要求。

选择了媒介单位后,再进一步落实参会记者名单,每一家媒介请几位、请谁都要提前决定,请柬要在两周前发出。请柬内容应包括新闻发布会的主题、主题发言人姓名、举办时间、地点以及联系电话。新闻发布会正式举行的两三天前,再给被邀请的记者打电话,确定一下他能否参加以及其他一些问题。

（二）挑选发言人,确定会议主持人

在新闻发布会上,一般首先会由会议主持人发布或介绍情况,随后由主要发言人作详细发言。新闻发布会能否开得成功,能否实现预定的公共关系目标,在很大程度上取决于会议主持人和主要发言人。

会议主持人一般由旅游组织的公共关系部负责人担任。主持人应具有庄重的仪表、高雅得体的举止、高超的语言表达能力,善于活跃气氛、随机应变,具有驾驭会议发展趋势的能力以及丰富的主持经验。

新闻发布会的主要发言人原则上应该安排旅游组织的主要负责人。因为只有他们才能准确全面地回答有关本组织的方针、政策、经营、生产等重大问题。

◆ **案例驿站 8.1**

一着之差,可能满盘皆输

几年前,中央电视台举行奥运金牌拍卖仪式,准备将拍卖所得捐献给希望工程。T市某一外资企业也进京参与了这场拍卖,公共关系人员事先进行了精心的策划。他们并非真的想要拍得这块金牌,而是想借拍卖之机,让他们的总经理在中央电视台上亮相,以增加企业的知名度并赢得社会的好评。他们根据拍卖的规则,让总经理拍到第二高的价位便停止,以便拍卖结束后,接受中央电视台的采访。整个拍卖的过程如同他们设想的一样,最后中央电视台采访了出价最高和第二高的两家企业,整个采访过程中,两家企业老总按照记者的提问作了回答,相比之下,T市这家外资企业总经理的亮相,经过公共关系人员的设计,显得更加精彩。

采访即将结束,原以为大功告成,不料中央电视台记者最后一个问题使这位总经理"麒麟皮下露出马脚"。记者问:"你们花了这么大的人力、物力、财力来参加拍卖,最后没有获得成功,你们亏不亏?"这位总经理脱口答道:"我们在你们中央电视台上黄金时段亮相了 20 多分钟,极大地宣传了我们企业,提高了我们的知名度,请问在你们中央电视台黄金时段做 1 分钟广告没有几十万行吗? 可见我们大大地赚了一把!"

这位总经理充满"铜臭"的回答,弄得记者啼笑皆非,气得策划们垂头丧气,引得电视机前的观众嗤之以鼻。

这家外资企业此次"赔了夫人又折兵"的失败充分说明,举办或参加新闻发布会千万马虎不得,小小的一个纰漏,有可能铸成大错!

资料来源:赵文明.公共关系智慧 168.北京:机械工业出版社,2006

(三)考虑安排合适的地点

会议选址一般应在交通便利、场地较舒适的市中心,并考虑新闻发布会的硬件等因素如电话、传真、复印机、照相设备等。通常新闻发布会在宾馆或新闻中心等地举行,主要是考虑到上述要求,也可选择主办者单位或某一事件发生的现场。

(四)准备好各种会议材料

会议资料包括口头材料、文字材料、实物材料等,供记者们深入细致地了解所发消息的全部内容。

（五）落实好有关会务问题

会务内容主要包括请柬、拟定会议程序、准备会议器材、确定工作人员、布置会场等，会场应既体现企业精神、富有时代气息，又使记者及其他来宾产生宾至如归的感觉。

（六）掌握整个会议进程

首先要搞好会议签到工作，然后按预先的安排将与会者引到会场就座。会议的进行要严格遵守会议程序。会议主持人应充分发挥其主持者与组织者的作用，始终把握会议主题，维护好会场秩序。记者提问有时很尖锐深刻甚至棘手，这对主持人和发言人提出很高的要求，要求他们应答问题机敏、反应迅速，有较高的文化修养、专业水平和一定的语言表达能力。主持人和发言人言谈应庄重而富有幽默感，并善于调节气氛，巧妙回答问题。

（七）做好会后工作

会议结束后，及时收集有关会议的反馈信息，以便检测会议是否达到了预期目的。会议工作可以从三个方面进行：一要尽快整理出会议记录，从中吸取经验教训；二要收集与会者对会议的反映，以便会后改进；三要统计各到会记者在报刊上发表的稿件，进行归类分析，找出舆论倾向，同时对各种报道应做出良好的应对策略。

四、新闻发布会的会议程序

新闻发布会的会议程序安排要紧凑，避免出现冷场和混乱局面。新闻发布会通常安排在 10 时或 15 时开始，以便于记者到会。时间不宜过长，应控制在 1.5 小时之内，要留有适当时间让记者提问。一般来说，一个新闻发布会应包括以下程序。

（一）迎宾、签到

签到处设在入口或入场通道外，迎宾人员在此欢迎客人。请参加会议的人员在签到簿上签上自己的姓名、单位、职务等。

（二）分发资料

工作人员要将会前准备的资料，有礼貌地发给到会的每一位客人，一般可以在与会人员签到时发给。

（三）会议过程

新闻发布会的程序是：主持人宣布会议开始，首先介绍发言人及出席会议的其他有关人员和新闻单位等；然后，由发言人发布新闻，详细介绍情况；最后是记者提问，发言人逐一解答。

(四)参观或其他安排

必要时可安排参观或会后举行茶会、酒会、便餐等招待活动为记者们提供单独采访的机会,以利增进与新闻界的友谊。

五、新闻发布会的注意事项

(一)按新闻发布会的程序做好演练

要保证新闻发布会成功,最好的检查方法就是事先按新闻发布会的程序演习一遍,以发现准备工作中的不足并加以改进。

(二)对待记者一视同仁

在新闻发布会中,需平等对待新闻记者,不因记者所属新闻机构的大小或与旅游组织关系的远近而亲疏不一或阻止记者提问,以免造成不良影响。

(三)与旅游组织的宣传口径保持一致

新闻发布会要发布哪些消息、某一消息公开到何种程度等,都应有统一认识和统一安排,并与组织一贯的宣传口径保持一致;否则,会引起记者反感,造成社会公众对组织不满。

(四)做好发布会的接待和记录工作

开会期间,工作人员需佩戴工作牌,人员数量应适当。所有工作人员都应明确本次新闻发布会的目的、内容、对象等情况,并能各司其职、礼貌待客。要安排好本单位领导和嘉宾的坐席,如有社会名流参加,应突出其身份,借以扩大影响。发布会过程中,工作人员避免随意走动。必要时,准备合适的礼品或纪念品赠送出席者。要安排摄影人员专门拍摄会场情况,以便进行宣传和作为资料。开会时应有专人负责记录记者的提问和发言人的回答,并归入专门的档案,以便以后的新闻发布会借签和检查新闻发布会的效果。此外,散会时维持好秩序,做到有条不紊。

(五)主持人和发言人的言谈举止

主持人和发言人须注意仪表,精神饱满,讲话语速适中、详简得当、突出重点。以庄重、有涵养、富有想象力和感染力的言谈举止活跃会议气氛。主持人在新闻发布会出现冷场时,要善于激发和引导记者提问;而在记者争相提问时,则要维持好会场秩序。主持人要把握记者的提问范围,既能使记者深入提问,又避免离题太远。无论是主持人还是发言人、都要注意尊重别人的发言和提问,不能有任何阻止或厌倦别人发言的表情、动作和言语;最后,主持人还要控制发言人的讲话时间,掌握新闻发布会的时间,不要使时间过长。

(六)掌握好回避问题的技巧

新闻发布会免不了会有记者提出一些组织者事先没有认真考虑过的问题,对于这类一时不便回答的问题,一般须采取回避态度,尽量避免使提问变成辩论;即使对方讲的与事实有出入,或发现对方有其他用意,也不应给对方以难堪,伤害对方感情,造成对立情绪。要学会通过李代桃僵、避正答偏、诱导否定等言语的变化技巧,在不知不觉中移开话题。一般来说,记者也是通情达理的,当你已作了必要的解释并及时地转换话题,他们也就不会再继续追问了。如果简单地用"不知道""不清楚""无可奉告"等说法把提问者拒之门外,反而会使记者们追根问底,造成尴尬局面,甚至会令记者发表对组织不利的报道。

◆ **阅读材料 8.1**

新闻发布会应牢记"七不要"

(1)不要对前来参加新闻发布会的记者厚此薄彼,要一视同仁。

(2)不要推测危机的结果,特别是人员伤亡的数量和程度。

(3)不要使用行话,避免别人听不懂,还要花很多时间去解释。

(4)不要发布不准确的消息。

(5)不要求记者一定刊登什么或不刊登什么。

(6)不要拒绝记者提问,即使不能回答也要说明原因。

(7)不要查看记者所写的报道,但可提出问题、阐明真相。

资料来源:劳动与社会保障部教材办公室.公关员(中级)[M].北京:中国劳动与社会保障出版社,2003.

第三节 赞助活动

赞助活动是旅游组织无偿地提供资金或物质,支持某一项社会事业或社会活动,以获得一定形象传播效益的公共关系专题活动。迄今为止,几乎所有著名的社会组织都与成功的赞助活动分不开。例如,广州花园酒店通过赞助中国第一个"母亲节"而知名;还有并购了 IBM 个人计算机部门后的联想国际,成功赞助了 2008 年夏季北京奥运会,使得联想计算机在接下来的几年里成为国际奥委会的顶级赞助商,不但极大地提高了企业形象和产品档次,更重要的是使联想由此真正走向国际化。赞助成了社会组织(甚至个人)提高社会知名度和美誉度的左臂右膀。有些大型社会活动甚至完全依赖社会捐赠而开展。赞助是公共关系专题活动的一种常见形式。为什么各社会组织争相参加影响大的赞助活动呢？原因是这种赞助对塑造组织的公共关系形象具有特别重大的意义。

◆ **案例驿站 8.2**

蒙牛与超女的高价婚礼

2004 年,蒙牛推出了一款新产品——"酸酸乳",如何在短期内推向市场并且达到高销量,对于蒙牛人来说是一个挑战。因为其竞争对手伊利优酸乳的销量已经达到 25 亿元。2005 年,蒙牛对这个新产品的销售指标是:从 7 亿元做到 25 亿元。

接下来,蒙牛开始寻找突破口。最早他们找了一家策划公司,该公司建议他们举办舞蹈比赛。在双方讨论过程中,湖南卫视当年做的第一届超级女声节目引起了蒙牛的兴趣。原因是这个节目的受众群体是 12～24 岁的年轻女观众,与蒙牛酸酸乳的消费群相同。

于是,由央视市场研究总监袁方为蒙牛牵线,前液态奶市场总监孙隽遂前往长沙与湖南卫视接触。然而,事情的经过远没有想象得顺利,孙隽在向当时主管此事的副总裁汇报这一策划时,没有获得认可,整整两个小时被骂得"狗血淋头"。

尽管遭遇相关领导的不认可,孙隽依然坚持自己的想法,并反复强调:蒙牛酸酸乳要成功,一定要联袂超级女声。最终,蒙牛以 1400 万元的价格成为超级女声的赞助伙伴,并由此掀起了一场平民运动风暴。

2005 年,超级女声以前所未有的冲击力在全国掀起了一场平民运动大风暴。在这场娱乐与经济互动的盛宴中,蒙牛作为超级女声最大的赞助伙伴以 1400 万元赞助投入,换来酸酸乳 25 亿元销量的业绩,为中国的赞助活动留下了一个经典案例。2006 年,新上任的董事长杨文俊依然选择了继续赞助超级女声,6000 万元的赞助费再次挫败无数竞争对手,让蒙牛酸酸乳又一次出现在超女舞台上。

资料来源: http://www.u258.net/CXSZ/JDAL/2006-08-06

一、赞助活动的作用与类型

(一)赞助活动的作用

赞助活动表面上是组织向社会献爱心,实际上它也是社会型公共关系的一部分;虽然它不可能直接为组织获取经济效益,但却在默默地争取那些潜在的公众。现代社会组织不但要盈利,还需要承担一定的社会责任和义务,以表明组织是社会的一部分,要为社会贡献一份力量。反过来,社会组织通过承担一定的社会责任和义务,可以得到其他组织或个人、社区及政府的支持和理解,从而为组织自身的发展提供可靠的保障。

旅游组织开展各种赞助活动,主要有以下作用。

1. 赞助可使旅游组织获得社会效益

通过赞助,表明旅游组织作为社会的一员,积极承担起所应尽的社会责任和义务,追求组织的社会效益。旅游组织的赞助活动需要组织出钱出物,并且是无偿的。但是,从间接意义来看,赞助活动又是"有偿"的,任何一次成功的赞助活动都会给赞助者带来许多意想不到的好处,只是作为赞助者不能通过赞助活动直接取得经济效益而已。

2. 赞助可改善组织的社会环境

通过赞助关心和支持各种社会公益活动,为旅游组织创造一个和谐融洽的社会人际环境,树立起良好的组织形象。旅游组织对社会活动或社会公益事业的赞助,既表达旅游组织对公益事业的关心,也容易为公众所称道。同时,通过赞助活动增加了旅游组织与公众的相互了解,取得了公众的帮助与支持,从而树立起组织良好的形象。

3. 赞助可加强组织与特别公众的联系

通过对特定活动的赞助,加强与特定社会公众的联系与交流,可达到培养与特定社会公众良好感情的目的。与组织具有良好感情的特定社会公众,在组织需要帮助的关键时刻会给予组织有力的支持。例如,有许多组织经常赞助青年人喜爱的文体活动,以此来取得青年人对该组织及其产品或服务的喜爱。

4. 赞助可增强组织广告的影响效果

旅游组织在赞助活动现场,通常可获得活动现场的黄金广告位,甚至全权广告代理权。旅游组织通过赞助来做广告,可以借助新闻媒介报道赞助之手,展开强大的广告攻势,从而使旅游组织产品或服务的广告的影响力大大增强。

(二)赞助活动的类型

1. 赞助体育活动

由于体育具有极强的竞争性和群众性,体育比赛常常是最吸引人的,所以各种体育活动,上至奥运会,下至某个区域性单项活动比赛,常常是社会组织最乐意赞助的项目。深圳某宾馆在市场竞争中就是以"体育公共关系"而赢得美誉的。该宾馆先后赞助并接待了"全国保龄球精英赛""第六届全运会""第八届亚乒赛""全国健美精英赛""太平洋国家协会联盟锦标赛"等,使宾馆成了"体育之家",从而赢得了新闻界、体育界广大公众的关注与好评。

2. 赞助教育事业

赞助教育活动由来已久,因为一个国家文化教育水平的高低标志着这个国家经济发展的状况,也预示着这个国家未来发展的趋势。"中国希望工程"——赞助贫困地区的失学儿童重返校园的活动,赢得了许多社会组织的支持。这项关系国家千秋大计的教育工程,引起了全社会的广泛关注。赞助教育事业的方式也非常多。肯德基快餐国际公司积极参与和支持"希望工程",他们在 1992 年举办为期一周的义卖活动,将利润 10 万元全部赠与"希望工程"。该公司亚太区总裁凌天奏先生捐款 5 万美元,用于建造"希望小学"。香港企业家霍英东、李嘉诚、邵逸夫、曾宪梓等人先后捐资设立各种教育奖励基金,资助国内教育事业的发展;其中,邵逸夫一人就捐资 6 亿元,资助数十所学校建设图书馆和教学楼,成为成功赞助教育的典范。

3. 赞助文化艺术活动

文化艺术活动主要包括音乐会、演唱会、影视节目制作、学术研究、艺术探索、优秀读物出版发行等内容。对这方面的赞助,通常也能引起公众的广泛注意。广州中国大酒店在 1987 年得到日本著名歌星西城秀树赴广州义演的信息后,主动向西城秀树发出盛情邀请,为他们一行提供 40 个客房免费住宿 3 天的赞助。西域秀树有超过 500 名歌迷追随而来,也下榻中国大酒店。他们当中不少是新闻记者,在这期间纷纷向港澳和东南亚媒介发回报道,使酒店的名字也随之传播出去。该酒店近年来还以赞助的形式先后举办了多次大型的中国时装表演、中国民间艺术表演、中国书画展览等活动,这些活动既让宾客对该酒店留下深刻的印象,又作为一个窗口让海外宾客了解了中国的文化。

4. 赞助社会福利事业

这是社会组织谋求与社区和政府搞好关系的重要手段,也是组织向社会表明其为社会分忧、承担其责任和义务的手段,如捐资残疾人福利基金会、敬老院、孤儿院、康复中心、弱智儿童学校、幼儿园等社会福利事业。例如,广州有家流花阁饭店,自开业以来一直以服务残疾人为宗旨,率先出资铺砌残疾人士专用的轮椅通道;为他们设置专用洗手间;推出价廉物美的残疾人套餐;设计盲文菜谱等,被称为"残疾人之家"。又如,中国大酒店,曾以"四季厅"一天的营业收入全部捐赠给残疾人福利基金会,给孤儿院赠送汉堡包等。这些赞助活动,都为宾馆、酒店增强了美誉。

社会赞助的内容还有展览会活动、公益倡议活动、科研学术活动、竞赛和嘉奖活动等。社会组织可以按照自身的能力和需要来选择适当的形式,开展社会赞助活动。

二、赞助活动的原则与步骤

(一)开展赞助活动应遵守的原则

赞助活动是一个涉及方方面面的系统工程,它要求主办者权衡利弊,综合分析,有的放矢,最大限度地发挥其公共关系的效能作用。这就要求主办者遵守活动的一般规律和原则,制定严格的规范制度。为了使赞助达到组织的目的,在实施赞助的过程中,组织要始终坚持赞助的基本原则,这些原则主要有以下几个。

1. 社会效益原则

社会赞助活动应首先讲究社会效益,以承担社会责任作为开展赞助活动的目的,优先考虑慈善事业、社会福利事业和教育事业的赞助。

2. 经济原则

旅游组织须根据自身经济状况决定的数额,量力而行,同时重视给组织可能带来的综合效益状况。

3. 知名原则

要分析公众及新闻界对有关赞助项目的关注程度,通过赞助表示组织对社会公益事业的参与与支持,提高组织的知名度和美誉度,树立良好的组织形象。

4. 合法原则

社会组织开展赞助活动必须遵循合法原则。一方面,社会组织赞助的活动对象必须符合法律道德,符合社会利益和公众利益;另一方面,社会组织开展赞助活动时必须遵守国家的政策法规。如果社会组织赞助的对象是违法的,或者组织违背政府的政策法规,利用赞助活动搞不正之风,都会损害组织的形象。

(二)赞助的步骤

一般来说,赞助活动应包括调查评估、确定对象、制定计划、实施计划、监督检测、效果测定等程序。

1. 调查评估

为使赞助活动取得好的公共关系效果,组织要主动出击,进行广泛调查研究,并综合分析、重点评估。其中,应对活动所需要的成本和预期的效果进行评估,一方面防止成本超出预算,另一方面力求取得良好效果。

2. 确定对象

根据赞助必须遵守的原则及自身状况重点考察某些项目,并最终确定赞助对象。赞助对象应该有利于社会、有利于公众、有利于本组织的生产、符合本组织的形象和经济承受能力。

3.制定计划

确定赞助对象后,要求组织制定具体计划,具体计划要符合组织制定的总体公共关系计划和目标;同时,要翔实地调查赞助对象的有关情况,如它的社会背景、业务内容、经济状况、社会信誉、公众形象等;另外,还要深入地分析活动进行中的困难和可能出现的问题。这样的计划才全面才经得起考验。

4.实施计划

实施计划时要求组织成立一个专门领导小组,全面负责各项事宜,保证活动的成功完成,确保自身和社会受益。

5.监督检测

为了防止物资的挪用或被个人据为己有,赞助者还要对整个活动进行监督,防止个别别有用心的人牟取私利的现象发生。

6.效果测定

赞助活动完成后,有必要对活动的效果进行测定,对活动完成情况进行总结,分析活动成功的经验和失败的教训,为今后的赞助活动提供参考。

三、赞助活动应注意的问题

(一)社会赞助要有针对性,拒绝"摊派"歪风

社会赞助是旅游组织自愿履行社会责任和义务的表现,因而旅游组织拥有选择赞助的权利,不必满足所有的"找上门"和所谓热点活动的要求。遇到不必赞助或明显没有社会效益的情况,要坦率相告、解释原因。对虽然合适但旅游组织难以负担的赞助请求,要晓之以理、动之以情,坦陈自己的难处,婉转要求减少赞助或表示不宜参与赞助,做到"赞助不成仁义在"。遇上无理纠缠者,必须坚决用法律来保护自己的权益。

(二)充分利用赞助活动所提供的机会

赞助承诺后,要尽量利用赞助的活动来宣传自己,因为赞助活动的主办人有许多事情要做,他们只能给赞助者提供机会,而怎样利用赞助则是赞助者自己的事。

(三)提高赞助的效率和质量

一个组织可以出面把多方面的资金集中起来,设立一个基金会。基金会可单独或联合地向社会公益事业提供稳定的长期资助,取得长期的社会效益。

在赞助活动仪式举行时,旅游组织可以提出邀请与自己有密切联系的新闻媒介记者出席仪式,这直接关系到赞助及组织信息传播能否取得最佳效果。

(四)严格财务审计制度,控制赞助的预算

赞助活动在财务方面要严格管理,以免资金被挪作他用或被私人非法侵吞。组织必需严格控制赞助的预算,不得超支。组织还要注意保留一部分机动款项,以解决临时活动之用。

第四节　展览会

当今社会,展示文化已经成为十分重要的社会生活内容。如果不擅于利用这一活动形式,无疑会错过许多公共关系契机。展览会既是一种宣传形式,又是一种传播媒介,属于群体传播的一种。展览会是旅游组织公共关系专题活动的主要形式之一,它是通过实物、文字、图像、图标等各种传播媒介展现成果、推广产品或技术、宣传组织的成就、树立旅游组织形象的大型活动。

◆ **案例驿站 8.3**

世博会茅台酒成名之谜　小失误成就大名节

提起世博会,茅台酒是一个无法绕过去的话题。

1915茅台酒荣获金奖,这是国人对世博会的骄傲回忆,也是国人对世博会的最初印象。

但是,茅台酒成名真相却一直被历史的尘埃尘封起来,不为人所知。

1914年12月,一艘轮船乘风破浪,在太平洋上全速向东行驶。船舱里和甲板上,到处都可以看到剪掉辫子的中国人,他们三五成群闲聊着。

这是一艘美国轮船,从中国天津港出发,目的地是美国的旧金山。轮船上的中国乘客中,有当时袁世凯政府"筹备巴拿马赛会事务局"的官员,还有来自中国各地的商人,他们要横渡太平洋,去参加第二年将在旧金山举行的"巴拿马——太平洋万国博览会"。

这些中国商人随船携带了2 000多吨货物,都将在这次博览会上展出。后来被称为"国酒"的贵州茅台酒,也乘上这艘船开始了自己的成名之路。

在旧金山举行的1915年博览会吸引了31个国家参加,除东道主美国外,中国是其他参赛国中展品最多、展馆面积最大的国家之一。其中,仅中国参展的酒类就有数十个品种,茅台酒作为贵州省的特产参展。

1915 年 3 月 9 日,中国馆在旧金山正式开馆。到当年 8 月,眼看这届博览会的酒类评比就要结束,茅台酒却无人问津,参展的工作人员很着急。

一天,几名评委来到农业展厅参观,中国工作人员急中生智,拿起一坛茅台酒朝地上一摔,酒香四溢,顿时引来众多观众,引起了评委的关注。

"这段传说有根据,但也有些演绎的成分。"2009 年 6 月,茅台酒研究专家胡静诗澄清说。据史料记载,当时的工作人员为引起观众和评委的注意,曾准备将茅台酒移到人气比较旺的食品加工展示馆。在移动过程中,一名工作人员无意间把一瓶茅台酒摔落,酒香四溢,立即引来众多参观者。

最终,茅台酒凭借酒香味美荣获金奖,茅台酒的成名可谓是阴差阳错。

资料来源:http://expo2010.ch.gongchang.com/news/2010-04-19

一、展览会的特点和作用

(一)展览会的特点

1.综合运用多种传播媒介

展览会上既有讲解、交谈、现场广播等声音传播媒介,又有宣传手册、材料介绍等文字媒介,还有宣传照片、幻灯片、录像带和影视片等图像媒介。这三种媒介有机地结合起来,以立体交叉的复合性方式同时调动公众的多种感官,会给公众留下深刻的印象。

2.良好的沟通效果和宣传效果

由于直观的实物、精致的版面和艺术的造型,辅之以动人的解说和优雅的音乐,使展览会产生一种引人入胜的感染力,因而展览会比单纯的文字或口头的宣传更具说服力和更佳的宣传效果。展览会能为前来观看的公众提供与酒店、旅行社、旅游景点等旅游组织直接沟通和相互交流的机会。旅游组织可直接了解公众的意见和态度。

3.效率高,省时省力

展览会期间,不论是现在的或潜在的社会公众均会慕名到场。一个展览会可以集中许多行业的不同展品,也可以集中同一行业的同一产品,因而为参观者提供了比较、选择的机会,也为旅游组织的宣传促销节省了大量的时间和费用。许多参展者也正是通过展览会树立了自己良好的形象,打开了产品销路。

4.深受新闻媒介关注

展览会是综合性的大型活动,往往能成为新闻媒介采访的对象,成为新闻报道的中心议题。新闻媒介对展览会和展品的传播,对公众会产生极大的影响。

(二)展览会的作用

展览会的作用是巨大的。旅游组织每天迎来送往宾客,每时每刻都在向宾客展示自己的形象,而每一项不同专题的展览活动均有助于广大公众从不同的侧面更具体地了解旅游组织。

1.增进公众对组织的了解

任何一种展览都有一定的知识性、趣味性和直观性,清晰的图片、透彻的文字说明和声情并茂的讲解,以及生动的实物展示直接、生动地介绍组织的特色和成就,吸引广大公众的注意,从而能增进公众对组织的了解,提高组织的知名度。

2.促进信息交流

展览会内通常都设有意见簿、咨询台、洽谈室等,能达到组织与公众多项交流、密切沟通的目的。

3.促进贸易交流

一次成功的展览会就是一次成功的广告,组织可以通过举办各种商品贸易展览来促进贸易交流活动,争取更多的业务合作伙伴,促进多元化经营活动的发展。

4.促进政治文化方面的交流

旅游组织尤其是涉外旅游组织是我国政治文化的窗口,充分利用展览这一专题活动形式宣传我国的政治文化和民族特色,能招来世界各地的宾客,增进国际或地区间的政治文化交流。

二、展览会的种类

展览会因内容、规模和时间的不同,主要分为以下几类。

(一)室内展览会和露天展览会

展览会按场地划分有室内展览会和露天展览会。室内展览会比较正规、隆重、容易营造出一定的环境气氛,不受天气影响,时间可长可短,但设计布置工作量大,费用比较高。受到空间范围的限制,较为精致贵重的展品宜在室内展览。露天展览会不受空间局限,也无须过多的装饰布置,费用比较低廉,但受天气制约,如羊城花会、洛阳牡丹花会、哈尔滨冰灯节等。根据展览需要,一些大型展览会往往采用室内展览和露天展览相结合的方式。例如,被称为"花坛盛会、香飘金陵"的第二届中国国际园林花卉博览会,规模宏大,形式多样,展览会期间共有国内70多个城市和世界各地20多个国家、地区参加了展览,海内外近100家花卉企业参加展销,展览场地便采用室内与室外相结合,室内展馆面积 5000～8000 平方米,室外景点 50～70 个,景点总面积达 6000～8000 平方米。

(二)固定展览会和流动展览会

展览会按形式划分有固定展览会和流动展览会。固定展览会是在室内或户外某一固定空间举办的,如故宫博物院。流动展览会则没有固定的举办地点,而是在展品的实际运动过程中宣传社会组织及其产品的形象。

(三)商贸展览会和宣传展览会

展览会按性质划分有商贸展览会和宣传展览会。商贸展览会的目的就是打开产品的营销局面,通过实物广告的方式提高产品的市场占有率,向公众推销产品。旅游组织举办的这类展销会是面向目标客源,重点吸引的对象是展览会举办地的旅游消费者,引导旅游者去目的地旅游观光,如德国西柏林旅游贸易展览会。商贸展览会在旅游业中还有一种类型,是旅行商交易型,这也是我国旅游企业最值得参加的旅游展销会。它的特点是参展者都是各地旅游企业的代表,参观者则是来自各地旅游产品的买家(代理商)和旅游专家。买家与卖家在展览会上产生意向,深入洽谈,最后签订买卖合同。宣传展览会只单纯达到与公众沟通的目的,没有商业目的和不产生直接的商贸活动,如"澳大利亚旅游风光"图片展。

(四)大型展览会、小型展览会和微型展览会

展览会按规模划分有大型展览会、小型展览会和微型展览会。大型展览会一般由行业主管部门发起和组织,参展单位多,展品丰富,影响比较大,如国际旅游博览会。小型展览会通常由若干社会组织或某个社会组织主办,参展单位少,规模比较小。微型展览会又称袖珍展览会,如橱窗展览、流动车展览等。这类展览看似简单,但技巧性要求较高,举办得当也能扩大社会组织的影响。

(五)专题性展览会和综合性展览会

展览会根据内容来划分,可分为大型综合展览会和专题产品展览会。综合性展览会是全面介绍一个地区或一个社区情况,综合性概括性强,能让参观者留下全面、深刻的印象,如"中国旅游'八五'成就展"。专题性展览会是因某一特定专题而搞的展览活动;与综合性展览会相比,规模较小,主题鲜明,内容集中且有深度,如 1998 年上海华亭宾馆举办的"美国食品节"便是典范之一:在华亭宾馆咖啡厅里,原汁原味的美国食品琳琅满目,玉米棒加肉排、烤鸭、汉堡包、热狗……与美食相媲美的是好几座奶油雕塑"白宫""林肯纪念堂"……更令人惊奇的是男女服务员竟一改平日庄重朴素的服饰,全变成"荷枪实弹"的牛仔牛妮,唯有那张张笑脸才使人们意识到他们是在华亭宾馆用餐。华亭宾馆通过举办食品节这一餐饮食品展示活动,在竞争激烈的餐饮市场上,以特色鲜明、吸引人、

有竞争性的产品博得了消费者的喜爱。由此产生的经济和社会效益给企业的经营方向和总体形象奠定了良好的基础。华亭宾馆十年来共举办 230 个食品节,平均每月有 2 个食品节,其品种之丰富、设计之巧妙、影响之深远为其他旅游组织所称赞。

三、展览会的组织

展览会是一种综合性的活动,要耗费较多的人力、物力、财力和时间。一般来说,举办展览会需要做好以下组织工作。

(一)分析举办或参加展览会的必要性

因为展览会是大型的综合性公关活动,需要较多的人力,费用开支也比较大,在举办展览会或参加某展览会前,一定要对举办展览会和参加展览会的必要性和可行性进行研究,防止费用开支过大得不偿失,或因准备不足而起不到应有的作用。

(二)明确展览主题和目的

在纷繁复杂的展览内容中,明确一个基本主题和目的作为全局的提纲,以决定展览会中使用的沟通方法和形式。所有的实物、图片、图表及文字等须有机组合、排列,混乱的结构不能给参观者留下深刻印象。例如,第七届济南国际园博会以"文化传承,科学发展"为主题,以"有特色、高水平"为办会目标,交流园林学术思想,传播中国园林文化,增进人与自然的和谐发展;推动新材料、新工艺、新理念在园林绿化中的运用,引导社会对"未来和谐人居环境的关注和追求"为办会宗旨,展现了齐鲁文化的深厚内涵、泉城济南的独特魅力和当今园林花卉艺术的发展趋势,具有丰富的地域特色和鲜明的时代特征。

(三)确定展览类型及参展项目和单位

展览的主题明确之后,要进一步明确展览会的类型、参展项目和邀请对象。例如,举办大型综合展览会,通常用广告和邀请信等形式向可能参展的组织讲明展览宗旨、类型项目、要求及费用等,为潜在参展组织提供决策所需的资料。

(四)明确参观者的类型

参观者的类型将影响到信息传播手段的复杂性和多样性,如果参观者对展出项目有较深的了解和研究,介绍的资料要较为专业化和详细深入;若是一般的参观者,则应采用通俗易懂的语言,进行直观普及性的宣传。

(五)选择开展时间和地点

展览会开展时间一般根据旅游组织需要而定,有些展览会要顾及到季节性和时效性。展览会地点则要考虑交通是否方便,环境是否适宜,辅助设施是否配套,参观者是否方便。例如,"第二届中国国际园林花卉博览会"时间定在金秋季节,地点在风景秀丽的南京市玄武湖公园,既考虑了花卉的季节性,又使展览会周围环境与展览主题相互映衬、相得益彰。

(六)搞好展览设计和解说词的撰写

展览会的组织者要根据展览主题、类型等要求,指定专人进行展览会的总体构思企划,按照展览规划精心设计展台、主题画面和展览物,确定宣传口号,设计不落俗套的会徽和纪念品,编印介绍展览会的宣传材料,撰写图片介绍、前言和结束语。展台总体形象设计应考虑的因素包括空间利用、基本颜色、装饰的选用、灯光等。除了对外公开展示外,可在展台后辟设一小块隔离区,供客户洽谈、休息等。展览的解说词要生动、具体、精炼,因为展览会所陈列的实物和图片、文字都是死的东西,经过讲解员的介绍后,就能赋予这些东西生命活力。

(七)做好与新闻界的联络工作

展览会要利用一切可以调动的传播媒介进行公关活动,使公众通过视、听等多种渠道了解有关旅游组织的信息。展览会举办前应成立一个对外发布新闻的机构,负责和新闻界进行联系;要制定新闻发布的计划,如确定发布的时间、时机、形式等;公关人员应挖掘展览会中的新闻价值,写成稿件,最大限度地扩大组织的影响。

(八)培训展览会工作人员

展览会需要解说员、接待员和服务员。这些人员个人素质和对展览技能掌握的程度,对整个展览效果起着重要作用。所以,必须对他们进行必要的专业知识训练、技能训练和公关知识教育。

(九)完善展览会辅助设施和相关服务

筹备展览会还需准备好电源、电话、照明、音响、影像等辅助设施,提供洽谈、文书、邮政、检验、交通运输、旅游及住宿等相关服务。

(十)编制展览费用预算

展览会前要编制展览费用预算,有计划地分配展览所需的各项资金,防止超支和浪费。通常情况下,一个展览会的费用包括场地费用、设计费用、工作人员费用、联络及交际费用、宣传费用、运输费用、保险费用等,要根据展览所要达到的效果来考虑这些费用的标准。

(十一)选用展览方法和技巧

为了使展览会办得生动活泼、新颖别致,还需要掌握展览方法和技巧,如邀请有关知名人士出席、举行别开生面的开幕式、邀请有关文艺团队助兴等,以活跃展览会的气氛,吸引更多公众前往参观。

四、展览会效果的评估

为了组织有更好的发展,每举办一次活动都应做事后效果测定工作。检验展览会的成功与否,对下一次的公共关系活动会起到极好的反馈作用。对展览会效果的评估,可采取以下手段。

①设计一些与本展览相关的知识测验题,举办有奖征文、有奖征答和观后感等活动,吸引参观者参与。

②设置观众留言簿,每日注意总结,对相关问题要研究解决。

③召集各方面的观众代表座谈会,广泛收集意见。

④可在展览会结束后的数日内,追踪访问或发出调查问卷。

第五节　庆典活动

对于一个旅游组织来说,有许多值得纪念的日子,如厂庆、校庆、重大事件纪念日等,也有许多值得庆贺的日子,如开工典礼、奠基典礼、剪彩与揭幕仪式等。凡逢这些日子,都是组织在公众面前亮相从而扩大组织声誉和影响的极好机会,公共关系人员应善于抓住它,开展公共关系宣传攻势。在组织的历史上任何事件都有它的一周年、十周年、一百周年,都值得纪念,因此每天、每周、每月都可找到应该庆祝的特殊事件;只要公共关系人员善于去发掘,都可以找到策划公共关系专题活动的主题和时机,尤其要充分利用各种意义重大的日子(如逢十的周年纪念、开业典礼等)。

庆典活动是旅游组织围绕着重要节日或因自身重大事件而举行庆祝的一种公共关系专题活动。它可以提高组织的知名度、扩大社会影响力,因此现代企业的经营者应该有效利用庆典活动。

◆ **案例驿站 8.4**

我愿给世界买一杯可口可乐

1986 年 3 月 8 日,美国可口可乐公司迎来了 100 周年纪念日,为了策划好这次专题活动,可口可乐公司使出了浑身解数。四天的时间里,可口可乐公司用最盛大、最壮观的庆祝活动来装点公司总部所在地亚特兰大。

14 000 名工作人员分别从办理可口可乐业务的 155 个国家和地区飞抵亚特兰大,30 辆以可口可乐为主题的彩车和 30 个行进乐队从全国各地迂回取道开进亚特兰大,夹道欢迎的群众多达 30 万人,公司向这些群众免费供应充足的可口可乐;亚特兰大市长安德鲁·杨和可口可乐公司总裁戈伊祖艾塔一起亲自引导游行队伍,其后是 1000

人的合唱团和 60 种乐器的交响乐队,他们引吭高歌着可口可乐的传统颂歌——"我愿
给世界买一杯可口可乐";亚特兰大市洞穴状的奥姆尽中心的四周竖立着巨大的电视
屏幕,通过电视屏幕,观众可以看到在伦敦举行的可口可乐公司的百年庆典场面;为了
响应可口可乐公司"跟上浪潮"的最新广告口号,伦敦的典礼策划者准备一次推倒 60
万张多米诺骨牌,这一活动把亚特兰大、伦敦、里约热内卢、内罗毕、悉尼和东京连接起
来,各个地点通过卫星相互联系,当多米诺骨牌天衣无缝地一浪一浪倒下去并在伦敦
到达终点时,一个巨大的百事可乐罐出现了,多米诺骨牌爬上最后一个斜坡,引起了一
次小型爆炸,百事可乐被炸得粉碎,顿时,全世界可口可乐公司的职员们都欢呼起来。

资料来源:赵文明.公共关系智慧 168.北京:机械工业出版社,2006

一、庆典活动的作用

庆典活动是旅游组织以公共关系为主题,有计划开展的形象传播活动。这类活动能
引起社会各界对旅游组织的广泛兴趣和注意,有助于提高旅游组织的知名度和凝聚力,
从而树立旅游组织的良好形象。

(一)引力效应

旅游组织的日常活动,无论如何出色也不一定为大部分外部公众所注意。适时举办
庆典活动,可以为旅游组织制造声势,吸引外部公众的注意力。例如,深圳亚洲大酒店在
举行奠基典礼时,对参加典礼的宾客每人赠送一个印有"亚洲大酒店动工典礼"字样的纪
念包,并宣布"两年后,亚洲大酒店建成开业时,持有这种纪念包的客人住店一律享受八
折优惠",仪式赢得满堂喝彩。该酒店抓住动工这一有利时机,采取独特手段,为酒店招
来宾客,预先制造了气氛,成为一次成功体面的公共关系活动。

(二)实力效应

通过举行一次大型庆典活动,旅游组织无形中向外界展现了人、财、物、信息资源等
方面的强大实力,可以增强外部公众对旅游组织的信任感,强化公众与旅游组织交往的
欲望。例如,上海黄浦区的"南海渔村酒家",在开业典礼上,由总经理代表酒家为上海一
名残疾儿童捐款,并承诺承担他今后的教育经费,招收他父亲为酒店的员工,呼吁全社会
都来关心残疾人。这一独特而富有浓厚人情味的举动,一时间成为上海各大新闻媒体宣
传报道的热点,使酒家在开业之时知名度和美誉度就大增。

(三)合力效应

通过开展庆典活动,可以增加旅游组织内部公众——股东、员工的自豪感,增强旅游
组织的凝聚力和向心力,从而更有效地形成旅游组织发展的支持力和强大合力。

二、庆典活动的类型

庆典活动的范围较广、形式多样,概括起来有如下几种类型。

(一)开业庆典

开业庆典是旅游组织的首次亮相活动,往往给公众留下深刻的印象。这"第一印象"体现了组织领导人和公共关系人员的组织能力、社交水平及综合素质,经常成为公众取舍亲疏的重要标准。旅游公共关系人员务必要精心安排好这"第一次"的活动,让社会公众知晓本组织,从而为旅游组织的产品或服务顺利进入市场铺平道路。

(二)周年纪念庆典

周年纪念庆典是旅游组织向各界公众宣传自己的发展、成就和社会贡献,增强公众的信任感和提高组织声望的一种公众沟通活动。

(三)庆功典礼

庆功典礼是指旅游组织强化并扩大在公众中既有的良好形象而组织的一种庆典活动,其目的是制造新闻价值,进一步吸引传播媒介与公众的注意。

(四)节日庆典

旅游组织可以利用国际旅游日、春节、圣诞节、国庆节、儿童节等一些重要节日举办各种联谊活动,如大型游园、团拜会、嘉奖会等,借助喜庆和热烈的气氛渲染组织形象,融洽各种公众关系。

(五)重大活动庆典

旅游组织借助其所在社区的体育、文艺团体在重大比赛中获奖等契机,开展庆典活动。这会为社会各界所瞩目,收到良好的公共关系效果。

三、庆典活动的组织工作

旅游组织的庆典活动要开展得有声有色,引起公众的广泛注意,通常需要做好以下工作。

(一)准备工作

1.精心拟出邀请宾客的名单

旅游组织公共关系部在确定出席庆典仪式的宾客名单时,应根据需要邀请有代表性的人士,如邀请地方党政领导人或政府主管部门的负责人、知名人士、新闻记者、社团代表、同行业代表、合作伙伴、内部和外部的公众代表等,并将请柬提前半个月送到出席者的手中,以便他们安排日程。

2. 拟定程序

庆典活动一般的程序为：主持人宣布庆典开始，介绍来宾，由组织领导和重要来宾演讲，安排剪彩、奠基、颁奖或参观、座谈、宴会、晚会等活动；活动间歇可请重要来宾留言、题字、文艺表演等。

3. 确定剪彩人

举行开业(幕)典礼，应预先确定剪彩人。除了主方负责人充当剪彩人外，应邀请客方德高望重者或社会名流充当剪彩人。

4. 确定致贺词和谢词的主宾名单

通常由组织的上级主管负责人或宾客中职务最高者致贺词，并提早通知致贺人准备讲稿，由组织的主要负责人如总经理致谢词。贺词和谢词都要言简意赅。组织公共关系部应预先拟好谢词讲稿，提早交给组织一方的致词人。

5. 合理选择庆典活动的时间和地点

有些组织特别喜欢在某些节日大张旗鼓，结果却不令人满意。这可能因为该组织与此节日关联少，节日气氛冲淡了公众的注意力。同时，国内外重大事件发生的时候开展庆典活动也难以吸引公众注意。庆典的地点并不一定要在本组织范围内，可根据活动的内容选择其他一些地点。

此外，还应布置场地，安排接待工作和服务人员，安排礼仪小姐，准备贵宾留言册，准备馈赠礼品，提前试验音响等。

(二)仪式过程

①签到宾客来到后，有专人请他们签到。此时将组织有关产品经营项目及公司全方位说明的资料发给到场的宾客，加深公众对组织的了解。例如，上海锦江饭店在开业35周年前夕，精心印制了大量公共关系宣传品，如《店庆35周年纪念画册》《锦江指南》《锦江菜谱》等，通过这些公共关系专题活动，锦江饭店扩大了影响力。

②接待宾客签名后，由接待人员引到备有茶水、饮料的接待室，让他们稍事休息并相互认识。

③剪彩。剪彩者穿着端庄整齐的服饰，并保持稳重的姿态，走向彩带，步履稳健，全神贯注。拿剪刀时以微笑向服务礼仪小姐表示谢意；剪彩时，向手拉绸带或托彩花的左右礼仪小姐微笑点头，然后神态庄严地一刀剪断彩带；待剪彩完毕时，转身向四周观礼者鼓掌致意。

④致辞。由主客双方领导或代表致辞。无论是开幕词、贺词还是答谢词，均应言简意赅、热烈庄重，切忌长篇大论。

⑤节目典礼完毕,宜安排些气氛热烈的节目,如敲锣打鼓、舞狮子等。在允许燃放鞭炮的地区,还可燃放鞭炮、礼花、礼炮等。最好由组织员工表演节目,必要时也可邀请外单位的人前来助兴。

⑥参观、座谈或聚会。主持人宣布仪式结束,即可引导客人参观工程、组织、公司或商店。

⑦赠送纪念品,既使员工有了主人翁的意识,又使来宾们有受到尊重的感觉,以此达到感情的交流。

四、庆典活动的注意事项

庆典活动是一种技巧性要求很高的公共关系专题活动,应天时、地利、人和等条件而开展,为了达到预期的活动目的,须注意以下几方面事项。

(一)要有计划性

庆典活动应纳入组织的整体公共关系计划,应使庆典目标符合组织总目标和组织公共关系目标,切忌想起一事办一事、遇到一节庆一节。

(二)要选择好时机

庆典活动应在调查研究的基础上抓住时机,尽可能使活动与旅游市场开拓相结合,与旅游组织的形象塑造相结合。例如,1986 年的圣诞节,开业不久的北京长城饭店由公共关系部出面,特邀了一批外国小朋友来饭店参加圣诞活动,在丰富多彩的节目之后小朋友们高兴地带着饭店送给他们的特殊礼物和美好的回忆离开了饭店。长城饭店这一涉外豪华饭店的形象,通过"小宣传员们"传给了他们的父母,传向世界各国,塑造了中国北京长城饭店美好的形象。

(三)要善于制造新闻

新闻媒介对旅游组织庆典的反应,是衡量活动成功与否的标志,也是旅游组织形象能否树立的重要环节,因此庆典活动应尽量邀请新闻记者参加。但是,新闻记者参加只是具有制造新闻的可能性,要利用庆典扩大旅游组织的知名度、提高美誉度,最重要的是要努力使庆典活动本身具有较高的新闻价值。具有社会公益性质的活动,旅游组织自身有重大意义的活动,如新的项目奠基(剪彩)、被授予荣誉等,这些活动都会为庆典增加新闻价值。例如,1997 年 10 月,镇江宾馆举办开业 5 周年庆典。庆典之前,宾馆已投资2 000多万元,按四星级标准完善了"硬件"设施。为借庆典之机向社会公众推出宾馆新形象,镇江宾馆策划了"金秋美食节",推出创新之作——淮扬风味的金秋蛟龙宴、金秋乌龙宴。上级主管、社区、旅行社、宾馆同行和客户出席了庆典暨美食节开幕式,参观了宾馆的主要设施,《中国旅游报》《华东旅游报》《镇江日报》、镇江电视台、镇江广播电台都发了报道,给予高度评价。

（四）要注意总结

旅游组织的公共关系活动讲究整体性和连续性，作为整体公共关系一部分的庆典活动应与其他公共关系活动协调一致。因此，每一次庆典活动都必须及时总结，以保证今后开展活动的连续性。

◆ **本章相关知识链接**

1. http：//www. ygi. edu. cn

2. http：//www. hudong. com

3. http：//wiki. mbalib. com

4. http：//www. chinatet. com

◆ **本章练习题**

1. 公共关系专题活动的概念是什么？

2. 新闻发布会的概念是什么？

3. 新闻发布会的特点包括_____、_____、_____。

4. 举办新闻发布会的准备工作包括哪些方面？

5. 赞助活动的概念是什么？

6. 赞助活动的类型包括_____、_____、_____、_____。

7. 开展赞助活动应遵守的原则包括_____、_____、_____、_____。

8. 展览会的概念是什么？

9. 展览会具有以下特点：_____、_____、_____。

10. 庆典活动的概念是什么？

11. 庆典活动的作用包括_____、_____、_____。

12. 庆典活动的类型包括_____、_____、_____、_____。

13. 庆典活动的注意事项包括哪些内容？

◆ **本章小结**

1. 本章结语

旅游公共关系专题活动是旅游组织提高知名度、美誉度的重要手段。如果说日常活动是为树立组织形象打基础，专题活动就是组织的亮相，因此十分重要。本章介绍了几种最常用的专题活动。这些活动虽然在步骤及工作内容上有所不同,但都应该注意处理好人力、物力和信息的关系。新闻发布会必须要有恰当的"由头",选择最佳的时机,尽量满足记者们的合理要求。赞助活动一定要事前认真调查研究、目的明确、师出有名,通过比较选择,争取最佳效果。展览会要展、销结合,并形象、直观,要办得生动活泼、别具一格。开业庆典是提高组织知名度、扩大影响的活动,应遵循热烈、隆重和节约的原则,从拟定名单到最后的馈赠礼品,每一个步骤都应该精心设计。这些专题活动是调查研究、公共关系策划、实施传播、反馈评估的综合展示,应融会贯通地加以运用。

2. 本章知识结构图

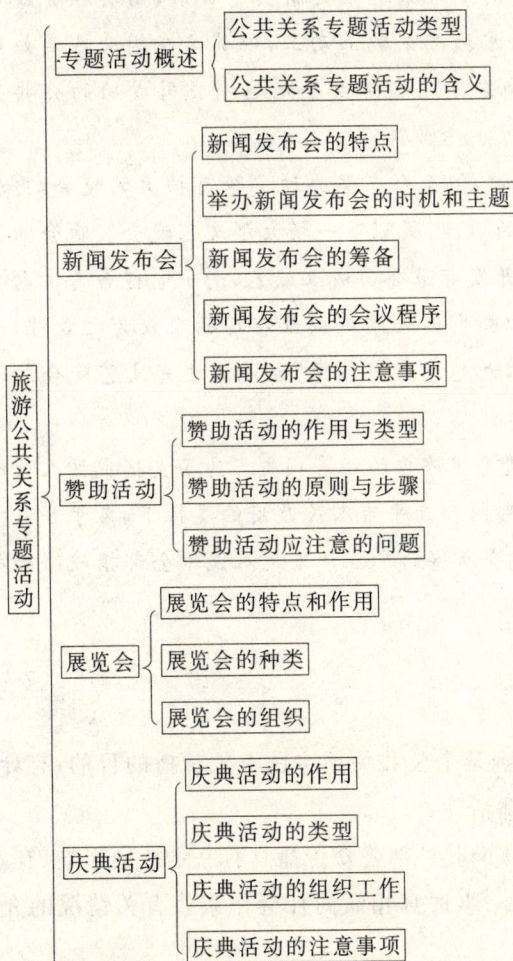

```
                        ┌─ 公共关系专题活动类型
          专题活动概述 ─┤
                        └─ 公共关系专题活动的含义

                        ┌─ 新闻发布会的特点
                        ├─ 举办新闻发布会的时机和主题
          新闻发布会 ──┼─ 新闻发布会的筹备
                        ├─ 新闻发布会的会议程序
                        └─ 新闻发布会的注意事项
旅
游                      ┌─ 赞助活动的作用与类型
公
共        赞助活动 ────┼─ 赞助活动的原则与步骤
关
系                      └─ 赞助活动应注意的问题
专
题                      ┌─ 展览会的特点和作用
活
动        展览会 ──────┼─ 展览会的种类
                        └─ 展览会的组织

                        ┌─ 庆典活动的作用
                        ├─ 庆典活动的类型
          庆典活动 ────┼─ 庆典活动的组织工作
                        └─ 庆典活动的注意事项
```

3. 本章核心概念:

公共关系专题活动　新闻发布会　赞助活动　展览会　庆典活动

◆ **实训练习**

1.请你为新开业的酒店或旅行社策划一个公共关系专题活动。

2.以学校开展赞助活动为内容,组织一次宣传活动,旨在扩大学校的知名度和美誉度。

◆ **延伸阅读**

九越湖公司"一鸣惊人"

南平市九越湖旅游开发有限公司是南平市旅游界的新兵。目前,由其独资成片开发的南平九峰山、古越洲岛、延平湖部分水域虽未破土动工,但其名在闽北已是妇孺皆知、家喻户晓,甚至在全省也有一定的知名度。这得益于九越湖公司成功的公共关系工作。

南平虽是闽北的政治、经济、文化中心,但至今未举办过一场有档次的晚会,更从没有过现场直播。九越湖人抓住闽北公众的心理,策划了一场大型文艺晚会。晚会组织了一批国内知名明星到南平为九越湖旅游开发有限公司成立献艺,南平电视台首次向全市十个县(市、区)进行现场直播。艺术家们精彩的表演不仅让在场的观众为之欢呼,而且深深吸引了所有的电视观众。一夜之间,九越湖公司便像"九越湖之光文艺晚会"一样,深深烙在了闽北人民的脑海中。

1998年"6·22"特大洪灾使南平市遭受了惨重的经济损失。为了支援灾区人民的生产建设,九越湖公司主动请缨,在省有关部门和南平市人民政府的支持下,又于8月初在福州体育馆举办了大型赈灾晚会,并将晚会所得的900余万元人民币全部捐献给南平市灾区,因而在全省引起了极大的反响。

◆ **本章练习题答案**

1.公共关系专题活动是指组织为达到某个公共关系主题有效传播的目的,有计划、有步骤地安排目标公众参与的综合性传播活动。

2.新闻发布会一般是政府、企业、团体向其外部公众传播具有一定社会影响、有新闻价值的信息或某个组织或个人为澄清某一事件真相而向社会作某些有关情况的介绍。它是公共关系新闻传播的一种重要方式。

3.方式优越　正规隆重　沟通活跃

4.举办新闻发布会的准备工作包括:

①选择媒介单位,落实邀请范围;

②挑选发言人,确定会议主持人;

③考虑安排合适的地点;

④准备好各种会议材料;

⑤落实好有关会务问题;

⑥掌握整个会议进程;

⑦做好会后工作。

5.赞助活动是旅游组织无偿提供资金或物质,支持某一项社会事业或社会活动,以获得一定形象、传播效益的公共关系专题活动。

6.赞助体育活动 赞助教育事业 赞助文化艺术活动 赞助社会福利事业

7.社会效益原则 经济原则 知名原则 合法原则

8.展览会是旅游组织公共关系专题活动的主要形式之一,它是通过实物、文字、图像、图标等各种传播媒介,展现成果、推广产品或技术,宣传组织的成就,树立旅游组织形象的大型活动。

9.综合运用多种传播媒介 良好的沟通效果和宣传效果效率高 省时省力 深受新闻媒介关注

10.庆典活动是旅游组织围绕着重要节日或因自身重大事件而举行庆祝的一种公共关系专题活动。

11.引力效应 实力效应 合力效应

12.开业庆典 周年纪念庆典 庆功典礼 节日庆典 重大活动庆典

13.庆典活动的注意事项包括:

(1)要有计划性;

(2)要选择好时机;

(3)要善于制造新闻;

(4)要注意总结。

第 九 章

旅游公共关系危机处理

学习目标

知识要点：了解旅游公共关系危机的含义和特点，理解旅游公共关系危机发生的原因，
　　　　掌握旅游公共关系危机防范的内容，学会正确运用公共关系危机处理程序。

技能训练：通过具体案例，了解旅游公共关系危机的处理艺术，提高处理旅游公共关系
　　　　危机的实际工作能力。

能力拓展：应用所学理论，针对危机管理具体案例中的问题，通过小组讨论做一份案例
　　　　研究报告。

引 例

海啸受灾殃及旅游——危机公关紧急启动

2004年12月16日，印度洋发生海啸。就经济而言，受打击最大的便是旅游业。但
如何把真相告知公众、如何恢复旅游者对东南亚旅游的信心，成为相关国家政府的当务
之急，也是他们马上着手的危机公关。

马来西亚政府的第一反应是，在元旦前向包括北京、上海、广州、香港、台湾等地媒体
发出邀请。次年1月5日，一个庞大的采访团开始对该国受灾最严重的兰卡威和滨城进
行报道——通过媒体告知全世界：这里受影响并不大。

泰国总理部副部长在记者招待会上向中国媒体考察团表示：泰国正加紧灾害预警系
统的建设，两个月后即可在泰国南部的旅游城市启用，届时，预警系统可以在海啸一类灾
害发生前30~60分钟发出全方位预告（包括媒体通告、景点告示、灯光指导、有声通知、
文字与图示、卫星传播至整个东南亚等），让中国游客能够方便地获知信息。同时，泰国
国家卫生部专员现场展示了联合国卫生组织颁发的合格检测证书。

最具影响力的危机公关,是温家宝总理在印尼海啸峰会之后的表态。1月6日,温总理表示,"中国政府将鼓励中国旅游者在条件恢复时到受灾国旅游"。

第二天,广州的旅行社与泰航即时推出"东南亚、振心价",春节泰国游全线降价,最劲减1200元。与此同时,一些旅行社也向东南亚国家旅游局及驻穗领事馆发出邀请,共同举办"东南亚安心旅游说明会",向媒体和公众作出解释。

1月10日,"东南亚安心旅游说明会"顺利召开,各大媒体蜂拥而至。东南亚各国的具体受灾情况、旅游线路、当地安全措施、消费保障措施,甚至连促销价格也全部带来……

"他们显然已有充足的危机公关准备,否则不可能将资料准备得如此之快。"

东南亚旅游无法忽视广东客源,正如广东旅游者也无法回避东南亚一样。广东游客出境游2/3集中在东南亚,而东南亚春节游市场的主角也是广东客。因而当海啸过后面对振兴旅游信心的当口,携手公关就成为必然选择。按一位行内人的话来说,这是唇齿相依。经媒体报道本次说明会后,产生了巨大影响,咨询与参团的人流明显回升。

与此同时,更多的东南亚国家旅游当局向中国公众发起公关行动——邀请更多国内媒体实地考察当地旅游现状。马尔代夫记者团于五天前起飞,泰国记者团整装待发,而新加坡、印尼等也在积极酝酿。印尼旅游当局说:"我们的重要旅游点巴厘岛离重灾区亚齐还有三四个小时的飞行距离,怎么能受影响呢? 所以我们一定要尽快告诉大家真实情形。"

案例引发的问题:遭受海啸沉重打击的东南亚各国是如何进行危机处理的?

资料来源:张舒哲,刘颖珊.旅游公共关系.北京:旅游教育出版社,2006

第一节　旅游公共关系危机概述

对于旅游组织来说,一切危机事件都可能发生,公共关系人员应该认识到这一点。当发生突发事件或重大事故的时候,旅游组织的公共关系便处于危机状态。面对强大的公众舆论压力和危机四伏的社会关系环境,危机事件不仅使组织的经济利益蒙受极大损失,而且导致组织形象和声誉的严重损害,并且危及社会和公众。

一、旅游公共关系危机的含义及类型

(一)旅游公共关系危机的含义

所谓旅游公共关系危机,是指突然发生的严重损害旅游组织形象,甚至危及公众生命及财产安全,给旅游组织带来严重后果的重大事件或工作事故。

自然发生的恶性事故、人为形成的工作事故、不利的社会舆论、公众的强烈指责以及对抗行为等都属于危机事件。这些危机事件会使旅游组织陷入巨大的舆论压力之中,小则失去公众的信任,大则丢失旅游市场份额,甚至威胁旅游组织的生存与发展,给整个旅游业带来严重的恶性影响,造成旅游市场的一蹶不振。

(二)旅游公共关系危机的类型

旅游公共关系危机有多种分类方法。

(1)根据具体危机情况分为四种

①不可抗力的自然灾害或其他特殊原因造成的重大伤亡事故如飞机失事、火车碰撞、轮船沉没、缆车坠落、食物中毒、火灾、海啸等恶性事故,社会上突然出现的大动荡等。

②由于管理失误或产品质量等人为因素造成的服务及产品质量信誉危及游客或旅游组织生存的事件。

③新闻媒介的不利报道。有些是新闻媒介的报道内容准确无误,但事实却对旅游组织非常不利,使组织处于被动地位,受到严重影响;有些是新闻媒介的报道不正确或歪曲事实,对旅游组织造成威胁性的影响。

④谣言。任何获得公众注意的旅游组织都有可能遇到一些外界的谣言。谣言可能起因于无足轻重或者是无意识为之的小事,但对旅游组织有可能造成极坏的影响。

(2)分为人为突发事件和非人为突发事件两种

①人为突发事件,指与旅游组织有直接关系的人的行为所造成的突发性事件。人为突发事件具有可预见性、可控性,如果平时采取相应的、有效的措施,大部分是可以避免或减轻损失的。

②非人为突发事件,指非旅游组织内的人的行为所造成的突发性事件。非人为突发事件大部分不可预见,具有不可控性,造成的损失通常是有形的。相比之下,非人为突发事件的处理易得到旅游组织内、外部的同情、理解和支持。

(3)根据事件同组织利益的关联度以及事件的归咎对象分为内部突发事件与外部突发事件两种

①内部突发事件发生在旅游组织内部,主要直接影响本组织。

②外部突发事件发生在旅游组织外部,影响多数组织的利益,旅游组织是受害者之一。

(4)根据所造成的损失情况分为有形损失突发事件和无形损失突发事件两种

二、旅游公共关系危机的特征

危机事件多种多样,但都具有如下基本特征。

(一)突发性

危机事件大都是意想不到、突然爆发的,如飞机失事、火车出轨、大规模食物中毒等。

由于事故来得突然，又有很强的力度，往往使相关组织措手不及，给组织造成很大冲击。

(二)危害性

公关危机事件的发生，可能使组织的各种社会关系朝着不利的方向变化，使组织的社会地位和信誉迅速下降，形成组织发展障碍。在组织内部，它会危害成员之间的团结，挫伤组织成员的积极性，涣散组织的凝聚力；在组织外部，则会给社会公众带来恐慌与损失，也可能给社会生活带来危害。

(三)关注性

重大突发性事件往往成为社会舆论关注的焦点，成为新闻传播媒介的素材，牵动社会各界公众；特别是伴随事件而来的强大社会舆论压力，更成为危机处理中最为复杂的棘手问题。

(四)警示性

公关危机事件，既然会给组织和社会造成很大危害，它对组织就有某种警示作用，提醒人们要"居安思危"，要求旅游组织对每件事要进行缜密的考虑，在复杂变化的各种关系中尽量避免发生危机；万一发生了危机，则尽量减少危机造成的损害。

由于危机事件的这些特点，对危机事件的处理不但事关重大，而且具有相当大的难度。因此，它越来越被人们视为公共关系活动中最具挑战性的工作，也越来越被公关界所重视。

三、旅游公共关系危机的成因

旅游公共关系危机发生的时间、地点难以预料，涉及的范围有大有小，产生的原因也不尽相同。总的来说，旅游公共关系危机产生的原因有两类：一类是旅游组织可以控制的内部原因；另一类是旅游组织难以控制的外部原因。

(一)旅游组织内部原因

旅游组织内部的因素一般说来是可以控制的，但是由于决策、管理、公共关系等方面的失误，从而导致危机的发生。

1.管理不善

很多旅游组织过度地追求经济利益而忽视公众利益和社会利益，因而可能造成宾馆、酒店发生严重的食物中毒、游乐设施毁坏、旅游高山缆车坠落等事故。由这类原因导致的公共关系危机完全是组织的责任，最容易激起公愤，受到公众和社会舆论的强烈抨击，对组织形象的损害极为严重。例如，上海外滩一家颇有名气的饭店曾发生过一件令人震惊的食物中毒事件。那年国庆期间，11 对新婚夫妇在这家饭店共举办了 103 桌酒席,因熟食卤味食品不卫生,导致 762 人食物中毒送往 42 家医院治疗。顿时,该饭店在上海市民及外地游客中声名狼藉,几乎到了关门停业的地步。

2. 决策失误

如果旅游组织行为短期化、急功近利以及对纷繁复杂的现实环境认识不清,违背"与公众共同发展"的公共关系理念,而使旅游组织的总体目标、公共关系目标与组织内部的现实条件和外部的客观环境严重脱节,就有可能使组织目标与社会利益目标相对立,从而引发公众对组织的抵触、排斥和对立,使组织陷入危机,如投资失误、产品定价失误、销售网络的丢失、经营骨干的跳槽、广告宣传传播失误等危机。

◆ **案例驿站 9.1**

金正的"资金门"

2004 年 7 月 9 日,金正董事长万平被山西检察院以"涉嫌挪用资金罪"批准逮捕。"出事"后,金正方面手足失措,不仅没有进行得力的危机公关,反而因股东的权利之争致使风波愈演愈烈。结果,恐慌笼罩了金正集团内部及外部合作单位,经销商终止打款与销售,供应商停止供应原材料,国外客户纷纷提出赔偿损失,银行停止货款甚至上门逼债,结果在半个月内金正资金链断裂、厂房被关闭、资产被查封、员工被遣散,一步步走向了深渊。

资料来源:http://www.themanage.cn/tag 2010.3

3. 疏于沟通

信息的交流与沟通对于旅游组织的生存发展非常重要,危机出现时更是如此。对待公共关系危机,若一味保持沉默,后果不堪设想。许多组织在危机发生后无限制扩大组织机密范围,追求事事保密、层层设卡,唯恐公众知晓组织的决策内容;更有一些组织,甚至不让员工知晓内部有关信息;还有些组织也对外发布信息,但只知道单向发布,不注意信息的及时反馈,使得危机不能得以有效控制。

(二)旅游组织外部原因

现代旅游业一方面显示出强大的生命力,另一方面又有其脆弱性。自然灾害、政治事件和经济形势变化等,都可能导致旅游公共关系危机事件的突然发生。

1. 自然灾害方面

地震、海啸、火灾、洪水、恶劣气候、瘟疫流行等是人们难以预料的,一旦发生,对旅游业的影响极大,如 1976 年中国唐山大地震、1990 年厦航飞机在广州白云机场发生的撞机事故、2003 年的"非典"、2004 年 12 月发生在东南亚的海啸等。

2.社会政治方面

国家的政策、战争、社会动乱、发生恐怖事件等势必危及旅游组织的经营活动,给一个国家和地区的旅游业造成巨大的损失,带来严重的危机。劫机、绑架、劫船等恐怖事件对旅游业的打击尤为沉重。在美国,好莱坞、迪斯尼和赌城拉斯维加斯一直以其特殊的文化娱乐环境吸引着来自世界各地的旅游者,而 2001 年"9·11"事件之后很长一段时间里往日的盛景已成过眼云烟。记者在拉斯维加斯发现,大街上冷冷清清,豪华的旅馆大厅内空空荡荡,与过去的车水马龙、熙熙攘攘形成了鲜明的对照。可见,恐怖袭击事件使美国的旅游业遭受了前所未有的重创。

3.经济形势方面

本国经济发展状况、区域性经济发展状况和世界经济发展状况,特别是世界经济发展状况对国际旅游业的发展影响很大。例如,1997 年 5 月自泰国发生的金融危机,波及整个东南亚、韩国、日本等,各个国家和地区的货币纷纷大幅度贬值,也对我国旅游业产生了冲击。

4.人为破坏因素

由于社会的复杂和人们道德水平的差异,一些旅游组织可能会遭遇由于人为的恶意破坏所造成的公共关系危机。例如,在竞争对手的产品中投放有害物质、散布竞争对手不良财务信息、散播不利于竞争对手的社会谣言等,都可能对某些旅游组织造成重大伤害,形成公共关系危机事件。

四、旅游公共关系危机发生的过程

旅游公关危机发生的过程大致可分为四个阶段。这四个阶段是危机发生的周期,也是危机处理的过程。

(一)危机初期

危机初期的主要现象是各种消息模糊不清、谣言四起、前后矛盾,造成社会公众对企业的误解、偏见甚至敌视。而在这一阶段,旅游组织公共关系人员还没有做具体的危机处理工作,有的"不识庐山真面目,只缘身在此山中";有的缺乏对危机的预见,麻痹,轻视,最终铸成大错。

(二)危机稳定期

进入这一阶段,危机发展已经明朗化,基本上公示于众,危机的真相公众基本清楚。

这时,旅游组织也已经开始了行动,公共关系人员已经认识到危机的危害性,将相关资料分发给新闻媒介,谣言被驳斥,社会舆论有所转变。

(三)危机抢救期

这一阶段是危机发展到顶峰的阶段,也是公共关系人员采取行动进行抢救的关键阶段。此时,旅游组织公关机构应设立专门的"信息发布中心",配合危机抢救的具体措施,及时将危机抢救工作的最新消息传播给新闻媒介和社会公众。在发表各种消息时,一定要坚持"公开事实真相"的原则,以避免新闻媒介和社会公众猜疑。

(四)危机末期

这一阶段,危机抢救工作即将结束,旅游组织管理层和公共关系人员还需要进行一些具体的工作,妥善处理危机后事和安抚人心。同时,公共关系人员还应对危机发生的原因进行调查,写出详细的调查报告,并提出防止危机重演的计划与具体措施。

第二节 旅游公共关系危机防范

旅游公共关系危机的产生虽有其突发性、人力不可控制性的一面,但是,就多数危机来讲,又有一定的预见性,在一定程度上是可以避免的。因此,旅游组织应根据可预见性树立危机意识,采取积极而明智的策略,制定出一套预防危机、对危机事件作出反应的规章制度。

一、建立危机预警系统

"凡事预则立,不预则废"。一般而言,除了一些自然灾害、车船失事等非人为突发的危机事件外,大多数旅游公共关系危机事件都有一个潜伏期,在这个过程中,无论如何隐蔽,总有一些先兆表现出来。因此,在旅游组织内部建立预警系统可以使公共关系人员及早发现危机的早期征兆,尽可能将危机消除于萌芽状态。这是危机预防的最重要手段,其核心是善于监测和积极反馈信息。

建立危机预警系统,需要做好以下两个方面的工作。

(一)对旅游组织的行为进行监测

这方面工作主要在于分析和研究旅游组织的生产、经营、管理活动等一切环节,经常检查与相关公众发生业务联系部门的工作情况,及时向旅游组织决策者通报所发现存在的种种问题。

(二)对社会舆论进行监测

这方面工作主要在于及时收集涉及旅游组织经营管理活动的社会舆论及公众对旅

游组织的态度,并对此进行认真的分析和研究,从中发现它的发展动向及趋势。特别是要善于从这些信息中寻找那些容易引起危机事件的先期征兆,一旦发现及时向组织的领导人汇报,提出消除这些征兆的办法和措施。例如,英国航空公司有一个"安抚组",专门处理客户的不满,并会在3天内作出回应。这套机构让英航清楚地知道哪个环节最容易出现问题,从而提出应对策略,做到未雨绸缪、防患于未然。

二、设立危机处理机构

尽管危机是旅游组织较少遇上的特殊状态,但是它有极大的危害性,必须像灭火一样迅速果断地将其扑灭。旅游组织设立危机处理机构(简称"危机小组"),通过行之有效的工作,可在有危机先兆时防患于未然;一旦危机发生,则能加以遏制,以减少其对旅游组织形象的损害程度。

◆ 阅读材料9.1

如何组建"危机小组"

(1)编制:只设兼职。对于任何一个社会组织来说,平时的危机小组都可以是兼职的,不必设立专职的危机管理行政机构。

(2)规模:5~7人。危机小组的规模到底应该多大,国内外都没有明确统一的答案。从实际经验看,有5人的,也有7人的,还有10人以上的。这里有一个共同的原则是根据社会组织的规模和社会组织面临危机时的复杂环境来定。一般来说,危机小组的人数应比实际需要量略多一些。另外,还应有明确具体的"候补队员"。

(3)结构:不同层次,不同风格,优势互补。危机小组最好由领导人(如企业主要领导)、负责人(如企业内高级公共关系人员)、专业成员(资深主管和各部门的负责人)、相应的骨干力量(精明强干的具体工作人员,如负责记录、摄影、沟通和传播、协调工作的人员)组成。

(4)风格:不同风格。危机小组成员常见的风格有几种。"点子"型,是富有创造性的人员,他们不断提出新建议、新点子;"沟通"型,他们善于做沟通和传播工作;"辩护"型,他们善于提出不同意见并进行成功的辩护;"记录"型,这类人工作有条不紊,耐心细致;"人道主义"型,他们解决问题的方法总是倾向于人性的一面,在危机紧急情况下,他们属于高瞻远瞩之人。

资料来源:李惠民.公共关系实务基础教程[M].保定:河北大学出版社,2002

"危机小组"应由职位相对较高的管理者、专业人员及公共关系人员组成,由于他们在组织中的地位、身份加之他们对组织和环境熟悉了解,可在危机处理中发挥最大的功效。"危机小组"应抓好以下几方面工作。

(一)作出预测

"危机小组"根据本组织建立以来或其他组织发生过的相类似的危机,对自己组织可能发生的各种类型的危机作出预测和分析,对哪些危机可能发生以及其性质、规模和影响范围等作出恰当的估计。

(二)制定应急方案

针对已发生过的危机和可能发生危机的种类、性质、规模、影响范围,制定出相应应急方案,并由专人负责。

(三)对员工进行培训

将危机预测和处理的设想编印成通俗易懂的小册子(最好配有示意图),发给组织内每一位员工,册子内须印有"危机小组"员工名单。同时,通过多种方式向组织员工介绍应付危机的方法,让他们对危机的可能性和应对办法有足够的了解,这样即使发生意外事件,组织员工也能从容应付。例如,美国麦当劳快餐公司在《员工手册》中训练员工熟练应对"当遇到劫匪抢劫怎么办";北京长城饭店在它的《公共关系培训指南》中培训员工"发生火灾后怎么办","发生自杀、炸弹、精神病患者的失常行为怎么办"。要对员工进行处理危机的模拟培训,以培养员工在紧急情况下冷静处理问题的能力,积累处理公共关系危机的经验,以便从容有效应对危机。

(四)设立"发言人"制度

危机发生时,往往传言四起,消息混乱,给人们心理上造成紧张、恐惧之感。为了杜绝谣言,维护组织的形象,组织必须设立"发言人"制度,由发言人代表组织对内、对外介绍事实真相及组织在处理危机中所作的努力。组织要通过发言人"一个声音",以恰当的方式及时地公布事实,让公众了解情况,以正视听,掌握危机管理的主动权。

◆ **案例驿站 9.2**

肯德基给国内企业上课

2004 年 2 月前后,"禽流感"病毒在包括中国的一些亚洲国家肆虐,一段时间内,人们"谈鸡色变"。这时,一向以卖炸鸡和鸡肉汉堡为主的肯德基便在中国部分城市推出猪排堡。据悉,肯德基在中国推出猪排堡之前,在越南,自称"吃鸡专家"的肯德基已经从菜单上撤掉炸鸡、鸡肉汉堡等食物,以鱼肉汉堡为替代品。同时肯德基声明,会尽快从美国进口冷冻鸡肉作为食物原料,让顾客吃上"放心鸡肉"。

肯德基隶属于世界上最大的餐饮集团——百胜全球餐饮集团,在中国已有1000家分店,自然想方设法把禽流感的影响降至最低。2月初,该集团同时在国内所有片区召开新闻发布会,向公众详细介绍了自己的原料供应体系。为了增强消费者的信心,百胜方面还解释说,越南肯德基推出鱼类产品是由于越南政府为控制禽流感而制定了"不允许跨地区运输鸡肉"的规定,而不是鸡肉不安全。

· 资料来源:刘世昕.肯德基给国内企业上课.中国青年报,2004

三、制定危机防范方案

虽然当危机真的发生时,不可能一成不变地遵循危机处理方案的步骤来行事,但制定尽可能详细的防范方案是非常有益的。

制定危机防范方案主要是对潜在危机进行分类并评估其特点,然后再确定应采取的对策。对潜在危机进行鉴别、分类,包括可能导致危机的现实环境,过去曾困扰过而且有可能再发生的危机,其他类似组织发生的危机。在此基础上要针对每种潜在危机的情况,明确分工责任,制定应对方案,最后形成书面方案,在主要管理人员中散发,让组织中全体员工熟悉其内容。

任何组织都不希望发生危机,比如航空公司并不希望发生飞行事故,然而,为了预防万一,他们又不得不制定出一套处理事故的危机防范方案。一旦发生飞行事故,航空公司会有步骤地向新闻媒介发布信息,按照规定对待遇难者的家属,并根据实际情况取消广告宣传。可见,旅游组织的危机防范方案应常备手边,切不能束之高阁。

四、危机防范方案演习

由于危机不会经常出现,所以对旅游组织的多数人来说,对危机处理是没有经验的。而长期的"和平"环境,可能使组织成员产生麻痹和松懈情绪,危机一旦出现便手足无措、手忙脚乱,失去转危为安、化险为夷的最佳时机。为使旅游组织在危机处理中掌握主动权,旅游组织应当未雨绸缪,每隔一段时间举行一次危机演习,使组织全体成员熟悉危机防范方案,积累危机处理的工作经验;危机一旦真正发生,能处变不惊,最大限度地减少危机对组织和社会公众的伤害。演习后,由"危机小组"人员进行详细的征询意见活动,从中发现方案中的不足,并及时予以纠正。

第三节　旅游公共关系危机处理原则与程序

通过妥善处理已发生的危机事件,一方面可以取得公众谅解,加深组织在公众心目中的印象,为树立良好的组织形象打下基础;另一方面可以借助社会压力刺激旅游组织加强自身经营管理,树立组织担负社会责任的良好形象。

一、旅游公共关系危机处理原则

怎样运用公共关系的原理和技巧制定可靠而有效的危机公关处理方案,变风险为机遇,最大限度地消除负面影响,改变组织不良形象,协调改善组织内外部环境,这是旅游组织及其公关人员必须正视的现实问题。危机发生后,要注意掌握以下几个原则。

(一)"公众利益至上"原则

危机事件发生后,会使组织遭受到很大损失。然而,公关人员首先考虑的应是公众的利益,公关人员要以公众利益代言人的身份出现,把公众放在第一位,一切计划、措施都必须首先保障公众利益。只有保护公众利益不受到损害,得到公众的支持,最终才会给组织带来声誉,带来利益。

(二)公开性原则

旅游组织在发生危机时,不论是否具有主观上的过错,都应在事件涉及的范围向公众公开事件的真相,公布事件的原因、结果及自己的态度,而不能藏头缩尾、含糊其辞,更不能置公众意愿而不顾,封锁消息,自行其是。

(三)真实性原则

"真实是公关的生命。"旅游组织在处理危机事件时,必须向各方面的公众如实反映和汇报事件发生的原因、已经和可能造成的后果、正在采取和将要采取的补救措施,绝不可故意隐瞒事件真相,更不能嫁祸于人、推诿责任。

(四)主动性原则

旅游组织发生危及公众利益的环境污染、火灾、爆炸等事故时,不能消极等待上级来调查处理,更不能等上级有关部门出面干预后才勉强被动地做工作。而应在发生事故后,主动向上级主管部门和环保、消防、安全等有关部门和新闻媒介单位通报情况,沟通信息,寻求理解、支持和合作。已经给社会公众造成损失的,应登门道歉,主动承担相应的责任。

(五)及时性原则

旅游组织如发生消费者投诉或新闻界曝光事件,不能掉以轻心、采取拖延态度,而应迅速召集领导层和公关人员共同商议妥善处理办法。如对消费者或社会公众造成人身伤害,应由领导人或公关人员在最短的时间内,上门探望慰问,并尽快同新闻媒介进行沟通,以防止负面影响扩大;对直接上门投诉的消费者,应热情接待,及时答复和妥善解决投诉纠纷。

(六)连续性原则

当旅游组织发生较大危机后,不能图省事作简单处理,应组织一个专门处理危机事件的机构("危机小组"),制定出工作计划(危机公关方案)。一方面直接处理有关事务,另一方面应连续不断地通过新闻媒介向社会公众公布调查取证、事故原因、组织采取的善后措施、改进办法等方面的信息,从而使公众对事件有一个全面、客观的了解,对组织所持的积极态度和工作效果产生良好的印象。

(七)补偿性原则

旅游组织如因产品质量、环境污染等给用户和社区公众造成了人身伤害和经济损失,应根据"公众利益至上"原则,不仅要承担道义上的责任,而且要根据所造成的损失大小和组织的经济承受能力,尽可能地为受害者提供经济补偿或物质赔偿,不能推卸责任,也不能抱有投机取巧、侥幸过关的心理。

二、旅游公共关系危机处理的工作程序

旅游公关危机事件的处理,需要有正确的工作程序和要求,这是规范化处理公关危机和事件的前提。

(一)全面调查、收集信息

危机事件出现后,旅游组织应及时组织人员深入公众,了解危机事件的情况,收集关于危机事件的综合信息,形成基本的调查报告,为处理危机事件提供基本依据。

1.组织人员,奔赴现场

得知危机事件发生后,立即组织有关人员,成立"危机小组",立即奔赴现场开展工作。

2.保护现场,寻求援助

"危机小组"赶到现场后,应想尽一切办法保护现场,以便迅速、准确地查清事故的原委。如果危机事件还在继续,应及时采取紧急措施。根据现场情况,与公安、消防、卫生等部门取得联系,使损失减少到最低程度。

3. 深入细致，了解情况

应迅速与目击者或当事人取得联系，了解事件发生的时间、地点、原因，了解人员的伤亡程度和人数，了解事态的发展及控制情况以及公众在事件中的反应情况，调查相关公众在危机事件中的要求，找出处理危机事件的关键。

4. 整理分析，形成报告

要将在现场听到的、看到的所有情况认真记录下来，在可能的情况下用照相机、摄像机拍摄现场镜头，用录音机录下相关内容，以便帮助分析。在全面搜集有关信息的基础上将材料进行分类整理，组织有关人员进行分析，认真查找事件的真正原因，形成危机事件调查分析报告，并上交有关部门。

(二)分析信息，确定对策

在全面调查了解事件的情况以后，要将所获取的信息整理分析，针对不同对象确定相应的对策。危机事件处理的公关方案，一般包括以下几个方面：

1. 旅游组织自身对策

①根据需要，对"危机小组"进行调整，组建更有权威性、高效率的工作班子。

②迅速而准确地把握事态的发展。

③制定处理事故的基本方针和基本对策。

④把事故的发生和组织对策告知全体员工，使大家同心协力、共渡难关。本组织员工若有伤亡，应立即通知其家属或亲属并提供一切条件，满足员工家属的探视或吊唁要求，还要组织周到的医疗工作和抚恤工作。

⑤如果是不合格产品引起的恶性事故，应立即组织力量，对不合格产品逐个检验，通知销售部门立即停止出售这类产品。

⑥如果是个别服务人员恶劣的服务态度引起恶性事故，"危机小组"应先稳定客人情绪，责成当事人向客人当面赔礼道歉；组织公关机构经理或该服务部门经理代表组织向客人道歉，并从精神上和物质上给客人以赔偿，以求得客人的谅解。

⑦制定妥善的公关宣传方案，采用新闻公关保护联系的方式，向外界公布事故的真相。

⑧制定挽回影响和完善组织形象的工作方案与措施。

⑨奖励处理危机事件的有功人员，处理有关责任者，并通告各有关方面及事故受害者。

2. 针对受害公众对策

①首先考虑受害者利益，全力解决受害者问题，力争将其损失减少到最低限度，以遏止危机的扩大，使事态朝有利于旅游组织的方向转化。

②如果责任在组织自身，就要公开道歉，认真听取受害者及其家属的意见，主动赔偿

受害者的损失,尽量满足受害者的要求。

③如果责任在受害者或第三方,也要给予受害者适当的安慰。需要受害者承担责任的,不宜马上追究,最好等危机事件平息后再妥善处理。

④如果双方都有责任,组织要注意尽力避免为组织辩护的言辞,积极地争取受害者的谅解与合作,承担自身应负的责任并给予补救。

⑤在危机事件处理过程中,如无特殊情况,不要随意更换负责处理问题的人员。

3.针对上级领导部门对策

①事故发生后,及时向政府及上级领导部门汇报,不要文过饰非,更不允许歪曲真相、混淆视听。

②在事故处理中,定期报告事态的发展,求得上级领导部门的指导和支持。

③事故处理后,详细报告处理经过、解决方法以及今后的预防措施等。

4.针对新闻界的对策

①应对新闻媒介统一口径,注意措词,尽可能以最有利于组织机构的形式来公布。

②设立临时性记者接待机构,专人负责发布消息,集中处理与事件有关的新闻采访,给记者提供权威性资料。

③主动向新闻界提供真实、准确的消息,公开表明旅游组织的立场和态度,以减少新闻记者的种种猜测,帮助新闻记者作出正确的报道。

④必须谨慎传播,在事实未完全明了之前不要对事发的原因、损失以及其他方面的任何可能性发布推测性的言论,不轻易地表示赞成或反对态度。

⑤对新闻界表示合作、主动和信任的态度,不可采取隐瞒、搪塞、对抗的态度。对确实不便发表的消息亦不要简单地“无可奉告”,而应说明理由,求得记者的同情和理解。

⑥注意从公众的立场和角度进行报道,不断提供公众所关心的消息,如补偿方法和善后措施等。

⑦除新闻报道外,可在刊登有关事件消息的报刊上刊登歉意广告,向公众说明事实真相,并向有关公众表示道歉及承担责任。

⑧当记者发表了不符合事实真相的报道时,可以尽快向该媒体提出更正要求,指明失实的地方,并提供全部与事实有关资料,派遣重要发言人接受采访,表明立场,但注意避免产生敌意。

除上述公共关系对策外,还应根据具体情况,分别对与事件有关的交通、公安、市政等机构,对社区、合作单位、消费者等公众采取适当的对策,通报情况,回答咨询,详细解释。调动各方面力量,协助本组织尽快渡过危机,使组织形象的损害程度降至最低。

(三)分工协作,落实措施

措施制定后,就要认真组织落实。

①在旅游组织全体人员中要统一思想,统一认识,尽心尽力减少事件造成的损失,为组织塑造良好的社会形象。

②认真领会实施方案,坚持灵活性与原则性相统一,负责处理事故的人员;要根据各自分工处理项目的特点,选择适当的方式、方法。

③各有关人员在有效分工的基础上进行密切配合,相互理解和支持;工作中力求果断、干练,以友善的精神风貌、高效率的工作作风获得公众的好感与信任。

④在接触公众的过程中,注意观察,了解相关公众的反应与新要求,做好劝导工作。

⑤将实施过程中的细节进行详细的记录,写成报告,便于向组织负责人、主管部门、新闻单位以及有往来的组织通报。

(四)检测效果,改进工作

危机事件的平息,并不表明事件的善后处理工作已经结束。公关人员要注意从社会效益、经济效益、公众心理和组织形象诸方面进行评估。检测评估的内容包括:危机处理措施的合理性与有效性,原有的问题是否已彻底解决,公众心目中的组织形象有何改变,组织不利的局面是否好转。这样做,既能对本次工作效果心中有数,又可为今后处理类似事件提供经验教训。

◆ **案例驿站 9.3**

火车晚点——多么快乐的事

作家陈祖芬曾在报纸上发表文章,记叙她在英国坐火车旅行的一次经历。其中说到,当火车驶到爱丁堡附近时,突然间火车头出了故障,乘客得下来换乘火车,走下站台绕点路才能到另一列车。但是乘客们却毫无怨言,因为列车广播员说,刚才的事件很对不住大家,现在冷热饮料一律免费供应。然后乘务员一个个端着移动电话走来,让乘客们打电话告诉亲友,火车原定 20:40 到站,现改为 21:22 到。乘客们有话没话地故意打电话给亲友。一位女士笑道,打个电话给梅杰吧;又有人说,打个电话到北京吧。乘客大笑,乘务员也大笑。安静的车厢变成了喜剧剧场。

资料来源:银淑华.旅游公共关系[M].北京:中国人民大学出版社,2002

第四节　旅游公共关系危机的处理方法

一、旅游公共关系危机处理艺术

在处置突发性事件中，既要讲究方法，又要注重实效。处理旅游公共关系危机有很强的艺术性。

(一)采用"快刀斩乱麻"的艺术

忌拖，求快，取得时间上的主动权。处理危机事件，争取时间极为重要。该决断的时候，如果还在反复"研究""再看一看"，危机的规模就可能扩大，处理解决的难度也会增大。因此，要迅速受理、及时查处。要在众多矛盾之中，抓住主要矛盾，看准火候，果断处置。组织事先应对可能发生的危机有所预测，并制订一套切实可行的危机应急方案。当危机发生后，不要等到被媒介揭露、闹得沸沸扬扬时才匆忙进行补救，而应迅速将应急方案付诸实施，以最快的速度处理危机，保证公众的利益不受进一步伤害，防止事态的扩大。

(二)采用"包公断案"的艺术

忌瞒，求坦，取得决断上的主动权。"包公断案"的特点是重调查、重证据、严格依法办事。处理危机事件，同样需要这种艺术和风格。这就要求有关人员要勤于调查，把事件真相搞清楚，严格依法照章处置。在处置中不徇私情，不畏权势，真正做到"不唯书，不唯上，只唯实"。这样，决断正确，反响会更好。组织应掌握信息传播的主动权，选择最恰当、最有效、最便捷的信息传播渠道(或是通过覆盖面广、具有权威性的大众传播媒介或是通过面对面的人际传播渠道)，主动、坦诚地告诉公众到底发生了什么事，让公众了解危机的真相，争取公众的信任，并设法使受危机影响的公众站到组织一边来，引导舆论向有利于组织的方面发展。

(三)采用"宜粗不宜细"的艺术

忌乱，求齐，取得工作上的主动权。很多组织事先对企业有可能发生的危机缺乏心理准备，所以危机一旦发生，组织领导人往往会手忙脚乱、不知所措，这就会给公众一个组织内部管理混乱的印象。处理危机事件，一般"宜粗不宜细"。要先抓主要矛盾，查主要对象，找主要原因。凡与事件无关的，对于一时难弄清的线索，特别是与事件关系不大的问题，可先搁一搁，必要时再补查。力求抓主要问题，及时公布事件真相，以便争取多数支持者，快速缓解矛盾，平息事端。

二、旅游公共关系危机处理的工作程序与策略

(一)旅游公共关系危机事件处理的工作程序

有效地处理旅游公共关系危机,需要有正确的工作程序和要求,这是妥善处理公共关系危机的前提。

1.全面调查,收集信息

得知危机发生后,领导人及公共关系人员要立即深入现场,掌握第一手情况。在危机爆发和延续的过程中,公共关系人员要对危机事件发生的时间、地点、涉及人员、影响范围、发展情况、危害程度、公众情绪和舆论反应等进行全面观察,收集有关信息。危机事件得到控制后,还要迅速进行调查,做好详细记录。

2.分析信息,制定对策

将收集到的关于危机的综合信息进行分析研究并形成调查报告,为处理危机提供依据;然后分析信息,深入研究和确定应采取的对策和措施。制定对策时不仅要考虑危机本身的处理,而且要考虑处理危机时涉及的各方面的关系,如旅游组织和员工、受害者、受害者家属、新闻媒介、消费者、客户、政府主管部门等关系。

3.分工协作,落实措施

公众和舆论不仅要看组织的宣言,更要看组织的行动。因此在旅游组织制定出危机处理的对策后,就要积极组织力量,分工协作,落实措施。在这个过程中,应以友善的态度、高效率的作风赢得公众的好感和信任;既要认真执行方案,又要根据情况及时对方案进行灵活调整。

4.检测效果,改进工作

这是危机处理结束阶段必不可少的工作。组织在平息危机事件后,一方面危机小组应将危机处理情况全面检查、评估,总结出客观且详细的公共关系危机处理报告,并将结果向董事会和股东公布;另一方面要认真分析危机事件发生的深刻原因,改进工作,避免危机再次发生。

(二)旅游公共关系危机事件的处理策略

危机公关的处理是衡量旅游组织公共关系综合实力的标准。公共关系危机的处理策略是指具体进行危机处理所需采取的对策与方式及其相应的原则。采取正确的危机公共关系处理策略,对于尽快平息组织公共关系危机、有效重塑组织形象、迅速恢复改善公共关系状态具有十分重要的意义。

1.全面沟通

突发事件发生后,要及时与各方面公众沟通。

(1)与新闻界的沟通

旅游组织公共关系人员应把和媒体的沟通定为一种经常性工作。这样,不但能深受媒体朋友的好评,更重要的是会给组织结交更多善缘。建立在这种良好关系的基础上,各种不利或者有利的公共关系素材就有可能尽早知道、从容面对。危机发生时,更要主动面对新闻界,公开表明组织对事件及处理的立场和态度,表示出与新闻界合作的态度,争取新闻媒介的支持。

(2)与上级主管部门沟通

要向上级主管部门进行实事求是的汇报,求得主管部门的指导。事故处理后还应详细报告处理情况。对业务往来单位,也要尽快如实地传递有关事件的信息,通报正在采取的对策。

(3)让员工知情

员工在危机管理中起到很重要的作用。受影响的旅游组织员工不仅在正常情况下是组织的形象大使,当危机产生时他们也将对组织的成功作出巨大贡献。一方面,他们直接面对自己的客户;另一方面,员工是连接外部的重要接触点。因此,向员工提供信息,制定和传达统一的指导原则是十分重要的。

(4)保持与消费者的沟通

对消费者,可通过书面材料或报纸公布事情经过、处理方法和今后的预防措施等。

(5)告知社会公众事情进展

旅游组织发生危机后,社会各界包括股东、经销商等都在等待来自组织的最新消息,应持续透露一些对他们有价值的信息。

2. 实施危机隔离

危机发生后,要立即进行危机隔离,以免造成更大的影响和损失。一是人员隔离,即部分人处理危机,部分人维持正常工作;二是事故隔离,警报信号应明确危机的范围,以便使其他部门的正常工作秩序不受影响,为处理危机创造有利的条件。

3. 法律调控

旅游组织要善于运用法律手段,依照法律条款和法律程序来处理危机、维护自身形象,从而有效地保护组织和公众的合法利益。例如,旅游组织受到其他组织的不正当竞争而形象受损时,要借助法律澄清是非、恢复形象、打击不正当竞争行为。

4. 利用"外脑"

危机发生后,如果旅游组织信誉扫地,此时组织要借助外部的信誉,如可信赖的权威机构(如政府机构、专业机构、消费者协会等)、有地位的权威人士(如公共关系专家、行业专家等)来代表组织发挥作用。良好的声誉相当于给危机上了保险,它能减轻事件的后果,并有助于赢得人们对该组织观点的关注和支持。

危机处理完毕后,一个重要的工作就是重新塑造组织优良形象。危机事件的爆发往往使组织立刻成为社会、公众关注的焦点。因此,旅游组织除了主动将危机事件的处理过程及结果告知公众外,还要大力开展宣传活动,将处理危机的正确态度、有力措施、整改方案借助大众传媒和公共关系专题活动传播出去,将处理危机变为提高组织知名度和美誉度的机会。

5. 协商对话

协商对话指旅游业组织与当事者公众之间,通过运用协商对话的形式,开展平等交流和双向疏导,双方在互相倾听和思考对方意见的基础上化解积怨、消除隔阂、平衡关系。

6. 补偿损失

在旅游业组织出现严重异常情况给公众造成较大损失时,旅游业组织必须承担责任,给予公众一定的物质补偿和精神补偿。

7. 其他策略

其他策略如产品策略、价格策略等。产品策略的目标是重新恢复对旅游者最初提供的条件和利益。例如,在海滨严重污染的情况下,清洁海滨。价格策略可以在一定程度上刺激消费者的购买。在危机管理中,负面事件是特惠价格的原始动因,但经常使用特惠价格会产生负面结果,因为顾客会习惯于此,故价格策略的有限性表现在它可能会对产品定位产生负面效应。

8. 注重后效

危机管理要注重后效。事件处理完后,还有许多善后工作要做,包括通过媒介发布危机事件的善后进展情况,控制危机影响面、避免产生连带效应,善待危机受害者,加强多方沟通、重建信任感,危机管理改正。

◆ 案例驿站 9.4

"天有不测风云"

1959 年 11 月 9 日感恩节前夕,美国卫生教育福利部长弗莱明突然宣布,当年的克兰梅作物由于除草剂的污染,在实验室老鼠身上做试验时发生了致癌病变。当时正值克兰梅销售最旺的时候,在大众传播十分发达的美国,"克兰梅致癌"的消息不胫而走,家喻户晓,克兰梅的销售额直线下降。这一消息对于制造克兰梅果酱和果汁的海洋浪花公司而言,是一个晴天霹雳。面对这突如其来的打击,他们立即发起了反击。

首先,他们成立了7人公共关系小组,向新闻界说明克兰梅是纯净的,并宣布要在第二天举行记者招待会,在全国广播公司《今日新闻》电视节目中安排一个专访节目,让公司副总裁澄清此事。然后又致电弗莱明,要求他立即采取措施,挽回因他的失言造成的无法估量的损失。

11月11日,他们又致电总统艾森豪威尔,要求他把所有克兰梅作物地区划分为灾难区,同时又发一份电报给弗莱明,通告他已向法院提出控告,要求他赔偿1亿元的损失。12日,他们特别邀请了正在竞选总统的尼克松和肯尼迪上电视。在电视屏幕上,美国公众看到尼克松吃了4份克兰梅果酱,肯尼迪喝了一杯克兰梅果汁。通过采取一系列危机公共关系措施,海洋浪花公司免受破产之灾,转危为安。

资料来源:胡锐等.现代公共关系实务[M].杭州:浙江大学出版社,2004

三、不同类型危机的处理

在危机公共关系工作中,导致危机事件发生的原因不同,危机事件的类型就不同。公共关系人员要善于判明情况,根据不同的祸因、不同情况选择不同的方式、方法,这是提高处理危机事件效果的保障。

(一)非人为的灾难事故所引起的危机

一般来说,这种危机容易得到社会和公众的谅解,对组织声誉的损害相应的也小一些,造成的影响也较容易消除。在这类危机事件的处理上,一方面要迅速采取补救手段,尽可能做好善后处理工作,使受损害的公众及社会有关方面感到满意,并对组织认真负责的精神留下好的印象;另一方面要做好舆论宣传工作,制止各种谣言的流传,确保危机处理有一个较公正、有利的舆论环境。此外,为了有效地减少灾难性危机所造成的巨大损失,平时要有针对性地做好预防工作,树立危机意识,做好应急准备,包括制定应急对策、准备应急物资、准备好备用的通讯信息系统,保证灾难发生后对外联络的畅通,有可能的话,要经常进行防灾避难的演习。

(二)事故性危机

事故性危机一般是由于旅游组织自身的失职、失误、管理工作出现问题或者产品质量出现问题等引发的危机,这种危机的责任完全在旅游组织。因此,公共关系人员处理此类危机事件应该采取以下五方面的措施:

①果断采取措施,有效防止事态扩大。

②诚恳地向公众道歉,以期迅速获得公众的谅解、宽容,防止敌意的产生和蔓延。

③了解公众需求,及时弥补公众损失。

④认真检查、切实做好改进工作。

⑤适当宣传,将事态的发展情况、改进措施、对公众的承诺和服务等内容通过适当的媒介、传播方式公之于众,以消除公众不良印象,恢复公众的信任。

在实际工作中,公共关系人员处理这类事故性危机一般要结合运用多种措施,谋求综合效应。

(三)误解性危机

误解性危机是由于被公众误解或怀疑,受到无端指责,从而使旅游组织陷于危机之中。对这种危机的处理应立足于增加沟通,增进信任。因为当误解性旅游危机发生时,公众之所以轻易听从他人意见,主要是由于平时沟通不够,他们对旅游组织的具体情况不了解,不信任旅游组织所致。公共关系人员应高度重视公众对旅游组织的误解,及时采取措施,消除影响。但对那些恶意中伤、歪曲事实的宣传所引发的危机在处理上要持严正态度,及时作出有力的回应,最主要的是要拿出科学有力的证据公开进行驳斥,并利用一切手段进行正当的商誉防卫,以抑制可能带来的市场快速萎缩的局面。

危机本身是一件令人头痛的事,但同时也是一个机会,就旅游公共关系而言,是一次让组织决策者理解公共关系、重视公共关系的机会;就旅游组织而言,则是一次让组织形象提升一个层次的机会,这也就是危机处理的目的所在。

◉ 本章相关知识链接

1. http://info.job36.com

2. http://info.ceo.hc360

3. http://www.brandcn.com

4. http://www.china.com.cn

◉ 本章练习题

1.旅游公共关系危机有哪些主要的特征和类型?

2.旅游公共关系危机的成因有哪些?

3.旅游公共关系危机的防范包含哪些内容?

4.旅游公共关系危机处理有哪些原则?

5.旅游公共关系危机处理艺术有哪些?

◆ **本章小结**

1. 本章结语

　　旅游公共关系危机有偶发性、未知性、不利性、严重性、关注性、危害性、普遍性和复杂性等特征。旅游公共关系危机的发生可能有组织内部的原因，也可能有组织外部的原因。公共关系危机一旦发生，如果处理不善将可能严重影响旅游组织的形象。面临可能发生的危机，旅游组织应树立危机意识，采取积极明智的策略，制定危机防范方案。旅游公共关系危机发生后，旅游组织可遵循一定的原则和工作程序进行妥善处理，以弥补组织在公众心目中的形象损失并刺激旅游组织加强管理。旅游公共关系危机对不同的公众有着不同的影响，因此，在处理旅游公共关系危机时应注意处理的艺术性。

2. 本章知识结构图

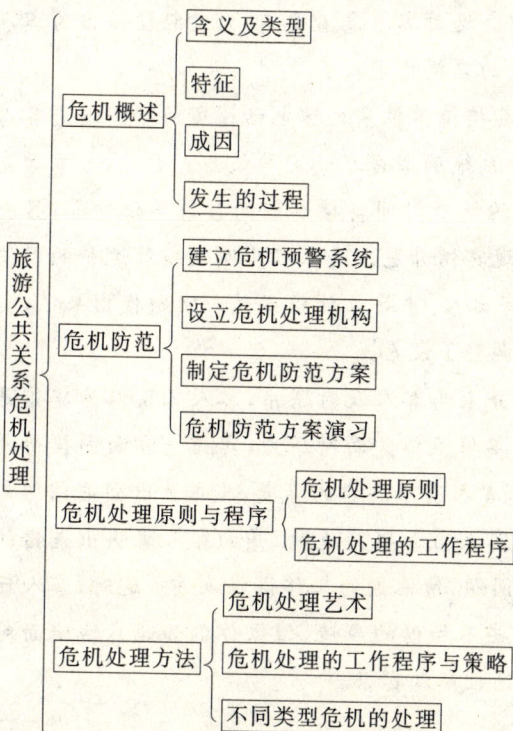

```
                      ┌─ 含义及类型
              ┌ 危机概述 ┤ 特征
              │        ├ 成因
              │        └ 发生的过程
              │        ┌ 建立危机预警系统
旅游公共       ├ 危机防范 ┤ 设立危机处理机构
关系危机       │        ├ 制定危机防范方案
处理          │        └ 危机防范方案演习
              │              ┌ 危机处理原则
              ├ 危机处理原则与程序 ┤ 危机处理的工作程序
              │        ┌ 危机处理艺术
              └ 危机处理方法 ┤ 危机处理的工作程序与策略
                       └ 不同类型危机的处理
```

3. 本章核心概念

　　旅游公共关系危机　旅游公共关系危机处理

◈ **实训练习**

通过小组形式展开讨论,结合一个旅游公共关系危机事件,模拟建立一个"危机小组",制定处理方案,并在课堂上讨论比较各个方案的可实施性以及优缺点,做一份有关案例的研究报告。

◈ **延伸阅读**

电话费计错之后

××年9月29日,台湾某摄制组为拍摄一部反映江南风光、风土人情的片子,下榻镇江宾馆,市广播电视台及台办负责接待工作。10月4日,该摄制组准备离店赶往下一站。结账时,客人发现电话账务与他们实际的电话使用出入较大,要求打出话务单对账。前台结账人员立即调出客人近百个电话的话务单进行复核,发现按照系统计费是无误的,如果要进一步核实,就要与邮电局联系。这时客人急着要走,大堂经理提出为客人打相应的折扣,但客人拒绝了,并对电话计费的差错作了投诉。

为了不耽误客人的时间,宾馆同意由其接待单位来处理电话遗留问题。送走客人之后,宾馆首先与当地邮电局联系,发现计费系统确实存在一定的误差。于是,一方面先将客人的正确计费时间打印出来,并按正确的计费时间与摄制组的接待单位结算;另一方面立即打电话与北京的电脑公司咨询,发现宾馆升星改造工程中刚刚安装运行的网络系统与原来的单独电话计费系统参数设置有出入,才导致计费误差。问题找出来了,宾馆立即请北京方面对系统进行了远程维护,调整了设置。

可是,由于摄制组的接待单位结账后并未与客人及时联系,客人又误以为宾馆是在拖延时间,又将此事向广播电视台的主管单位投诉。面对压力,宾馆一方面向接待单位的主管局做好解释工作;另一方面,为了给客人有个满意的答复,宾馆派出公关销售部副经理赶往客人所在的下一站——无锡,向客人当面赔礼道歉,并向客人讲明出差错的原因,同时还感谢客人帮助他们及早发现了问题,使他们的工作得以改进。这时,客人反而不好意思了,说:"其实一路上也发生过一些不和谐的事情,但像你们如此真诚地面对问题还是第一家。"他们表示下次如果再来,还住镇江宾馆。

◈ **本章练习题答案**

1.旅游公共关系危机的特征:突发性、危害性、关注性、警示性。
旅游公共关系危机的类型:旅游公共关系危机有多种分类方法。

(1)根据具体危机情况,可以分为四种。

(2)旅游公共关系突发事件,可以分为人为突发事件和非人为突发事件。

人为突发事件指由于决策、管理、公共关系等方面的失误,从而导致危机的发生。

非人为突发事件指由于自然灾害、政治事件和经济形势变化等,导致旅游公共关系危机事件的突然发生。

2.旅游公共关系危机产生的原因有两类:一类是旅游组织可以在事前、事后加以控制的内部原因,即由于决策、管理、公共关系等方面的失误,从而导致危机的发生;另一类是旅游组织难以控制的外部原因,即由于自然灾害、政治事件和经济形势变化等导致旅游公共关系危机事件的突然发生。

3.旅游公共关系危机防范:建立危机预警系统、设立危机处理机构、制定危机防范方案、进行危机防范方案演习。

4.旅游公共关系危机处理原则:"公众利益至上"原则、公开性原则、真实性原则、主动性原则、及时性原则、连续性原则、补偿性原则。

5.旅游公共关系危机处理艺术:采用"快刀斩乱麻""包公断案"及"宜粗不宜细"的艺术。

参考文献

[1]谢苏,王明强.旅游企业公共关系[M].北京:旅游教育出版社,2003.

[2]李祝舜,李丽.旅游公共关系[M].北京:高等教育出版社,1999.

[3]林汉川,李觅芳.公共关系案例教程[M].上海:复旦大学出版社,1997.

[4]郭寰,姚一斌.旅游公共关系[M].昆明:云南教育出版社,2002.

[5]王瑜.酒店公共关系[M].重庆:重庆大学出版社,2008.

[6]廖晓静.旅游公共关系理论与实务[M].郑州:郑州大学出版社,2004.

[7]张永,张景云.公共关系管理[M].北京:科学出版社,2006.

[8]余晓娟.Web 2.0时代的中国旅游市场营销[J].旅游学刊,2007,22.

[9]曾琳智.新编公关案例教程[M].上海:复旦大学出版社,2006.

[10]何春晖.中外公关案例宝典[M].杭州:浙江大学出版社,2003.

[11]李洁.旅游公共关系[M].昆明:云南大学出版社,2001.

[12]江明华.企业公共关系实务[M].北京:北京大学出版社,1997.

[13]张岩松.公共关系案例精选精析[M].北京:经济管理出版社,2000.

[14]斯科特·卡特李普,等.公共关系教程[M].明安香,译.北京:华夏出版社,2001.

[15]李道魁.公共关系教程[M].重庆:西南财经大学出版社,2003.

[16]郝树人.公共关系学[M].大连:东北财经大学出版社,2006.

[17]廖为建.公共关系学[M].北京:高等教育出版社,2000.

[18]甘朝有,王连义.旅游业公共关系[M].天津:南开大学出版社,1999.

[19]杜炜.旅游业公共关系理论与实务[M].北京:旅游教育出版社,2005.

[20]李兴国.公共关系实用教程[M].北京:高等教育出版社,2005.

[21]张百章.公关关系原理与实务[M].大连:东北财经大学出版社,2004.

[22]胡晓涓.商务礼仪[M].北京:中国人民大学出版社,2005.

[23]彭青.现代饭店主管、领班实务[M].广州:广东旅游出版社,1998.

[24]杨哲昆.旅游公共关系学[M].大连:东北财经大学出版社,1999.

[25]张四成.现代饭店礼貌礼仪[M].广州:广东旅游出版社,1996.

[26]尹华光.旅游公共关系与礼仪[M].长沙:中南大学出版社,2005.

[27]吕维霞.案例公共关系[M].北京:对外经济贸易大学出版社,2009.

[28]杨富荣.旅游饭店服务教学案例分析[M].北京:高等教育出版社,2000.

[29]张亚.公共关系与实务[M].北京:科学出版社,2005.

[30]蒋楠.公共关系原理与实务[M].北京:中国人民大学出版社,2006.

[31]邱伟光.公共关系[M].北京:中国财政经济出版社,2002.

[32]陶应虎,顾晓燕.公共关系原理与实务[M].北京:清华大学出版社,2006.

[33]贺湘辉,何丽芳.酒店公关实务[M].广州:广东经济出版社,2005.

[34]何思静.公关谋略与技巧[M].成都:四川大学出版社,1997.

[35]李平亚,全德樱.公共关系实战精要[M].北京:中国经济出版社,2005.

[36]银淑华.旅游公共关系[M].北京:中国人民大学出版社,2002.

[37]李惠民.公共关系实务基础教程[M].保定:河北大学出版社,2002.

[38]沈永祥.公共关系学[M].北京:化学工业出版社,2005.

[39]张舒哲,刘颖珊.旅游公共关系[M].北京:旅游教育出版社,2006.

[40]熊超群.公共关系策划实务[M].广州:广东经济出版社,2003.